重新理解中国保险

基于真实世界的保险思考

陈辉◎著

Re-Understanding China's Insurance: Think for the Real-World Insurance

中国经济出版社
CHINA ECONOMIC PUBLISHING HOUSE
北京

图书在版编目（CIP）数据

重新理解中国保险：基于真实世界的保险思考 / 陈辉著 . -- 北京：中国经济出版社，2025. 1. -- ISBN 978-7-5136-7979-4

Ⅰ. F842

中国国家版本馆 CIP 数据核字第 20245DL938 号

责任编辑　张梦初　高鑫
责任印制　马小宾
封面设计　久品轩

出版发行　中国经济出版社
印 刷 者　宝蕾元仁浩（天津）印刷有限公司
经 销 者　各地新华书店
开　　本　710mm × 1000mm　1/16
印　　张　19.5
字　　数　252 千字
版　　次　2025 年 1 月第 1 版
印　　次　2025 年 1 月第 1 次
定　　价　88.00 元

中国经济出版社　**网址** http://epc.sinopec.com/epc/　**社址** 北京市东城区安定门外大街 58 号　**邮编** 100011

本版图书如存在印装质量问题，请与本社销售中心联系调换（联系电话：010-57512564）

《中国与世界保险观察》序言

让世界了解中国保险，让中国保险走向世界

中国的迅速崛起改变了全球政治、经济、外交和战略格局，给世界带来新的秩序观。中国与世界保险的关系日益错综复杂，既相互交融又相互依存，这无疑是当今全球保险业最重要、最令人兴奋和最值得关注的问题。面对新的机遇和挑战，研究和分析中国与世界保险的变革和发展，具有深远的意义。

2020 年，根据《中央财经大学建设世界一流大学（学科）方案》要求以及“打造具有一流影响力的中国财经高端智库”的宏伟蓝图，中国精算研究院联合中国金融科技研究中心等机构组建了“中国与世界保险研究工作组”（Center for China in the World Insurance，CCWI），它以“联结中外、沟通世界”为定位，以“让世界了解中国保险，让中国保险走向世界”为愿景，以“全球视野、战略前瞻、服务决策”为使命，独树一帜，以政策研究为导向，以政策影响为驱动，汇集学术界、政府和企业优秀资源，从世界角度观察和研究中国保险的现实政策问题，建设性地参与政策讨论和政策评估，为政府机构提供富有洞察力的学术新知的政策建议。

与此同时，CCWI 从中国发展和改革的实践出发，与国际学术界、政策界对话交流，思辨政策难题，把握时代脉搏，升华学术智慧，推动中国保险政策研究及相关领域的建设：形成说明中国风险观和保险学的“说明书”；建立解释中国风险观与保险学的“解释学”；为世界提供研究中国风险观与保险学的“方法论”；成为让世界认识中国保险创新与发展的“实践课”。

《中国与世界保险观察》（*China and World Insurance Affairs*）是CCWI策划出版的图书（或研究报告），集中关注和深入探讨当代中国与世界保险所面临的战略性、挑战性问题，为决策取向提出思考和建言。

《中国与世界保险观察》所打造的“中国与世界保险观察书系”[①]，将全面展示中央财经大学保险精算学科的特色，充分发挥中央财经大学保险精算学科的优势，努力走出一条具有鲜明学科特色的保险精算智库建设之路，成为国内外具有一流影响力的保险精算思想库和智囊库。

中国精算科技实验室

2024年8月

① “中国与世界保险观察书系”编审委员会秘书处设在中央财经大学中国精算研究院（邮箱：wethink@yangcai.org），由CCWI团队策划统筹编辑，由中央财经大学“双一流”建设项目、保险风险分析与决策学科创新引智基地（B17050）、教育部人文社会科学重点研究基地重大项目（No.22JJD790090）等资助。

自序 | Preface

“周虽旧邦，其命维新”，是中国如今的真实写照，更是中国保险的现实。新的时代，新的征程，中国保险要承接过去，立足现实，拥抱未来，勇敢接过历史的重担，踔厉奋发。与时代同行，与国家同行，再续保险业新篇章。

从 1978 年改革开放到 2023 年长达 45 年的时间里，中国保险业实现了年均近 25% 的增长率，约是 GDP 年均增长率的 3 倍，是世界保险发展史上的一个奇迹。当人们习惯于这个高速增长之后，对中国保险 2018 年以来增长减速，容易产生疑惑。当前对中国保险前景的误判，源于错误的观察方法和偏颇的理论依据。“事莫明于有效，论莫定于有证”，一旦将这些错误方法论予以澄清，必将拨开悲观论调的重重迷雾，重新看到中国保险前景的一片光明。

《重新理解中国保险》的目的是揭开中国保险的神秘面纱，描绘中国保险的未来蓝图，以开创保险服务中国式现代化新局面。这不是存在于理论中的保险学，而是基于真实世界的中国保险学。如何重新认识两个中国保险模式、两个中国保险逻辑、两个中国保险路径和两个中国保险学理？笔者给出了一些论断，也许不够严谨，但试图提出一个分析框架；正如亚历山大·格申克龙在《经济落后的历史透视》写到，“一套严格的概念框架无疑有助于厘清问题，但也经常让人错把问题当成答案。社会科学总渴望发现一套‘放之四海而皆准’的方法和规律，但这种心态需要成熟起来。不要低估经济现实的复杂性，也不要高估科学工具的质量。”

《重新理解中国保险》的目的重塑我们热爱的保险、重塑我们这个时代的中国保险，以助力中国保险从“保险大国”迈向“保险强国”。围绕中国保险的增长空间、增长潜力、路径目标、宏观政策等四个方面，阐释了基于真实世界的中国保险态势，包括如何理解和看待中国保险？如何认识中国保险的短期挑战？如何看清中国保险的长期趋势？笔者给出了一些解答，也许不够精确，但尝试提供一个思考维度。正如约瑟夫·熊彼特在《经济发展理论》写道：“社会进程本是整体，密不可分。所谓经济，不过是研究者从这洪流中人工提炼出的部分事实。何谓经济，本身已然是种抽象，而之后大脑还须经过若干抽象，方能复刻现实。没有什么事是纯粹经济的，其他维度永远存在，且往往更为重要。”

《重新理解中国保险》是《读懂未来中国保险》《读懂中国保险》的延续，系统、全面地阐释了中国保险的“金融力量”和中国保险的“中国故事”，这些立足于理论又回归现实的分析，构成了中国保险“从保险大国到保险强国”的“突围集”。《读懂中国保险》更多地总结回顾了中国保险贯彻落实2017年第五次全国金融工作会议精神的进展情况和成果成效；《读懂未来中国保险》则更多地阐述了中国保险如何贯彻落实党的二十大以及2023年中央金融工作会议精神；《重新理解中国保险》则更多地阐述了中国保险如何贯彻落实党的二十届三中全会所做出的全面深化改革、推进中国式现代化的决定。这是一本了解中国保险当前挑战和未来前景的好书，是写给中国保险企业家的，也是写给每一个想要了解真实的中国保险市场和发展趋势的保险人的。

《重新理解中国保险》从中国保险故事迈向中国未来保险，这是一座陌生的迷雾森林，没有人是土生土长的向导。众人都试图极目远眺，寻找穹顶的北极星，并确定前进的方向。面向未来，本书将带领我们开启一个“认知革命”

的故事，一个“预见未来”的故事。

是为序。

中央财经大学中国精算研究院　陈辉

2024 年 8 月于北京

引言 | Introduction

美学大师朱光潜写过一段话："悠悠的过去只是一片漆黑的天空，我们所以还能认识出来这漆黑的天空者，全赖思想家和艺术家所散布的几点星光。朋友，让我们珍重这几点星光！让我们也努力散布几点星光去照耀那和过去一般漆黑的未来！"

我们需要明白自己所处一个"不确定时代"，整个时代出现了系统的不确定性，这个时代更像一个"动荡时代"。全球金融市场剧烈动荡，这些正在增强中国金融市场和保险市场的动荡。在此背景下，除了要读懂中国保险、读懂未来中国保险，还要重新理解中国保险，这些是重塑我们热爱的保险、重塑我们这个时代的中国保险关键之关键。

重新理解中国保险，是一项任务，更是一个问题，这背后隐含着中国保险需要回答的问题：我们在哪里？我们去哪里？我们如何去？回顾中国保险的发展，当前正处在一个转折点上，这意味着我们要做出困难的抉择，放弃所依赖的模式、逻辑、路径和学理，重塑中国保险。如果我们囿于利益而不敢在思想观念上有所突破，中国保险的变革与发展就不可能破冰前行。正是在这个意义上，当今中国保险仍然处于一个需要思想创新、观念突破的时代。笔者尝试帮助保险人激发好奇心、开拓新视野、启发独立思考、加深对中国与世界保险的理解，成为催生思想观念创新的重要机制。

重新理解中国保险，需要基于真实世界的保险思考，并以理论与实务研究向世界展现真实、立体、全面的中国保险。这有助于我们及国际社会增进对中国保险发展的全面了解，更加清晰地认识到中国保险的增长空间、强劲增长动力以及明确的增长路径目标，从而对中国保险发展有一个更加全面、客观的认识，激发对中国保险的信心和期待。

重新理解中国保险，尝试用两个中国保险模式、两个中国保险逻辑、两个中国保险路径和两个中国保险学理等热点话题串联出当下中国保险图景，用通俗的语言讲述核心的内容和观点，立足于洞察新科技、新经济、新社会、新思想对保险发展的影响，致力于为保险发展决策赋能。通过抽丝剥茧式的分析，解释相关事件和形势变化背后的内在逻辑，揭示中国保险的热点、难点、优点与突破点，从而破解复杂，厘清形势，预测未来。

《重新理解中国保险》回答了中国保险的一系列问题，包括："中国：形势与对策""改革：政策与实践""企业：转型与创新""学理：常识与洞见"，这些构成了中国保险"从保险大国到保险强国"的"突围集"。

《重新理解中国保险》与《读懂中国保险》《读懂未来中国保险》合称中国保险的"三部曲"，是《保险思政课》的延续。本书系统、全面地阐释了中国保险的未来之美、未来之道、未来之魅、未来之巅，揭示了中国保险的格局在变化、逻辑在更新、未来在演进。重新审视我们的时代，重新审视我们热爱的保险。尽管这个时代的中国保险仍有部分笼罩在迷雾中，但其已经开始在我们脑海中浮现出整体的轮廓。

目录 | Contents

第一辑

中国：形势与对策

踏遍青山人未老，风景这边独好。

——《清平乐 · 会昌》（近现代 · 毛泽东）

过去、现在和未来的区别只是执着的幻觉。

——阿尔伯特 · 爱因斯坦

人们总倾向于高估未来一到两年的变化，而严重低估未来十年可能发生的变革。

——比尔 · 盖茨

中国经济正经历从高速增长（资本和劳动力等要素驱动）向高质量发展（新质生产力等全要素生产率驱动）的转型，而高速增长阶段（工业化进程）结束之后，如何保持全要素生产率的增速正是中国经济社会发展最大的不确定性。同样地，中国保险正经历从高速增长（保费收入从指数增长转为线性增长）向高质量发展（保险资产从量大质劣转为量大质优）的转型，能否化解前期积累的风险成为中国保险发展的最大不确定性。

从 1978 年改革开放到 2023 年，这长达 45 年的时间里，中国保险所做的是建立既符合中国国情，又能适应世界保险潮流的中国特色保险发展之路。到现在为止，我们经历了“两个中国保险模式”，可以说是前进一大步，又退后一小步。虽然中国保险总体上呈现前进态势，但当前面临的任务依然十分艰巨。

2023 年 10 月 30 日至 31 日，中央金融工作会议在北京举行，对当前和今后一段时期的金融工作作出全面部署，会议指出：“金融是国民经济的血脉，是国家核心竞争力的重要组成部分，要加快建设金融强国，全面加强金融监管，完善金融体制，优化金融服务，防范化解风险，坚定不移走中国特色金融发展之路，推动我国金融高质量发展，为以中国式现代化全面推进强国建设、民族复兴伟业提供有力支撑。”

2024 年 1 月 16 日，习近平总书记在中央党校省部级主要领导干部推动金融高质量发展专题研讨班上发表重要讲话，深刻阐释建设什么样的金融强国、怎样建设金融强国这一重大课题，指出“统筹推进经济和金融高质量发展，为以中国式现代化全面推进强国建设、民族复兴伟业作出新的更大贡献”。

2024 年 7 月 18 日，党的二十届三中全会审议通过了《中共中央关于进一步全面深化改革、推进中国式现代化的决定》（以下简称《决定》），提出：“必须完善宏观调控制度体系，统筹推进财税、金融等重点领域改革，增强宏观政策取向一致性。要完善国家战略规划体系和政策统筹协调机制，深化财税体制改革，深化金融体制改革，完善实施区域协调发展战略机制。”

中央金融工作会议的召开，将保险工作上升到更高的战略高度，释放了中国保险未来发展方向的重要信号。为此，保险业要顺势而为、积极作为，贯彻落实党的二十大和二十届历次全会精神，学习贯彻中央金融工作会议、中央经济工作会议精神，聚焦国家之需、时代之问、世界之变，推进保险业高质量发展、高水平开放、高标准建设。如此，我们才能远望中国保险，锚定2035年远景目标，成为世界上最大的保险市场。

两个中国保险模式

一、引言

《读懂未来中国保险》一书指出，中国保险业的发展历程基本与中国金融体系的演变一致，自1949年以来都经历了三个阶段：新中国成立到改革开放前（1949～1978年）、改革开放到加入世界贸易组织（WTO）（1979～2001年）和加入WTO后（2002年至今）。

改革开放以来，中国保险业发生了巨大变化，取得了保险发展的多项成就，其中高速增长格外引人注目。2001年12月11日，中国成为WTO的第143个正式成员。这是中国改革开放史上重要的里程碑，是中国金融业腾飞的起点，更谱写了中国保险业的新篇章。在经济或GDP高速增长和货币供应量（M2）的超发作用下，中国在全球保险增幅放缓中不仅“风景这边独好”，而且成为带动全球保险发展的“火车头”。一时间，中国保险模式（China Insurance Model，CIM）声名鹊起，俨然成为21世纪保险发展的典范。

然而，拯救世界的中国保险却给中国保险业带来了意想不到的后果。近年来，我国经济增速换挡，保险业接连暴露出一系列较为严重的问题。GDP增速放缓，房地产市场下行，地方政府负债累累，外商直接投资（FDI）下降以及资本市场疲软，让整个世界为中国保险捏了一把汗。毫不夸张地说，中国保险已进入改革开放以来最严峻的时期，国际上对中国保险的评价也迅速出现一百八十度的大转弯。

1980 ~ 2010 年，中国保险业实现了 30 年的超高速增长（年均 32.0%），过去的 13 年，即从 2011 ~ 2023 年，中国保险业增长速度持续放缓（年均 11.9%），且放缓的斜率还不小（如图 1-1 所示）。

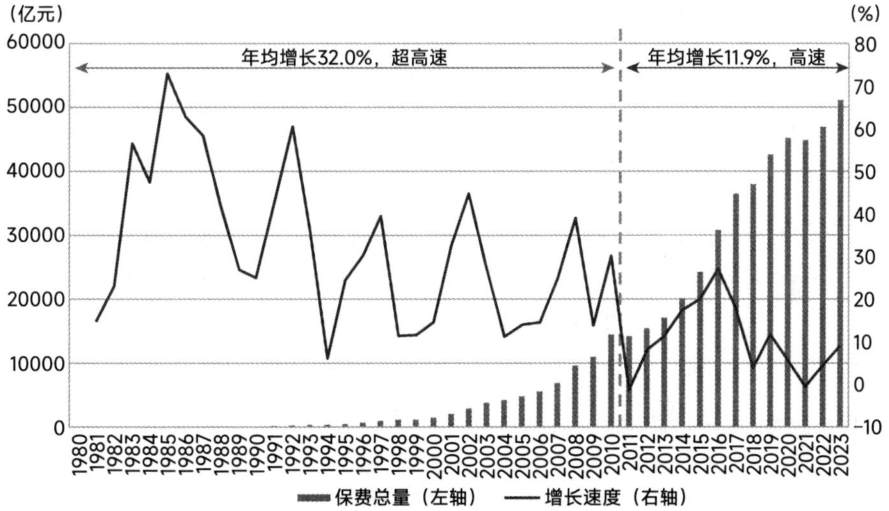

图 1-1　中国保费总量及其增长速度

如何看待这一放缓现象呢？我们可以从保费增长速度与 GDP 增长速度比中找到答案（如图 1-2 所示）。1980 ~ 2010 年，保费增长速度与 GDP 增长速度比平均为 3.2；2011 ~ 2023 年，保费增长速度与 GDP 增长速度比平均为 1.7。显然，保险业除了经济增速换挡的原因，自身也在经历增速换挡，即保险业的“二次换挡”。

综上，我们不禁要问：为什么中国保险模式突然失灵？为了回答这个问题，我们不得不进一步追问：到底什么是中国保险模式？问题的症结在哪儿？

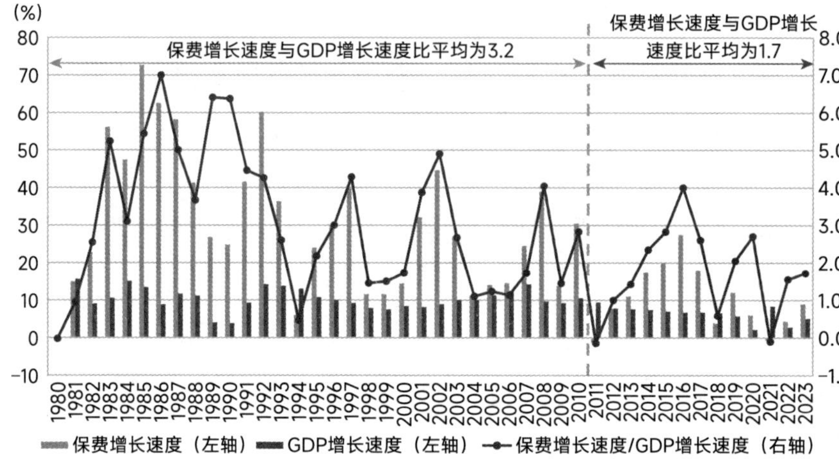

图 1-2　中国保费增长速度与 GDP 增长速度

二、什么是中国保险模式

保险模式（Insurance Model），是金融模式的子集，是指包含保险结构、组织形态、运行机制和监管框架四个层次的保险体系的综合体。保险结构，主要指财产保险和人身保险，有时也指承保（风险管理者、风险承担者）和投资（投资者）；组织形态，主要指国有保险机构、外资保险机构和民营保险机构；运行机制，主要指“看得见的手”和“看不见的手”之间的分工，换句话说，保险体系的运行主要是由市场机制决定还是由政府政策决定；监管框架，其内涵比较丰富，从监管层次上可分为立法监管、司法监管和行政监管，从监管内容上可分为市场行为监管、公司治理监管和偿付能力监管，从监管视角上可分为机构监管、行为监管、功能监管、穿透监管、持续监管。

改革开放初期，我国其实并不存在真正意义上的保险模式，要说有，那就是一家保险机构（中国人民保险公司）的模式。1979 年 11 月 19 日至 27 日，全国保险会议在北京举行。经国务院批准，中国人民保险公司从 1980 年开始逐步恢复停办了20年的国内保险业务，以适应现代化建设的需要。1988年3月21日，中国人民银行批准设立平安保险公司；1991年5月13日，中国人民银行批准设立太平洋保险公司；1992年9月29日，中国人民银行批准设立友邦保险公司上海分公司，随后我国的保险结构、组织形态、运行机制和监管框架逐步丰富和完善。现在回过头去看，保险体系的调整实际包含了重建和改革两个过程，彼此交织在一起。重建就是从一家保险机构出发，建立了很多保险机构，构建了一个相对完整的保险体系；改革是指保险资源的配置逐步从由政府主导转向由市场主导，其中市场主导强度（市场强度）又经历了周期性的波动。

总体来看，改革开放以来，我国从一家保险机构出发，到现在已经建立了一个完整的保险体系。与其他国家特别是市场经济发达国家的保险体系相比，我国的保险模式呈现出四个方面的突出特征，即规模大、管制多、监管弱以及国有主导。这样的保险模式看起来有很多问题，但至少在2010年以前，这套保险体系在支持经济社会发展和金融稳定方面没有出现过大的问题。2010年以后，这套保险体系的问题似乎变得越来越多，抱怨的声音也越来越大。在2017年召开的第五次全国金融工作会议上，这套保险体系的问题被揭开了盖子：一方面是保险效率在下降，另一方面是保险风险在上升。

为什么这套体系在改革开放前30多年（2010年以前）还算行之有效，如今却出现问题？背后的原因有很多，从表面来看最重要的有两点：一是我国经济进入新的发展阶段，经济增速自然而然地进行了换挡；二是过去的保险模式无法适应新的增长模式，但保险业囿于利益而没有进行转型，没有从要素密集型增长向创新驱动型增长转变。从深层次来看，我们还需要研究“问题的症结在哪儿”。

三、问题的症结到底是什么

（一）经济增速换挡是自然结果

根据沃尔特·罗斯托（Walt Rostow）的经济成长阶段论，人类社会发展可划分为六个阶段：传统社会阶段、为起飞创造前提阶段、起飞阶段、向成熟推进阶段、高额群众消费阶段和追求生活质量阶段。即一国的经济发展必然经过起飞、成熟和高额群众消费三大阶段，其中起飞阶段经济高速增长，成熟阶段增长放缓，高额群众消费阶段增长进一步放缓。

如果以 10% 或以上为超高速、6% 以上为高速、4% ~ 6% 为中高速、2% ~ 4% 为中低速和 2% 以下为低速作为标准，世界经济史的研究表明，人类历史上只有二战以来若干个亚洲经济体曾经历了长达 20 年以上的高速经济增长，包括 20 世纪 50 年代初至 50 年代中的日本、20 世纪 60 年代初至 90 年代中的“亚洲四小龙”（韩国、中国台湾、中国香港和新加坡）和 20 世纪 70 年代末至 21 世纪前 10 年的中国，以及 20 世纪 90 年代初至今的印度和越南。

1980 ~ 2010 年，中国实现了 30 年的双位数（年均 10.5%）超高速增长。过去的 13 年，即 2011 ~ 2023 年，除 2020 ~ 2022 年受新冠疫情冲击出现大幅波动外，其他年份我国 GDP 增长速度持续并逐年放缓（如图 1-3 所示）。

另外，日本和“亚洲四小龙”在经历高速增长期后，GDP 增速不断放缓，这表明经济发展正由起飞阶段到向成熟推进阶段过渡，符合罗斯托经济成长阶段论所预示的结果。我国经济也必是如此。过去的 13 年正是我国经济由起飞阶段到向成熟推进阶段的过渡时期，增速从前 30 年的超高速水平换挡至一个较低水平是经济发展阶段演进的自然结果。

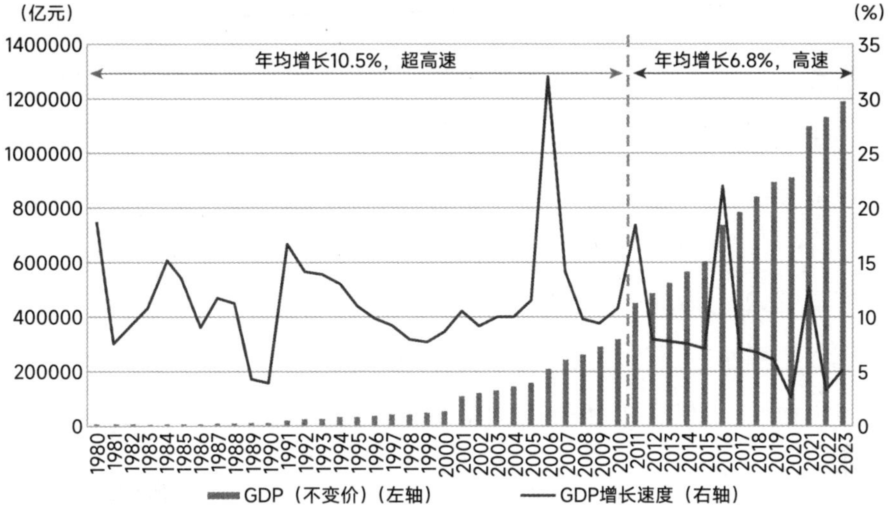

图 1-3　中国 GDP 总量及其增长速度

可见，我国经济增速换挡是“自然结果”，并不是中国保险模式突然失灵的问题所在。为此，我们需要继续深究：是不是中国保险模式出了问题?

（二）保险模式演变是症结所在

中国保险模式是否出了问题？答案是肯定的，关键是如何认知中国保险模式的演变。《回荡的钟摆》一书提出了“两个中国模式”：第一种模式是通过提高资源利用效率来驱动经济增长，依据经济思想史上的学派划分，可称之为“亚当·斯密模式”或“斯密模式”（Smith Model）；第二种模式是通过增加资源投入来驱动经济增长，可称之为“凯恩斯模式”（Keynesian Model）。

在“两个中国模式”的认识框架下，回顾中国保险业的发展历史，也经历了“两个中国保险模式”：第一种是通过提高市场化水平来驱动保险增长，可称之为“准市场模式”（Quasi-market Model，QMM）；第二种是通过非市场化或行政化手段来驱动保险增长，可称之为“受限市场模式”（Restricted Market Model，RMM）。

虽然准市场模式和受限市场模式都不是市场化模式，但其理论体系或者发展理念却大相径庭。准市场理论，是理查德·蒂特马斯（Richard Titmuss）从社会整合原则和人类需要满足方式的角度提出的社会市场概念，是相对于传统意义上的自由经济市场而言的。受限市场模式，是弗雷德·里格斯（Fred Riggs）在分析过渡型社会的特征时提出的一种独特的市场体制类型，其主要特点是“价格的不可决”（Price Indeterminacy）。

准市场模式（1980 ~ 2010 年）：我国保险业市场体系建设的总策略是让消费者可以选择保险服务提供方；让合格的保险提供方轻易进入市场，并让不胜任的退出市场，目的是防止现有保险服务提供方的反竞争行为，或设法降低保险服务的垄断行为。

受限市场模式（2011 年至今）：我国保险业市场体系建设的总策略是在保险市场结构已经建构化，但非完全市场化的保险市场体系中，“保险价格”（包括保险产品价格、市场主体价格、竞争区域价格、监管成本价格等）除了受市场因素限制，还受宏观环境、金融形势、保险政策、政府关系甚至社会地位、名望等非市场因素的影响。

2008 年金融危机爆发后，中国经济从“亚当·斯密模式”转变为“凯恩斯模式”，市场这只“无形之手”发挥作用的空间被大大挤压，经济增长越来越依赖政府那只“看得见的手”，凯恩斯主义开始大行其道。三年后，金融危机终于结束，从表面上看，保险业经受住了金融危机的冲击；但实际上保险业也错失了一次风险出清的机会，或者说错过了一次转型的机会。

国际清算银行（BIS）曾指出，金融危机后很多国家的金融风险都在上升，并将其总结为“金融风险性三角”：杠杆率上升、生产率下降和政策空间收缩。在此形势下，我们发现保险监管把应对金融危机的底线思维变成了常规政策。保险监管部门在管制上不断加强所谓的“改革”，监管政策和行业规范调整没有把握好“时度效”，力度过大、过急、过频、过激，使得企业对良好营商环境和保险政策环境的信心和信任缺失。这就加剧了保险业的金融抑制（Financial Repression），使我国保险监管部门对保险体系的干预程度在全球范围内相对较高。2017 年第五次全国金融工作会议之后，保险领域“过左”的观念和做法以“保险姓保、监管姓监”的名义登堂入室，其对保险业的伤害更深，对资本信心的打击也最重。

在这样的背景下，中国保险模式快速从“准市场模式”演变为“受限市场模式”，并不断强化，导致保险市场化改革几十年的过程中积累了诸多悬而未决的问题，在“两个中国保险模式”演变中集中爆发。可见，经济增速换挡导致保险增长速度“一次换挡”，这是自然结果；保险模式演变导致保险增长速度“二次换挡”，这才是症结所在。

四、如何重塑中国保险模式

目前，中国保险业进入了困难期，在思考解决方案之前，我们需要对中国保险业的严峻现实有一个清醒的认识。但是我们也不必悲观，不要低估中国保险增长的潜能。危机不可怕，如果能变危局为改革机会的话。近年来，改革的共识和动力逐步凝聚，离危机的出口、新的保险增长入口和新的中国保险模式也就更近了。从这个角度看问题，保险业存在问题未必是件坏事。

那么，如何重塑中国保险模式？具体如何做？需要回到常识和基准，回到历史、逻辑和实践以及关于保险模式的思想再启蒙。

要想保险复苏，必须先化解“受限市场模式”所积累的种种风险，这个过程在时间上可能不会太短。在处置了问题机构、出清了隐藏风险后，需要回归前半段的中国保险模式，也就是“准市场模式”。只有回归“准市场模式”，才有可能探索中国特色的保险发展道路。为此，我们需要基于真实世界的保险学，了解保险发展的历史，深入分析过去成功的原因和当前困难的根源，找到解决的方案。总体来看，我国保险模式进一步转变的内容很丰富，集中体现在以下四个方面：

第一，要积极推进保险市场化、法治化和国际化。建设金融强国（保险强国）是一个比建设经济强国、科技强国、教育强国、军事强国更难的目标，它要求一个国家具有很强的软实力。党的二十大报告明确提出“营造市场化、法治化、国际化一流营商环境”，因此要实现保险强国必须走市场化、法治化、国际化道路：一要走市场化的道路，只有市场化才能够让保险业态多元化；二要沿着法治化的道路，朝着完善保险法治的方向前行；三要走国际化的道路，进一步促进保险市场的开放。只有秉承改革开放和现代市场经济的基本原则，充分发挥保险市场主体和保险人的积极性、创造性，才能够实现保险强国的目标。

第二，要大力推进保险专业化、整体化和多元化。过去我国保险业属于粗放式、要素投入型（主要是人力和资本）的增长模式，不确定性较低。随着保险业与经济的深度融合以及与金融业的同频联动，中国保险模式不再是单纯的发展问题，而是上升到宏观经济约束的高度。也就是说，保险专业发展和创新发展都面临巨大挑战，保险专业化水平有很大的提升空间，保险创新也有很大的发展空间。《读懂中国保险》一书指出，中国保险业需要把战略、战术和行动落实到“聚焦、专业、创新、整合”上，即把握保险本质、遵循保险常识、聚焦保险关键、创新保险实践。

第三，要进一步推进保险模式变革。改革开放以来，我国保险业的金融抑制指数（Financial Repression Index，FRI）从 1.0 先下降到 0.6 左右又回升，目前已处于很高的水平。未来在进行保险资源配置时，能否真正让国有企业和民营企业站在同一条起跑线上，这是保险模式改革的一个重要方面。另外，要努力实现真正市场化的“保险价格”，包括保险产品定价、保险主体价格、保险监管成本等。问题的关键是，这些改进或变革是如何实现的？目前我国保险业仍习惯于用行政性手段来解决问题。尽管保险机构自身的创新，比如互联网保险、数字保险创新也发挥了一定作用，但发挥作用最大的仍是行政性的监管要求。这些监管要求的基本内容是每家保险机构都要按照行业约定俗成的规矩甚至“窗口指导”来发展，否则就要接受监管问责。

现在看来，这些行政性很强的政策要求实实在在地推动了保险业的发展，但这里有一个重要的挑战，是否风险可控？是否有利可图？如果做不到这两点，即使短期实现了政策目标，长期也很难持续，甚至会造成很多新的问题。因此，我国保险业必须进一步推进保险模式变革，在市场化条件下解决问题，包括实现市场化的“保险价格”、进一步降低保险业的金融抑制指数等。其核心是依靠保险创新本身，这是未来发展的大方向。

第四，要进一步加强保险监管。虽然过去的 40 多年，我国维持了保险业稳定，没有出现系统性大问题，但这并不是靠监管政策做到的，更多是靠政府兜底、行业兜底和经济持续高增长实现的。目前来看，这种做法很难长期持续。一方面，随着我国保险体系规模越来越大，复杂性越来越高，一出现问题就由政府兜底、行业兜底，这是不现实的；另一方面，我国经济增速在不断放缓。

在保险监管方面，我国有很大的改进空间。过去我国的保险监管体系有框架、有人员、有工具、有目标，但在很多领域却缺乏监管规则的真正落地。过去几年，一些保险公司出现问题，其中很大一部分原因在于监管规则没有真正落地。例如，大股东违规操作，这是明令禁止的，但现在却时有发生。这说明我国保险监管体制确实需要进一步改进。具体来看，要全面强化“五大监管”，严把准入关口、严密风险监测、严肃早期干预纠正；要紧盯“关键事”“关键人”“关键行为”，严格执法、敢于亮剑，做到一贯到底、一严到底、一查到底，坚决落实强监管、严监管。

总体来看，随着我国经济迈入新发展阶段，“两个中国保险模式”都已经不太适应新经济的增长模式，必须做出改变。改变的方式包括：推进保险市场化、法治化和国际化，推进保险专业化、整体化和多元化，加强保险创新、推进保险模式变革、加强保险监管、推进保险开放等。从这个角度看，我国保险目标模式的方向是比较清晰的，就是要更多地走资本市场的道路、走专业化的道路、走市场化的道路、走法治化的道路、走国际化的道路，即建立中国保险的“市场优化模式”（Market Optimization Model，MOM）。

告别旧模式，探索新道路

一、中国保险的结构性矛盾

为什么要告别旧模式？除了“两个中国保险模式”存在的问题，还有就是中国保险的结构性矛盾。近年来，中国保险业正面临前所未有的结构性挑战和压力。一方面，早年学习的西方保险发展模式日渐式微且已不再适用于中国经济社会发展需要；另一方面，保险业所供给的“产品”与需求端的期待存在差距，人们不断追问“中国保险是否提供了国家与时代所需的‘保险’”。

要突破中国保险所面临的困局，需要我们去识别、回答一些关键性问题。笔者将中国保险的演进进行大致划分，分为以下三个阶段：

（1）1.0 阶段（20 世纪 80 年代至 2010 年）——以规模为导向，效仿和借鉴西方保险发展体系；此为中国保险业的第一波思潮：保障性需求（数量缺口）。

（2）2.0 阶段（2011 年至 2016 年）——结构性分化，注重结构调整与质量发展，呈现出分化趋势；此为中国保险业的第二波思潮：结构性需求（结构性缺口）。

（3）3.0 阶段（2017 年至今）——科技驱动、需求引领之下，亟须再定位、再规划和再出发；此为中国保险业的第三波思潮：产品服务质量或生命质量需求（质量缺口）。

目前，中国保险处于 3.0 发展阶段。笔者认为，这一阶段的历史使命应当包含：亟须回答“为谁保、保什么、怎样保”这三个追溯保险本质的问题；亟须认知“保险是风险管理者、风险承担者和投资者的统一体”这一保险基本理论的问题；亟须研究中国保险问题，讲述中国保险故事，培养服务国家重大战略需求的保险人才，发展服务中国式现代化建设的保险体系。

2023年10月，中央金融工作会议明确了建设金融强国的目标，并对银行、保险、证券进行统筹安排、一体部署，吹响了加快建设金融强国的号角。2024年1月16日，习近平总书记在中央党校省部级主要领导干部推动金融高质量发展专题研讨班上发表重要讲话，深刻阐释建设什么样的金融强国、怎样建设金融强国这一重大课题。面对国家的号召、时代的需求，保险业需要锚定金融强国建设目标，对中国经济社会发展规律进行深刻思考，扎实推进保险高质量、可持续、自适应发展，坚定不移走中国特色保险发展之路。

二、探索中国保险的新模式

从“两个中国保险模式”这个角度来看，中国保险的新模式就是要更多地走专业化的道路、走市场化的道路、走法治化的道路、走国际化的道路，即建立中国保险的“市场优化模式”，其方向是建立市场化、法治化、国际化和专业化的保险模式（Market-oriented，Law-based，Internationalized and Professionalized Model，MOLIM）。

市场化、法治化、国际化、专业化是现代保险业发展的重要趋势，也是衡量一个国家保险业发展水平和发展能力的重要标准。对于市场化来说，它主要包括市场自由度、市场秩序和市场监管三个方面；法治化则包括法律制度、司法公正和法治环境；国际化主要包括对外开放程度、国际合作和国际战略；而专业化主要包括保险产业的影响力、控制力和应变力等。这些划分标准体现了“市场优化模式”概念内涵的多样性和综合性。

（1）市场化作为一个涉及经济、政治、社会等多个层面的概念，其划分标准主要包括市场自由度、市场秩序和市场监管。市场自由度是指市场主体在市场活动中的自由程度，包括市场准入、价格形成、资源配置等方面。市场秩序则是指市场行为的规范和有序性，包括竞争机制、市场监管等。市场监管是指政府对市场活动进行的规范和监督，以保障市场的公正和效率。这些标准相互联系、相互制约，构成了市场化的一个完整体系。

（2）法治化是指一个社会的法律制度健全、司法公正和法治环境良好，其划分标准主要包括法律的完备性、实施的公正性和法治环境的健康性。法律的完备性体现了一个国家的法律制度是否完备、法律是否健全；实施的公正性则体现了司法机关的独立性和公正性；法治环境的健康性则体现了社会公民的法治意识、社会秩序和社会治安等方面。只有依法治国、保障公民的合法权益，才能实现社会的持续稳定和健康发展。

（3）国际化是指一个国家在国际社会中的开放度、合作程度和国际战略，其划分标准包括对外开放程度、国际合作和国际战略。对外开放程度评价了一个国家对外贸易、外资引进等开放程度；国际合作则关乎国际政治、经济、安全等领域的合作；国际战略体现了一个国家在国际事务中的战略定位和国际影响力。国际化是当代社会发展的必然趋势，是各国相互依存和合作的结果，也是一个国家发展的需要和选择。

（4）专业化是指一个产业在一个国家或国际经济体系中通过人才、技术、市场、资本等要素所形成的可持续的竞争力，其划分标准包括保险产业的影响力、控制力和应变力等。未来，中国保险业将面对更多两难、多难问题，特别是金融领域中的诸多问题牵一发而动全身，且与国内外经济形势密切相关，要平衡好内外部各方关系。我们必须坚持系统观念，通过历史看现实、透过现象看本质，以真实世界的中国保险学为指导，把握好全局和局部、当前和长远、宏观和微观、主要矛盾和次要矛盾、特殊和一般的关系。同时，还必须坚持守正创新，坚持保险学的基本常识，重点就如何确保不发生系统性风险，如何营造良好的保险环境，如何加强保险科学监管，如何适应国内外诸多复杂的形势发展，如何加强保险基础设施建设，如何维护良好的保险市场秩序，如何有效推动保险对外开放、提高参与国际保险治理能力等方面进行积极思考，培养、选拔、打造一支政治过硬、作风优良、精通保险工作的干部队伍，以新的理论指导新的实践，以强有力的人才队伍支撑中国特色保险发展道路。

市场化、法治化、国际化、专业化是“市场优化模式”的重要趋势和发展标准。实现市场自由度、市场秩序和市场监管的有机统一，建设法律完备、司法公正和法治健全的社会；加强对外开放、国际合作和国际战略定位，提高保险经营的影响力、控制力和应变力，是一个国家走向现代化和世界化的必由之路，也是中国特色保险的发展道路。

市场化、法治化、国际化、专业化这四个概念是相辅相成、相互联系的，它们之间既有内在的逻辑关系，又有可操作的具体路径。在中国保险业发展中，需要把握好四者的平衡点，既要充分发挥市场在资源配置中的作用，又要加强法治在社会治理中的力量，还需要扩大国际合作、提升国际影响力，更需要扩大中国保险业在全球范围内的定价权和市场份额，把握世界范围内保险业的发展趋势，保持中国保险业在世界保险业中的竞争力。只有深刻理解和把握好四者之间的关系，才能更好地推动保险业的发展和“保险强国”目标的实现。

三、如何告别旧模式走向新模式

从“两个中国保险模式”到“市场优化模式”，这其实不是一个推倒重来的问题，而是一个优化问题。因此，一些问题是无约束优化，一些问题是约束性优化；一些问题是没得商量、不容讨论的，一些问题是可以讨论与研究的；

这些构成了优化的方向，包括手段与方式问题、时间与空间问题、成本与收益问题、阻力与破坏问题。

（一）解决“鲍莫尔病”

1967年，经济学家威廉·鲍莫尔（William Baumol）在《美国经济评论》发表的论文中构建了一个两部门增长模型：进步部门（Progressive Sector）和停滞部门（Stagnant Sector）。他发现进步部门生产率的快速提升将导致停滞部门出现相对成本的上升，最终停滞部门在整个经济中比重会上升，这样带来一个不期结果：经济增长最终由生产率最难提升的停滞部门决定。这一现象被称为“鲍莫尔病”（Baumol’s Disease）。

我们可以从“鲍莫尔病”的经济学分析中引申出一个启示：经济发展有多好，不取决于我们在好的方面做得有多好，而取决于我们在不好的方面能否真正提升。真正给人类社会发展设限的，不是那些我们擅长且做得好的，而是那些必须去做却难以改进的事情。

同样，中国保险未来发展有多好，不完全取决于中国人寿、中国人保、中国平安、中国太平洋、中国太平等大型保险集团，还取决于已重组（包括接管、托管、破产重整等）或濒临重组的公司能否重组成功。真正给保险业发展设限的，不是保险业已经做得好的方面，而是那些保险业必须做却难以改进的事情，如做好科技金融、绿色金融、普惠金融、养老金融、数字金融“五篇大文章”。

作为一种“病”，“鲍莫尔病”已经给中国保险业带来很多负面影响，成为当前中国保险业在发展过程中不得不面对的一个问题。“鲍莫尔病”的存在，具备三个条件：一是“进步部门”的生产率进步要高于“停滞部门”；二是“停滞部门”的工资会随着“进步部门”提升；三是“停滞部门”在经济中的比重是不断增加的。

2001 年，随着中国加入 WTO，保险市场体系经历了从雏形到成形的过程，目前尚未成熟。截至 2000 年底，中国共有保险法人机构 32 家，其中财产险公司 17 家（含美亚上海、美亚广州、美亚深圳 3 家公司）、人身险公司 15 家（含友邦上海、友邦广州、友邦深圳 3 家公司）。加入 WTO 两年后，也就是 2003 年底，中国保险市场体系才初具雏形，有保险法人机构 69 家，其中保险集团（控股）公司 6 家、再保险公司 5 家、财产险公司 24 家（含政策性保险公司 1 家）、人身险公司 32 家、保险资产管理公司 2 家。

2023 年底，中国多层次保险市场体系初步形成，共有保险法人机构 239 家，其中保险集团（控股）公司 13 家、再保险公司 7 家、财产险公司 89 家、人身险公司 94 家（其中寿险公司 77 家、养老保险公司 10 家、健康险公司 7 家）、保险资产管理公司 33 家、农村保险互助社 3 家。

根据 2000 ~ 2023 年中国保险公司的数量变化情况，保险市场体系的扩容可以分为两个阶段：2010 年之前的市场化、国际化主导阶段和 2011 年之后的非市场化、区域化主导阶段。为了分析保险业的“鲍莫尔病”，我们重点关注财产险公司和人身险公司（如图 1-4 所示）。

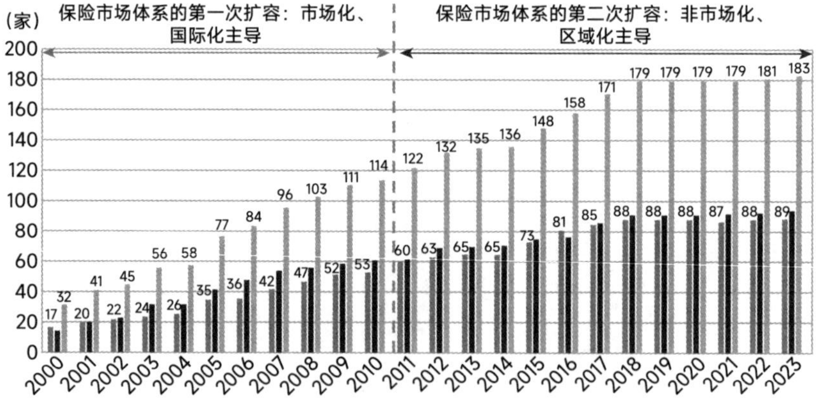

图 1-4　2000 ~ 2023 年中国保险公司数量

“鲍莫尔病”与中国保险发展的关系不仅是统计意义上的，两者之间已存在紧密的内在逻辑联系，不必动用复杂的计量经济模型，简单的几组数据就可以反映出来。从整个保险业来看，随着保险市场主体的扩展，逐步满足“鲍莫尔病”的三个条件：一是保险公司生产率出现了分化，部分保险公司发展甚至出现了“停滞”；二是保险主体扩展导致人才储备不足，新成立的市场主体拉高了行业平均工资；三是新成立的市场主体为了提高产能，采取了积极的甚至是无效率的扩张政策，导致无效率、无效益的市场扩张。从财产保险公司来看，2010 年之后，平均产能增幅与财产险公司保费增幅存在较大差异（如图 1-5 所示）；从人身险公司来看，平均产能增幅与人身险公司保费增幅差异较小（如图 1-6 所示）。

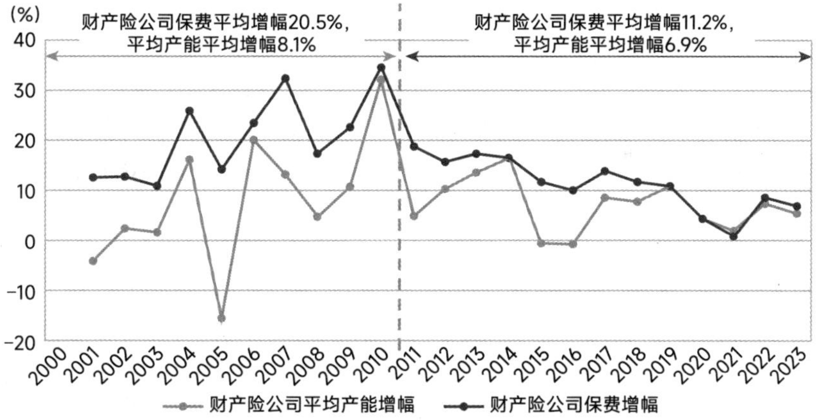

图 1-5　财产险公司保费增幅和平均产能增幅

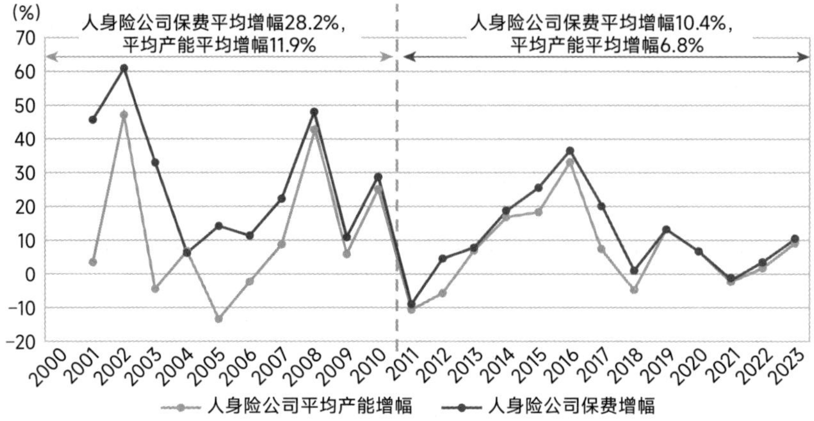

图 1-6　人身险公司保费增幅和平均产能增幅

总体来看，“鲍莫尔病”已经严重影响了保险经营效率的提高，让保险业的发展出现了“二次换挡”甚至停滞不前；同时还导致保险作为“金融中介”的成本大幅上升，让消费者的福利受到较大损害；此外还导致一些政策性保险产品价格居高不下，甚至大幅上涨，如农业保险、出口信用保险、科技保险等，给政府财政带来巨大的压力。为此，中国保险要告别旧模式走向新模式，就需要通过“祛病”“减肥”“提质”来治疗“鲍莫尔病”，具体举措包括以下几个方面：

首先，回到“鲍莫尔病”的三个条件，从中入手，对症下药。

其次，相关研究表明，数字化发展有利于缓解保险业发展过程中的“鲍莫尔病”，推动保险业生产率提升；为此，需要积极推动保险业的数字化发展，以此来促进保险业的健康稳健发展。

最后，“鲍莫尔病”提出“成本病”概念的开创性论文——“不平衡增长的宏观经济学”（Macroeconomics of Unbalanced Growth）中提到，要通过市场化、法治化、国际化和专业化手段来解决保险公司增长不平衡的问题，同时还要通过市场化、法治化、国际化和专业化手段来解决保险公司不合理重组（接管、托管和破产重整等）所产生的问题。

（二）构建“重塑美好保险”优化模型

现代金融理论是建立在数理基础上的学科，其最主要的基础是资产组合理论、资本资产定价模型、M-M 定理、APT 理论和期权定价公式等。1952 年，哈里·马科维茨（Harry Markowitz）创立了现代资产组合理论（Modern Portfolio Theory，MPT），他认为最佳投资组合应当是具有风险厌恶特征的投资者的无差异曲线和资产的有效边界线的交点。马科维茨在投资者效用最大化的基础上，将复杂的投资决策问题简化为一个风险（方差）和收益（均值）的二维选择问题——“均值—方差模型”（Mean-Variance Model，MVM），即在相同的期望收益条件下，投资者选择风险最小的证券组合；或者在相同的投资风险条件下，选择预期收益率最大的证券组合。

中国保险“市场优化模式”的根本目的是“重塑美好保险”（Creating A Better Insurance，CBins）。《读懂中国保险》一书指出，美好保险是风险保障之美、健康服务之美和财富管理之美，是风险治理之美、价值创造之美和资源配置之美，是向上、向善、向美好的保险。

根据现代资产组合理论的思想以及“市场优化模式”的根本目的，中国保险“市场优化模式”是基于时间、风险、收益的发展模型，即“三元模型”。

第一，需要“以时间换空间”，即“活下来才有机会思考市场规模”，也就是要坚守“长期主义”。在这个过程中，我们要改变心态，践行长期主义价值观，做好牺牲当前利益的准备，谋求新秩序规则壁垒成为维护自身优势市场地位的一条必由之路。

第二，需要“以空间换时间”，即“瘦下来才有机会思考如何变美”，也就是要坚守“基业长青”。在这个过程中，我们要做“造钟师”“建筑师”，不要做“报时人”，要拥护兼容并蓄的融合法，一切都是为了“保存核心，刺激进步”。

第三，需要认知保险的“金融属性”，即保险作为一种金融产品，我们必须考虑其三个重要的属性：收益率、波动性和流动性，不能提供违背“三元悖论”的产品，即高流动性、低波动率和高收益之间必须舍其一。

第四，基于时间、风险、收益的“三元模型”，通过“以时间换空间”实现风险“软着陆”，通过“以空间换时间”实现收益“软着陆”，最后实现中国保险业“软着陆”。

综上所述，中国保险的新模式或新范式，需要面向未来开启保险理论交叉、市场结构、价值体系等各方面的优化，才能不断回应国家和时代的需要，培育更多有能力、有责任、有担当去主动变革并能驾驭变革的伟大公司，引导它们服务国家建设，融入民族复兴伟业。为此，还需要基于“两个中国保险模式”和中国保险的结构性矛盾，探索“价值引领 + 科技驱动 + 产业创新”的发展路径。

应对漫长的保险冬天

一、冬天是思考的季节

冬天，是一个适合思考的季节，更是一个“保存核心，刺激进步”的季节。

党的二十大报告用三句话对当前的形势进行了总结：第一，百年未有之大变局加速演变，新一轮科技革命和产业变革深入发展；第二，世界进入新的动荡变革期；第三，我国进入战略机遇和风险挑战并存，不确定、难预料因素增多的时期，各种“黑天鹅”“灰犀牛”事件随时可能发生。

这些判断，虽然更多的是从政治文本来理解，但是如果转化成专业术语，我们就会发现，这也是保险业回归初心和使命的重要参照点。自 2008 年金融危机后，全球处于稳定的“三低一高”状态，即低增长、低通胀、低利率、高债务，或“三低三高”状态，即低增长、低通胀、低利率、高风险、高杠杆、高成本。新冠疫情、地缘政治冲突等导致全球进入了一个高通胀、高债务、高利率、低增长的“三高一低”新局面，或“一低五高”状态，即低增长、高通胀、高利率、高风险、高杠杆、高成本。这要求我们一定要回归保险模式上来，这是应对漫长的保险冬天的首要问题。

另外，我们还要重点关注中国经济面临的几大问题：一是跨越中等收入陷阱（Middle-income Trap），稳步进入高收入国家行列；二是突破修昔底德陷阱（Thucydides's Trap），扭转不平衡、不对称博弈；三是突破李约瑟之谜（Needham's Grand Question），解决“卡脖子”问题；四是突破金德尔伯格陷阱（Kindleberger Trap），以高水平开放和多边主义重构全球治理；五是跨越明斯基时刻（Minsky Moment），持续创造无危机的增长奇迹；六是克服“鲍莫尔病”（Baumol's Disease），实现中国产业持续升级。这些是我们应对漫长的保险冬天必须思考的问题，如此我们方能看到未来的保险模式。

秋风乍起，大地萧瑟，天气转向寒冷，距那“千里冰封，万里雪飘”的寒冬已不太远。冬天，是弱者“饥寒交迫”、愚者“青黄不接”、强者“狩猎取物”、智者“伺机而动”的季节；同时也是资源优化、万物优胜劣汰的季节。这次寒冬是全球性的，全球地缘政治经济双重分裂。面对不期而遇的寒冬，中国保险业应采取有效的应对措施，时刻准备着。

二、如何应对漫长的保险冬天

在全球地缘政治经济双重分裂的凛冬中，每个保险企业都应该有御寒之策，策略得当，就能坚持等到最后的胜利。但现实却是，“我们发现整个行业从年初到年终，一直激烈地内卷和竞争，结果这短短一两个月，突然来到了寒冬。就好像气温下降了，我们还在穿短袖，毫无准备。”

在中国保险的冬天该如何作为？关键在于寻找寒冬中崛起的力量，寻找寒冬中改革的动力，创新寒冬中发展的路径，这一切都是为了“保存核心、刺激进步”。保存核心，就是要恪守保险企业的使命和核心价值观，并将此作为指南针、导航灯；刺激进步，是指在恪守核心理念的基础上，保险企业要努力适应变化，不断地调整经营方法、文化方式、商业谋略等，以实现更好的突破和发展。吉姆·柯林斯在《基业长青》一书中提出，文化标准必须改变，策略必须改变，产品线必须改变，目标必须改变，权限必须改变，管理政策必须改变，组织结构必须改变，奖励制度必须改变，但唯一不应该改变的是核心理念。

“保存核心，刺激进步。”“核心”包括保险的核心、保险业的核心和保险企业的核心，保险的核心是风险管理者、风险承担者和投资者的统一体，保险业的核心是倾听人民的心声、国家的呼唤、人类的足音，保险企业的核心是风险治理、价值创造和资源配置。“进步”是指保险业、保险企业追求改变和前进的动能。正如瑞·达利欧在《原则》一书提到的，“要么进化，要么去死；进化是宇宙中最强大的力量；它是唯一永恒的事情，它驱动着所有的一切。”简言之，“保存核心，刺激进步”，即“初心如磐，奋楫笃行”，也就是“初心如磐行致远，奋楫笃行启新程”。

“保存核心，刺激进步。”中国保险业要进一步加强对资本市场等关联国际金融市场的研究、分析，提高自身的市场应变能力。在 2008 年国际金融危机中，众多老牌金融机构陷入困境，甚至破产倒闭，其实不是它们不会投资，不懂风险控制，而是经营了“不可度量的不确定性”。当前，中国保险业也处于摩根士丹利所说的“投资是保险行业的核心任务，没有投资就等于没有保险行业。没有保险投资，整个保险行业的经营是不能维持下去的”尴尬状态，虽然可以不经营“不可度量的不确定性”，但是却要承受“不可度量的不确定性”。

目前，全球金融市场已经进入危机状态，资本市场上没有不可能发生的事，这就要求我们对风险的防范必须采取更为审慎的态度。为此，除了全球风险观、全球经济危机观、全球金融危机观，中国保险业需要做好“十大保证”：保证公司上下对于风险认知的统一；保证公司销售和客服的正常运行；保证资本及其流动性充足；保证资金运用的安全和流动；保证人员和公司的稳定；保证相关利益方的利益；保证公司运用成本的压缩；保证风险管理举措落实到位；保证公司在“危”中找到“机”；保证公司战略调整的未来适应性等。

最后，让我们切记“每一次深度危机都会留下一个故事，这是指向未来的叙述”。全球地缘政治经济双重分裂在不断地演变，世界在不断地变化，金融市场在不断地动荡……不确定性在不断地进化，中国保险业要对“保存核心，刺激进步”这个问题进行不断思考、不断反省、不断总结、不断提高。

从来就没有“救世主”

一、保险的世界

鸦片战争之后，几代以天下为己任的知识分子为了中华民族的伟大复兴前仆后继作出了艰苦卓绝的奋斗。1949 年新中国成立以后，在中国共产党的领导下，尤其是 1978 年改革开放以后，我国经济迎来了奇迹式发展。从 1978 年到 2023 年的 45 年间，中国 GDP 年化增长率达到 13.85%，2023 年一天创造的 GDP 接近 1978 年全年。按购买力平价计算，中国是世界第一大经济体；按市场汇率计算，中国是世界第二大经济体，同时还是世界第一大贸易国，预计 2025 年前跨过 13207 美元的门槛，成为一个高收入国家，这是人类经济史上不曾有过的发展奇迹。现在的中国比历史上任何时期都更接近民族复兴的梦想。

但是，我们也正处于历史上一个令人不安的时刻：旧有的秩序和规则正在逐渐瓦解，我们熟悉并且得心应手的规律和法则正在失效；发展不平衡、收入和财富分配不平等、社会阶层固化等掣肘人类文明演进的痼疾未见明显改善，而去全球化（De-globalization）或是再全球化（Re-globalization）等用意不详甚至可疑的宏大叙事却难以掩盖我们生存的这个世界正陷入失衡与重构所带来的混沌甚至是混乱这一事实。

正如鲍勃·迪伦歌中所唱：“你不需要气象员，就该知道吹的是什么风。”面对完全不可预测的未来，整个保险业甚至每一个保险企业都会受到时代大潮和周遭环境剧烈变化所带来的冲击和裹挟。在这个充满危机和挑战的历史时刻，我们要比过往任何时候都更应该强调“自己”的价值，不要指望“救世主”的出现。

二、保险的“救世主”

一个人，一个团队，一个行业，乃至一个国家，奋斗创造历史，实干成就未来。一切伟大成就都是接续奋斗的结果，一切伟大事业都需要在继往开来中推进。一首《国际歌》让古往今来的奋斗者们产生了高度的精神共鸣。“从来就没有什么救世主，也不靠神仙皇帝，要创造人类的幸福，全靠我们自己……”

《从来就没有救世主》一书论述了救赎者或肇事者、凯恩斯主义的逻辑陷阱、改革的瓶颈、经济现象与经济政策等内容，这些内容背后的问题正在映射中国保险业。比如，《读懂未来中国保险》一书指出要预防重组公司的“二次破坏”，否则“救赎者”就变成了“肇事者”。因为市场经济中没有什么“救世主”，我们每个人都会表现出“动物精神”（Animal Spirits），较之保险企业或保险人的“动物精神”，保险监管部门或监管者的“动物精神”可能给保险业造成更大的伤害。

比如，华夏人寿保险股份有限公司重组为瑞众人寿保险有限责任公司，股东为九州启航（北京）股权投资基金（有限合伙）和中国保险保障基金有限责任公司，其中九州启航基金由 11 家国资控股的人身险公司发起成立。显然，这是一次保险业的“自救”，而不是指望“救世主”。这次重组，如果我们深究就会发现它不是一种创新，可能产生保险业系统性风险。

如果保险企业热衷于那些不着边际的规划，热衷于制造更大的泡沫，热衷空谈阔论，并寄希望于保险监管的救援，那么中国保险业和保险企业就没有希望。笔者坚信这一点，至于保费收入增长多少，这些已经不是那么重要了，“活下来”才是保险企业的一切之根本，是我们的希望所在。

“从来就没有什么‘救世主’，也不靠神仙皇帝”，要想重塑美好保险，全靠我们自己。

天下没有免费的午餐

一、正视我们的世界

米尔顿·弗里德曼（Milton Friedman）常说："谨慎一点，天下没有免费的午餐。"他于1972年出版的杂文集《一个经济学家的抗议》（*An Economist's Protest*）在1975年再版时，改名为《天下没有免费的午餐》（*There's No Such Thing as a Free Lunch*）。除此之外，威尔·杜兰（Will Durant）还提出了两大原理：其一是"天下没有免费的午餐"；其二是"天下没有无懈可击的影响力"。

（一）"天下没有免费的午餐"

"天下没有免费的午餐"，这好像是个悲观的"命定论"，其实讲的是最基本的经济学原理，也是最基本的常识——经济品（Economic Goods）和非经济品（Non-economic Goods）。经济品，是指就总需求量而言稀缺的物品；非经济品，是指大量可用且没有相关成本的物品。显然，有限的资源无法满足无限的欲望，我们必须做出权衡取舍。

极端的凯恩斯主义者试图使人们相信，天下确有免费的午餐，政府可以无中生有地创造财富。正宗的凯恩斯主义者承认，宏观政策不能创造财富，但可以削峰填谷，减少经济的波动，因此仍然是有意义的。

（1）对于保险业而言，"天下没有免费的午餐"这一原理最大的价值和意义在于，保险不是"万能"的，保险政策不能创造"保险强国"，但可以优化建设保险强国的路径，夯实建设保险强国的基石。

经过40多年的改革开放和经济发展，中国已经成为一个保险大国，未来我们要从保险大国迈向保险强国，这是一个更加宏伟的目标，也会是一个更加艰难的过程。与保险强国相适应的保险一定是现代保险，而不是传统保险。现代保险的业态是多样的，机构是多元的，功能更是丰富的，而不是单一的。这种多元化的保险功能包括风险治理、资源配置、价值创造（财富管理）、价格发现等。

现代保险一定是风险管理者、风险承担者和投资者的统一体。现代保险不仅要提供风险保障产品（创造风险流动性），还要开展风险减量服务（减少风险波动性），而且还要实现资产的增值保值（提高资产收益性）。创造风险流动性是保险的核心功能，其通过保险产品等方式让风险流动起来，以创造更高的风险治理效率；减少风险波动性是保险的核心竞争力，其通过风险管理让风险总体可控；提高资产收益性是保险的核心价值，其通过资金运用增强保险产品的金融属性。显然，风险管理者、风险承担者、投资者都是保险的“核心”，三者缺一不可。也就是说，在建设保险强国的过程中，我们将会从一个主要创造风险流动性的保险体系过渡到创造风险流动性、减少风险波动性和提高资产收益性三重功能的复合保险体系。显然，增强核心功能、提高核心竞争力、优化核心价值是中国保险业从保险大国走向保险强国的路径选择。

（2）对于保险企业而言，“天下没有免费的午餐”这一原理最大的价值和意义在于，保险业务的权衡取舍是重要的，只有清楚认识公司面临的选择目标，才能做出利益最大化的合理决策。

随着保险业的发展，特别是技术的进步和创新，现代保险应该具有很强的风险识别能力和有效的风险配置机制。保险的核心是如何有效地配置风险，包括创造风险流动性、减少风险波动性。传统保险对风险的配置能力是相对较弱的，对风险的识别也相对滞后。现代保险对风险的识别是基于人工智能、大数据、云计算、区块链等技术，是风险识别能力的升级，从而可以有效地配置风险，拓展保险服务的链条，提高保险的普惠性。

显然，现代保险已经变得千差万别，这对保险企业提出了更高的要求，也提供了更广阔的舞台。为此，保险企业要明白“君子有所为有所不为，知其可为而为之，知其不可为而不为，是谓君子之为与不为之道也”。保险企业生存之道包括：第一，学会选择。要选择好公司的目标，在目标的指引下有所作为。第二，学会放弃。不要贪心，想什么都能做到，到最后什么都做不好。第三，有所戒惧。知道什么该做什么不该做，有坚守、有原则。

（二）“天下没有无懈可击的影响力”

最近有传言，正在修订的《保险法》草案中拟新增提出：“若被接管的保险公司资产不足以清偿全部债务，或者依法进行保险业务转让的，经国务院批准，可以对保险合同进行合理变更。”这是意在模仿日本在应对 20 世纪 90 年代末保险业“破产潮”时采用的方式——如果保险公司面临破产，可以通过修改合同下调存量保单的预定利率。该条款如若真的落实，将会打破保险产品刚性兑付的局面，我们所认知的保险也将不复存在。

纵观近 500 年的世界近现代史，不同时期具有代表性的世界强国（17 世纪的荷兰、18 世纪的英国、19 世纪至今的美国）在崛起的进程中，金融都发挥了很强的引领和加速作用。要在 21 世纪成为世界强国，首先必须成为金融强国：从历史视角来看，强国必须强金融；从理论视角来看，金融缔造强国。

今天的中国可能成为继英国、美国之后的世界第三个金融强国，此时我们更不能无视“天下没有无懈可击的影响力”。如“郁金香泡沫”让荷兰远离了“金融强国”，也远离了世界强国；再如“南海泡沫”对英国“金融强国”造成了重大影响，使其也逐步远离世界强国。

“打破保险产品刚性兑付”只是一个传言，传言里的模仿对象错了，因为日本不是金融强国。2024 年 3 月，英国智库 Z/Yen 集团与中国（深圳）综合开发研究院联合发布了“第 35 期全球金融中心指数报告（GFCI 35）”，全球前十大金融中心排名依次为：纽约、伦敦、新加坡、中国香港、旧金山、中国上海、日内瓦、洛杉矶、芝加哥、首尔。因此，对“打破保险产品刚性兑付”这个传言，要保持谨慎态度。

对于任何一家保险企业来说，要切记“天下没有无懈可击的影响力”。最近一些保险公司无视监管规则、诚信原则，肆意调整保险产品赋予消费者的权利，显然这些公司没有正视我们的世界，正视我们的保险世界。

二、探索我们的保险世界

正视我们的保险世界，方能探索我们的保险世界。从世界历史和国际经验来看，现代化强国必然是金融强国，金融强国是现代化强国的必要条件。保险强国里没有“免费的午餐”，也没有“无懈可击的影响力”，所以我们要重新认识保险学，重新认识好的保险学，重新认识真实世界的保险学，并运用这些知识解决保险世界的棘手问题，给出破解保险发展的行动方案。

保险是风险管理者、风险承担者和投资者的统一体，是创造风险流动性、减少风险波动性和提高资产收益性的复合体（如图 1-7 所示）。从保险业角度来看，保险具有国家属性、社会属性、经济属性、金融属性、思想属性、风险属性、科技属性、数据属性、历史属性、未来属性等十大属性；从保险产品角度来看，保险具备多重属性，包括金融属性（主要体现在创造风险流动性和提高资产收益性）、服务属性（主要体现在减少风险波动性和提高资产收益性）、技术属性（主要体现在创造风险流动性和减少风险波动性）等。

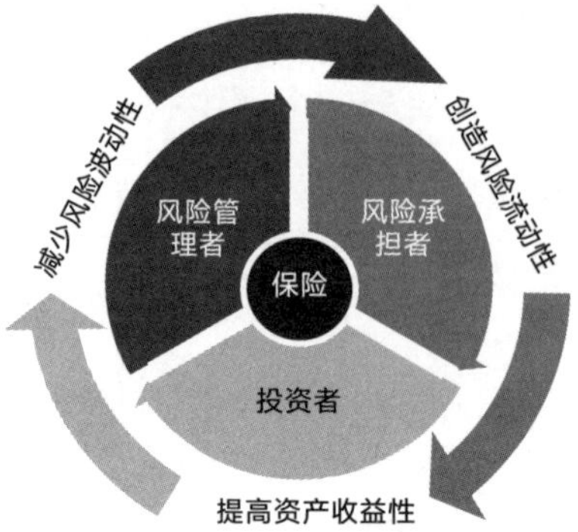

图 1-7 复合保险体系框架

从保险产品的三重属性来看，显然，保险产品发展策略构建的关键是建立“三角模型”（Triangle Model），即构建三个优势：金融优势、服务优势、技术优势（如图 1-8 所示）。只有三者同时具备，保险产品才能真正建立竞争优势，真正实现高质量、可持续、自适应发展。

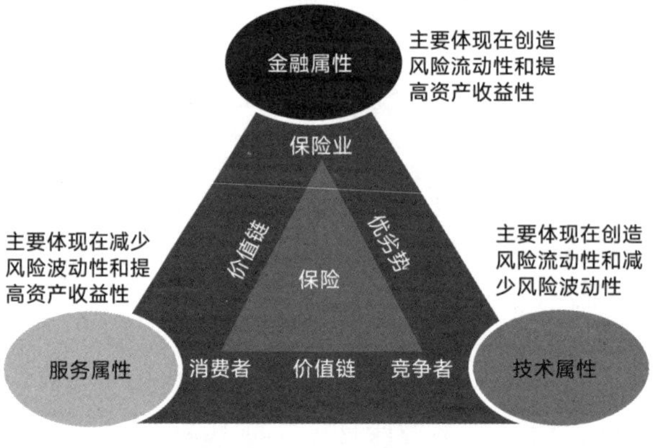

图 1-8 保险产品经营策略构筑的“三角模型”

日本著名管理学家大前研一在《战略家的思想》一书中写到，“在构架任何企业战略计划时，都必须充分考虑到企业自身（Corporation）、顾客（Customer）和竞争（Competition）这三种主要参与者。”显然，保险产品的金融属性更多体现在“企业自身”的能力上，服务属性更多表现为“顾客”的体验，技术属性更多展现了“竞争”的能力，这三者正好构成了“3C 战略三角模型”（3C's Strategic Triangle Model）。

根据“3C 战略三角模型”，只有将企业、顾客与竞争者整合在同一个战略内，可持续的竞争优势才有存在的可能。对于保险企业来说，需要将保险产品的金融属性、服务属性和技术属性置于“三角模型”之中，如此才能化解保险产品金融属性、服务属性和技术属性视角的供需矛盾，找到保险产品金融属性、服务属性和技术属性的优化路径。

（1）金融属性的优化。首先需要回答三个问题：第一，保险作为一种经济保障劳务商品是否具有金融属性；第二，保险交易活动是否属于一种金融性的活动；第三，保险市场与金融市场之间是否具有共同性。保险的金融属性体现保险的资产性，是不同保险产品作为一项资产形式时所具备的共性和差异性特征的具体体现。一方面，所有的保险产品从更广泛的意义而言都可以看成是一项资产，为持有人提供保值、增值和资金融通等功能；另一方面，由于不同保险产品在稀缺性、流动性和可储存性等方面存在差异，从而导致其作为一项资产的优劣条件存在差异，进而表现为一些保险产品的金融属性较强，一些保险产品的金融属性较弱。因此，要化解保险产品金融属性视角的供需矛盾，关键是波动率、流动性和收益率的优化。

（2）服务属性的优化。随着人工智能、区块链、云计算、大数据等技术不断发展，经济社会层面的各项服务逐步走向数字化。与数字化的深度融合有利于保险产品朝着智能化、高效化的方向发展。保险机构须在数字化转型中探索保险经营的全新理念和路径，促进各类保险产品服务线上化、移动化、智能化、敏捷化、生态化，多方面构建保险数字化发展新格局。

（3）技术属性的优化。科技每天都在发生变化，保险产品所需要的功能模型也时刻发生着变化，这就要求保险公司要重新打造保险功能模型，以应对技术变革对保险的影响，强化技术创新在保险价值创造中的作用。科技是重塑保险产品销售、风险评估、定价、理赔全流程价值链的关键力量，也是保险产品转型升级和高质量发展的重要引擎。为实现保险产品金融属性和服务属性的有机结合，需要打造“4i 平台”（4i Platform）：整合式健康服务平台（Integrated Healthcare Service Platform，IHSP）、智慧化养老服务平台（Intelligent Eldercare Service Platform，IESP）、数字化运营管理平台（Insurance Digital Operation Platform，IDOP）和市场化保险交易平台（Insurance Marketization Trading Platform，IMTP）等。

“4i 平台”为保险业的转型发展提供了可行路径，并可实现与“工业 4.0”的对接，打造保险互联网（InsNet）、金融互联网（FinNet），构建“保险 4.0”（Insurance 4.0）。显然，近两年来保险公司之所以能在“保险 + 科技 + 服务（包括风险减量服务、养老服务、健康服务等）”方面发力，这背后的逻辑或理论基础是“三角模型”；同时，要切记“天下没有免费的午餐”和“天下没有无懈可击的影响力”。

看不见的大象

一、看不见的大象

“大象难以隐身树后”，如今中国的经济规模已经很大，影响力摆在那里，想继续对外“韬光养晦”是不可能的，必须站到前台来。因此，我们必须以一种更加积极的心态和姿态来应对国际挑战。《读懂未来中国保险》一书中用“大象难以隐身树后”来形容当前中国保险业所面临的内外部环境，并指出保险业要摒弃“羊群效应”，思考“象群”的生存之路，要学会基于利益一致、自适应和长期主义的“象群生存法则”（Law of Elephant Survival）。

“大象难以隐身树后”，中国保险业这个“大象”刚走向台前，却如同变魔术一般不见了。为什么会出现“看不见的大象”？我们真的看不见“房间里的大象”吗？

我们知道“黑天鹅”一般指那些出乎意料发生的小概率风险事件，“灰犀牛”指那些经常被提示却没有得到充分重视的大概率风险事件。“看不见的大象”又指什么呢？（详见表1-1）卢西亚诺·卡诺瓦（Luciano Canove）所著的《看不见的大象》（*Invisible Elephant*）指出，“看不见的大象”是指那些在人类生活中显而易见却又常被忽视的问题。尽管这些问题在我们的生活中无所不在，却常常被排除在日常讨论之外，如同“房间里的大象”①。

表 1-1 “黑天鹅”“灰犀牛”与“看不见的大象”

比较	“黑天鹅”	“灰犀牛”	“看不见的大象”
名词定义	超乎预期和经验不可预测的风险	大概率、可预测、波及范围大的风险	已存在、显而易见、被忽视的问题
发生概率	极低	极高	已经发生
冲击力度	极大	极大	极大
心理学解读	刻板印象偏误	正常性偏差	近期偏差、集体无意识
可预测性	无法预测，不曾发生	可预测，有迹可循	已经存在
应对策略	缺乏过往经验，靠后见之明应对	事前做好充分准备能够及早防范	认知上重视，采取行动
相关案例	美国“9·11”恐怖袭击事件、新冠疫情	2008 年金融危机、2011 年福岛核泄漏	全球变暖、社会不平等、慢性病

如果说“黑天鹅”和“灰犀牛”是偶发或潜在的大规模风险，“看不见的大象”代表的是那些已经存在且因为人们的忽视而持续恶化的问题，其可能是合谋性沉默或集体性沉默（Collective Silence），又或是集体无意识或群体无意识（Collective Unconscious）。

“天下兴亡，匹夫有责。”当保险业遇到问题的时候，正是保险学家们建言献策的大好时机。因为只有这样，才能算是“学以致用，经世济民”。但笔者发现很多保险学家却选择了“合谋性沉默”，中国保险学界到底在做什么？保险学是一门入世的学问，要积极开展政策研究、参与政策讨论、与社会接触。因此，一方面要做正面的研究，解释中国保险为什么能成功；另一方面要做反

① 伊维塔·泽鲁巴维尔（Eviatar Zerubavel）所著的《房间里的大象》（*The Elephant in the Room*）从英语谚语“房间里的大象”入手，从社会学角度剖析人们私密生活和公共生活中，对于某些显而易见的事实集体保持沉默的社会现象，并将其称为合谋性沉默或集体性沉默（Collective Silence）。

面的研究，揭示中国保险为什么会出现问题。

2024年5月，国家金融监督管理总局[①]（以下简称“金融监管总局”）下发了《关于商业银行代理保险业务有关事项的通知》（金规〔2024〕8号），取消了“商业银行的每个网点在同一会计年度内不得与超过3家保险公司开展保险业务合作”的限制。总体来看，这一政策利好消费者、银行和部分保险机构，但对于整个保险业来说，是弊大于利。

对于消费者来说，有助于扩大保险产品的覆盖面，一方面给予了消费者更多的产品选择，另一方面增加了消费者购买保险的便捷性。

对于银行来说，在当前低利率环境下，通过大力发展银行保险业务（以下简称“银保业务”），一方面可以降低“存贷息差”风险，另一方面可以增加代理保险收取的手续费收入。

对于部分保险机构来说，特别是银保业务占比较大的机构，将会实现银行代理网点的快速扩展，进而推动保险业务的快速发展；但是，这可能会加剧银行代理渠道业务的竞争，进而推高代理手续费，可能会影响《关于规范人身保险公司银行代理渠道业务有关事项的通知》（金办便函〔2024〕66号）所规定的“报行合一”政策的实施效果。

另外，近年来银行系寿险公司和银保业务占比较高的寿险公司都出现了大额亏损，表面上因为“资金运用收益率下行”，但深层次的原因是产品结构问题。因此，在当前的背景下，放开银保渠道的限制，不利于寿险业的转型。

综上所述，取消银行网点与保险公司合作的数量限制，提高了银保业务的

① 2018年3月，中国银行监督管理委员会和中国保险监督管理委员会整合组建为中国银行保险监督管理委员会；2023年3月，中共中央、国务院印发《党和国家机构改革方案》，在中国银行保险监督管理委员会基础上组建了国家金融监督管理总局，不再保留中国银行保险监督管理委员会；本报告中的保险监管制度涉及原中国银监会、原中国保监会、原中国银保监会，目前已相应变更为金融监管总局。

市场化水平，这是建立中国保险“市场优化模式”的重要举措。但是，该政策的出台时机不对，或者说政策发布与现实错位，没有把握好宏观审慎管理和微观审慎监管的关系。

（1）加强宏观审慎管理，应对经济周期风险尤为必要。当前，低利率已经成为困扰我国寿险业的一个突出风险。在当前市场环境下，“银行渠道松绑”不利于寿险公司的转型，不符合宏观审慎管理的逻辑。

（2）加强微观审慎监管，防范部分机构风险尤为重要。当前，部分风险较大的保险机构的业务 75% 以上都是银保业务，在“资本标准、政府监管、市场约束”尚未得到提升之前，“银行渠道松绑”不利于这些寿险公司的风险化解，不符合微观审慎监管的逻辑。

显然，“取消银行网点与保险公司合作的数量限制”这个问题变成了“看不见的大象”。笔者在接受媒体采访时提出了这些问题，但这一声音被淹没了。

2023 年 9 月，金融监管总局下发了《关于优化保险公司偿付能力监管标准的通知》（金规〔2023〕5 号），差异化调节最低资本要求，但现实却是释放的最低资本支撑了保险公司更高的保费增幅，而不是用于风险的化解。这个问题也变成了“看不见的大象”，却鲜有学者质疑。

正如 2008 年国际金融危机时，中国著名法学家江平指出，解决金融危机的办法，主要出自官员的口中，这种情况我觉得不够正常。解决经济危机，要有更多学者发声。

二、如何驯服“看不见的大象”

“看不见的大象”提醒我们，要有意识地去发现那些隐藏在保险业日常背后的深层次问题。书中的故事让我们意识到，只有勇敢地面对这些“大象”，避免被市场的“大象”吞噬，我们才能找到解决问题的关键，从而推动保险业的发展。除了看得见的“黑天鹅”和“灰犀牛”，我们也需要学习运用长远思维（Long-term Thinking），去预测现实世界中很多“看不见的大象”，如此方能未雨绸缪，行稳致远。

“大象难以隐身树后”，不是“盲人摸象”，而是要警惕“黑天鹅”，防备“灰犀牛”，驯服“看不见的大象”。那么，如何构建长远思维，坚守长期主义（Long-termism），做难而正确的事，驯服“看不见的大象”？

“看不见的大象”介绍了多个长远思维方式：我们如何以非二元的方式解读世界？我们如何用更有远见的思维预测未来？我们为什么会错误感知世界？我们如何学会困难重重的概率推理？我们为何会觉得自己的存在没有意义？我们如何发现“房间里的大象”？我们戏剧化现实的本能如何？我们如何找到合适的词来界定一个问题？我们如何通过激励行为促使自己做出更好决策……

回到中国保险业，正视“看不见的大象”，构建长远思维，才能建立起对危机的防火墙，才能在短期利益与长远利益中找到平衡点，才能推动中国保险的可持续、自适应和高质量发展。

回到中国保险业，正视“看不见的大象”，第一要理性，要从“非理性繁荣”走向“无增长的繁荣”；第二要耐心，要“让子弹飞一会儿”，到达“5000天后的保险世界”；第三要长远思考，把“压死骆驼的最后一根稻草”变成“希望之光”。通过理性、耐心和长远的思考，我们可以更好地应对中国保险业当前的挑战，可以更好地把握中国保险业未来的机遇。

回到中国保险业，既然“大象难以隐身树后”，我们要正视“看不见的大象”，发现“房间里的大象”，成为真正的“驯象人”“骑象人”。

无增长的繁荣

一、繁荣的悖论

2023 年，中国保险业实现保费收入 4.25 万亿元，同比增长 10.98%，增速较上年同期增加 6.04 个百分点。其中，人身险公司保费收入 3.01 万亿元，同比增长 12.55%；财产险公司保费收入 1.24 万亿元，同比增长 7.34%。从 2023 年的这份“成绩单”来看，中国保险业似乎形势一片大好，但我们却高兴不起来。因为从净利率、净资产及投资收益率变动情况来看，中国保险业所呈现的却是“非理性繁荣”（Irrational Exuberance）。

2024 年第一季度，中国保险业实现保费收入 2.15 万亿元，同比增长 10.73%。其中，人身险公司保费收入 1.66 万亿元，同比增长 12.51%；财产险公司保费收入 0.49 万亿元，同比增长 5.08%。根据各公司公布的一季度偿付能力报告，人身险公司净利润亏损家数达 40 家，较上年同期增加了 9 家，亏损额超过 10 亿元的公司从上年同期的 2 家增加至 4 家。显然，中国保险业延续了“非理性繁荣”。

《读懂未来中国保险》指出，中国保险业呈现“非理性繁荣”背后的原因包括：一是被动投机，部分寿险公司受制于现金流风险，被动采取积极的扩张政策，被动陷入“庞氏骗局”；二是市场心理预期，基于金融市场判断而非经济形势判断，或者说基于“总精算师”判断而非“首席经济学家”判断，错误采取积极的扩张政策，被动陷入“自设陷阱”；三是“羊群效应”，从增额型终身寿险、“惠民保”等“从众行为”暴露了生存技能，错误采取“高仿”的发展政策，被动陷入“增长矛盾”；这些原因可以概括为“繁荣的悖论”（Prosperity Paradox）。

从 2022 年、2023 年、2024 年第一季度的保险资金运用收益情况以及过去 10 年寿险业的主要产品来看，中国寿险业出现“利差损”已是既定事实。可以预测，2024 年寿险公司的盈利情况不容乐观，部分公司的亏损将会进一步放大。

2024 年第一季度，大部分银行的三年期存款利率降到 2.5% 左右，五年期存款利率降到 2.65% 左右。反观过去两年，2022 年末，大部分银行五年期存款利率在 3.5% 以上，2023 年末基本也都在 3% 左右。实际上，自 2023 年开始，我国存款利率在一年之内下调了三次，五大行的五年期定期存款挂牌利率也从一年前的 2.5% 降至 2%。

在低利率预期的大背景下，存款利率的下调会在短时间内利好寿险产品销售。因保险类寿险产品大多数是长期产品，能帮助投保人在较长时间锁定稳定的收益水平，个人购买保险产品的需求会增加。短期内可能会出现保险销量上涨。然而，对于寿险业而言，低利率风险并不会消失，而是从投保人向保险公司转移。因此，“利差损”正在成为中国寿险业的主要风险，同时非理性的“高增长”正在放大这一风险。

我们不妨以 1999 年的“利差损”为例进行说明。1999 年寿险存续业务保费为 3000 亿元左右，剩余保险期限平均约为 10 年，预定利率为 7.5%，我们忽略死亡率的影响（对于保险公司来说是死差益）。截至 2009 年底，使用保险业平均投资收益率，这 3000 亿元存续业务产生的利差损约为 1500 亿元；扣除 300 亿元左右的死差益，亏损约为 1200 亿元。本报告是基于简单假设进行的预测，预测结果与一些文献研究结果基本一致，如《中国寿险业利差损规模测算与分析》预测2000年以前保单的利差损约为1300亿元[①]。“1300亿元的利差损”对于2000年的中国保险业来说是一个天文数字，也许我们会说这一数字对于今天的中国保险业来说不值一提，其与2023年、2022年保险业利润总额基本相当，相当于保险业2021年利润总额的一半、2020年利润总额的三分之一。但是，过去的经验不能代表未来的经验，过去20多年中国保险业的经验不能指向未来，正如20年的楼市经验，已经不适用现在的经济增长模式了。

综上所述，过去20多年，中国寿险业更多是依靠增长实现的繁荣，现已经转变为“非理性繁荣”，我们要警惕“非理性繁荣”背后的“繁荣的悖论”。同时，我们要思考如何实现“无增长的繁荣”（Prosperity without Growth），如何在“无增长”的基础上化解寿险业风险，实现寿险业的转型升级。

二、如何实现“无增长的繁荣”

保费收入增长是出路吗？它真的能为中国保险带来繁荣吗？它真的能把中国从保险大国发展为保险强国吗？

我们不否定保费收入增长对于中国保险业发展的必要性，但是在当前的大环境下，越来越多的证据表明，不断增长的保费收入（数量）并没有为保险业带来更大的利润（质量），甚至是在破坏保险业的经营基础（结构）。

蒂姆·杰克逊（Tim Jackson）在《无增长的繁荣》一书中指出，我们要开辟一条通往繁荣的路，而这条路并不依赖于经济的不断增长。对于中国保险业来说，所谓“无增长的繁荣”，即保证保费收入（数量）、净利润（质量）和经营基础（结构）三个支柱在同一个时空的平衡，即在有限资源下获得“最优解”。

当前，更为迫切的是要维持中国保险业的金融安全以及保险业的生态系

① 倪红霞.中国寿险业利差损规模测算与分析[J].统计与决策，2011（17）：49-52.

统。一些保险公司由于不断增长的保费正在走向破产的边缘，甚至会连累保险业走向金融安全的边界。除非我们可以快速地减少保费收入对保险公司的影响，事实上并没有证据表明我们能够这么做，所以我们不得不开辟一条通往繁荣的路——“保险 + 科技 + 服务（包括风险减量服务、养老服务、健康服务等）”，而这条路并不完全依赖于保费收入的不断增长。正如前文所言，“保险 + 科技 + 服务”背后的逻辑或理论基础是“三角模型”，是充分考虑保险企业自身、保险消费者和竞争对手的战略定位。

另外，“无增长”不等于“零增长”。“无增长的繁荣”是在有限资源下求解保费收入（数量）、净利润（质量）和经营基础（结构）的“最优解”。因此，“无增长”不等于“零增长”，关键是确定“最优增长”。

三、中国保险业的“最优增长”

“无增长的繁荣”，这可能会揭穿当前保险业故步自封和不诚实的本质，因为我们要重新定义繁荣，如《读懂未来中国保险》提出的以国家保险整体价值（National Insurance Complete Value，NICV）而不是“保费收入”作为保险政策锚定宏观指标并构建相应的政策空间变量。

为了重新定义繁荣，首先要“活下去”，正如任正非所言，“活下去，是华为的最高纲领，也是最低纲领。”同样，活下去，在过去是保险企业奋斗的最低纲领，如今成为保险企业奋斗的最高纲领。

在这个框架下，中国保险业的“最优增长”求解不再需要构建复杂的模型，因为这个问题已经变成了“阻击危机”，每一家保险公司都面临一场“危机阻击战”。

从全球来看，应对危机我们已经积累了丰富的经验，比如“巴杰特规则”。沃尔特·巴杰特（Walter Bagehot）指出，为应对金融危机，中央银行要承担

“最后贷款人”（Lender of Last Resort）的责任。如 2008 年国际金融危机，美联储（FRS）向美国国际集团（AIG）提供了 850 亿美元短期紧急贷款。

从中国来看，《八次危机：中国的真实经验（1949—2009）》一书分析了中国自 1950 年以来经历的主要危机及其克服的办法，总结了中国改革和发展的路径，展示了中国如何成功实现“软着陆”，并利用危机进一步发展。

从全球与中国经验来看，“阻击危机”的第一要务是“发现短期债务”，因为金融危机总是与短期债务有关。《阻击金融危机》一书指出，“发现短期债务是我们过去和现在的金融危机研究后得出的最主要和最基本的结论。”对于保险业来说，“发现短期债务”即分析退保、巨灾的影响，其中退保主要对人身保险公司产生影响。

另外，一些学者的研究表明“短期债务与准备金之比是一个具有统计学意义上的预测金融危机的指标”。对于寿险业来说，预测与阻击危机的关键是分析“退保金与准备金（累计责任准备金）之比”，这与我们熟知的退保率[①]概念基本一致。

综上所述，为“阻击危机”，每一家保险公司都要加入这一场“危机阻击战”，重点是对“短期债务（主要是退保金、巨灾等）”实施监控。因此，保险业的“最优增长”要围绕“短期债务”展开。

如前文所述，“最优增长”主要对寿险业有重大影响。2008 年金融危机对于我国寿险业来说也是一个重要的“分水岭”。为此，我们主要基于 2007 ~ 2023 年的寿险业数据进行分析（其中一些年份部分数据保险监管部门未公开，笔者根据数据的一致性等原则进行了预测补充），假设前提是寿险公司产品设计是科学的、资产负债是匹配的，并不存在“庞氏骗局”。

---

① 退保率 =［本期退保金总额 /（期初累计准备金总额 + 本期保费收入总额）］× 100%；简单退保率 =［本期退保金总额 / 本期保费收入总额）］× 100%。

首先，分析寿险业的退保率及简单退保率（如图 1–9 所示），研究表明退保率的算术平均值是 4.11%，加权平均值是 3.94%，综合来看假设寿险业的退保率为 4%。

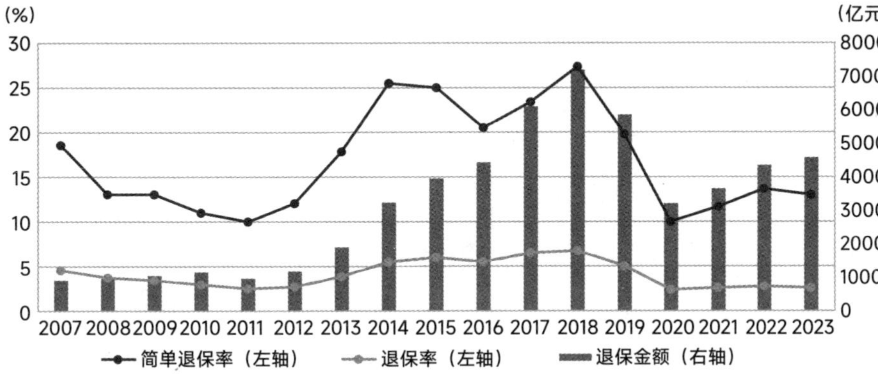

图 1-9 2007 ~ 2023 年寿险公司退保金及退保率情况

其次，根据寿险业的总资产、净资产情况，分析了寿险业累计责任准备金与总资产、总负债之比情况（如图 1–10 所示），累计责任准备金与总资产之比的均值约为 65%，累计责任准备金与总负债之比的均值约为 70%。假设累计责任准备金与总资产之比为 65%，累计责任准备金与总负债之比为 70%，并取这二者的均值作累计责任准备金评估值。

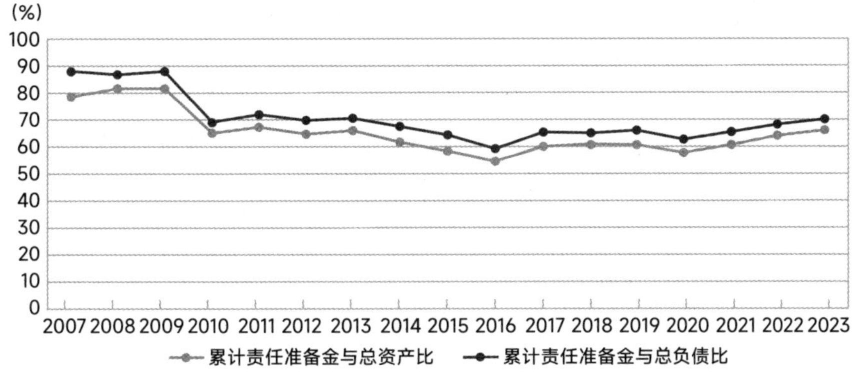

图 1-10 2007 ~ 2023 年寿险公司累计责任准备金情况

最后，根据“保险公司流动性资产不得低于总资产的5%”这一规定，并基于寿险业赔付支出情况，可以计算出“短期债务缺口”①，并得出每一年的“最优增长”（如图1-11所示）。研究表明“最优增长”的算术平均值是8.97%，加权平均值是6.82%。另外，在当前的低利率环境下，保险公司和消费者都没资产可配置，这会导致流动性资产占比较高，退保率较低。假设流动性资产比例提升到5.5%，则“最优增长”的算术平均值是5.74%，加权平均值是3.79%；假设退保率降低到3.5%，则“最优增长”的算术平均值是6.88%，加权平均值是4.85%；综合来看，寿险业的“最优增长”为5%左右。

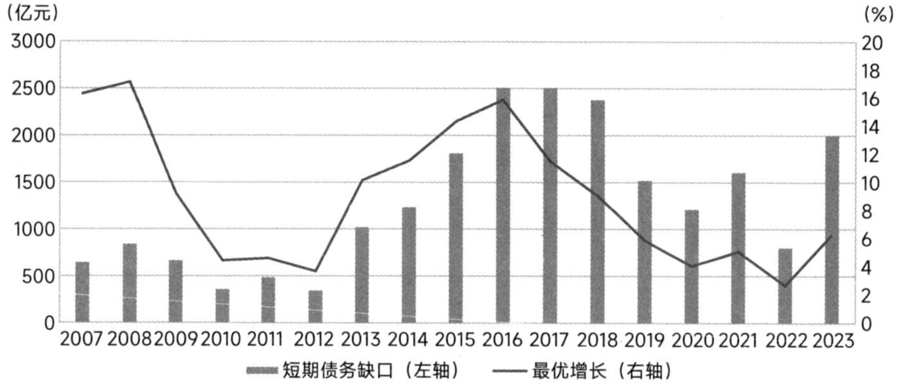

图1-11　2007～2023年寿险公司的“短期债务缺口”和“最优增长”情况

综上所述，笔者基于“阻击危机为第一要务”的假设，预测了寿险业的“最优增长”为5%左右。当然，每家寿险公司的“最优增长”到底是多少，需要根据公司的实际情况具体分析。笔者曾在《漫谈保险》一书中，详细分析了财产险及人身险产品背后的增长逻辑，也可以通过建模进行更精准的预测。

2024年第一季度，人身险公司保费收入同比增长12.51%，正在偏离所需

① 短期债务缺口 = 总资产 × 流动资产比例 − 赔付支出 −（总资产 ×65%+ 总负债 ×70%）/ 2× 退保率。

要的“最优增长”和“无增长的繁荣”轨道，其不可能引领寿险业走向辉煌，却有可能将其推向深渊。显然，“无增长的繁荣”对于当前中国寿险业、保险业而言，其重要性不言而喻。

如何走出今日之困境

一、我们今日为何陷入困境

当今世界已进入大发展、大变革、大调整时期，不利于发展的因素愈加增多，全球发展的不稳定性、不确定性也愈加凸显。在全球经济面临多重不确定性的背景下，中国经济当前正面临多个不容忽视的困境，如通缩、资金外流、财政可持续、金融风险加剧等。就现实表现而言，统计数字上具有 10% 以上增长率的中国保险业，似乎是当今中国经济体系中唯一繁荣的行业。但是，如果我们不想自欺欺人的话，就应当承认，今日的中国保险业也陷入了困境。

我们为何陷入困境？正如前文所言，这需要我们重新认识保险学，重新认识真实世界的保险学，借鉴《重新认识经济学》一书的作者约翰·科姆洛什（John Komlos）提出的“导致经济危机的 31 个因素”，笔者对中国保险业陷入困境的原因总结如下，可能失之偏颇或过于极端，但它们都是我们要走出今日之困境的关键。

第一，“学习巴菲特”是罪魁祸首，“老板们”的意识形态出了问题。最近一段时间陷入困境的保险公司的背后“老板们”无不是巴菲特的信徒。为什么“巴菲特的保险 +”在中国行不通，主要原因如下：一是没有学懂，我们更多地关注的是沃伦·巴菲特（Warren Buffett），而不是伯克希尔·哈撒韦公司（Berkshire Hathaway），所以才有了复制巴菲特“保险 + 投资”的模式。我们研究伯克希尔公司就会发现，其是一家完全市场化的公司，确保其成功的是一套完整的治理体系。二是没有学会，巴菲特“保险 + 投资”模式中“保险”不是“提款机”，我们部分保险公司把保险当成了“提款机”，认为保险是“万能”的，完全偏离了“保险 + 投资”模式中的“投资”规则。虽然伯克希尔最近几年的 ROE 都在 20% 以上，但是其投资还是非常保守的，公司主要的资产还是配资在长期国债上，另外所投资的权益类项目也主要是蓝筹股和高科技股，特别是其旗下的保险公司并不是巴菲特的“提款机”，而是有一整套保险资金运用机制。三是没有学过，“巴菲特的保险 +”更多的是概念，或者说是超级 IP，但是背后的逻辑我们从来没有学过。伯克希尔公司创建于 1956 年，“巴菲特的保险 +”不是一天形成的，更不是一时形成的，我们只关注了今天的伯克希尔，而没有关注成长过程中的伯克希尔；同样，中国保险业虽然已居全球第二，但是我们并没有认真学习总结世界保险业走过的路。这些注定了“巴菲特的保险 +”在中国走不通，这不在于“巴菲特的保险 +”模式，而在于我们没有学过这种模式，更别提学会、学懂了。

第二，保险资金运用超出了监管者的视野。当前陷入困境的保险公司，没有一个“大股东”不把保险资金作为唾手可得的“唐僧肉”，通过各种形式的关联交易，违规挪用保险资金为“大股东”输送利益。为此，保险监管部门还专门下发了《关于加强保险机构资金运用关联交易监管工作的通知》（银保监规〔2022〕11 号），提出要强力整治保险机构大股东或实际控制人、内部人等关联方通过关联交易挪用、侵占、套取保险资金，输送利益，转移财产，规避监管，隐匿风险等行为，坚持零容忍、重处罚、严监管，坚决遏制资金运用违法违规关联交易，推动保险行业高质量发展。

第三，保险创新引入了不适合中国国情的保险体系。正如《读懂未来中国保险》一书所言，因为无视“保险的常识”，导致我们没有理解中国保险的变与不变；不了解“保险创新的真相”，导致我们没有认清中国保险创新的“破坏”。

第四，忽视周期性风险或者说系统性风险是“总精算师们”犯下的不可原谅的错误。笔者曾言，“总精算师”应该是“首席经济学家”，正是因为忽视了经济周期、经济规律等，我们才看到中国保险业所呈现的“非理性的繁荣”。

第五，群体思维认为“监管者们”的观点是政治正确的，而难以容忍保险业内外部的不同声音。群体思维（Group Thinking），是指高内聚力的群体认为他们的决策一定没有错误，为了维持群体表面上的一致，所有成员都必须坚定不移地支持群体的决定，与此不一致的信息则被忽视，即群体决策时的倾向性思维方式。

第六，房地产泡沫主动刺破。我们决心改变以房地产作为经济增长主引擎的发展模式，避免房地产市场过度金融化，主动刺破房地产市场泡沫。

第七，股市成为“压死骆驼的最后一根稻草”。随着中国经济的不断发展和壮大，股市作为经济的“晴雨表”，应该发挥着越来越重要的作用。但是，事与愿违，中国股市起起落落，存在较大不确定性。

第八，“旋转门”加剧了“监管套利”。所谓“旋转门”，指的是个人在公共部门和私人部门之间双向转换角色、穿梭交叉为利益集团牟利的机制。2001年以来，大批保险监管部门“下海”到保险公司，一方面为他们带来强有力的激励，另一方面他们站在监管部门而不是保险市场的角度看问题，这导致保险职业经理人市场出现认知偏差。

第九，公司治理是助长困境的一个因素。保险公司的股东会、董事会、监事会没有发挥或过度发挥权利义务，间接影响了保险职业经理人偏离了“委托人—代理人”的基本法律关系。

第十，媒体也扮演了沉默的角色，它没有将处于问题的保险公司告知民众。一些媒体频频“翻车”，不知道究竟是谁在损坏公信力。

总之，除了这十大因素导致保险公司陷入困境，还有很多问题：保险学不是基于真实世界的保险学，导致了错误的保险思想；保险文化没有发挥作用，一个习惯贪婪的文化容易出现一系列的不稳定；道德风险的不断累积；缺乏历史视角，导致了绝对的盲从；傲慢无处不在，心里偏见难以改变；风险定价的误判；偿付能力监管的杠杆失控……难怪保险业面临的困境如此之大。我们不应该把这些因素中的任何一个单独当作始作俑者，基于单一因素的解释不符合这样的数据、事实和模式。中国保险业今日之困境是由上述所有因素导致并放大的，它们交织成了“戈尔迪乌姆之结”（Gordian Knot）。

二、如何走出今日之困境

笔者本可以写一本如何预防“今日之困境”或如何阻击“保险之危机”的书，但是笔者不想这么做，原因是“今日之困境”并不会绝迹。同样，我们并不能用一句话来概括应对危机的原则。如果一定要用一句话来总结，那就是：发现短期债务（主要是退保金）、应对短期债务，并迅速采取一切必要的手段保护保险系统。

“发现短期债务并应对短期债务”是为了“活下去”，同时还要“活得好、活得久”，这就要求我们解决保险业“今日之困境”背后的问题，同时要思考如何优化保险业的“宏观、逆周期、防传染”“资本标准、政府监管、市场约束”等问题。

第一，“宏观、逆周期、防传染”是保险业的宏观审慎管理问题。2021 年 12 月 31 日，中国人民银行发布的《宏观审慎政策指引（试行）》明确指出，宏观审慎政策工具的作用在于“防范金融体系的整体风险”，其基本属性为“宏观、逆周期、防传染”。从防范风险的目的来看，宏观审慎政策工具可分为时间维度的工具（逆周期调控）和结构维度的工具（防范金融风险传染）。

第二，“资本标准、政府监管、市场约束”是保险业的微观审慎监管问题。

巴塞尔银行监管委员会（BCBS）和国际保险监督官协会（IAIS）就是在资本金约束规则的基础上，逐步推动形成银行业和保险业当今的监管规则体系的。资本标准、政府监管、市场约束被称为微观审慎监管的“三大支柱”，保险业在此基础上形成了偿付能力监管、市场行为监管、公司治理监管，并被誉为中国保险监管制度的“三个支柱”。从现实表现来看，基于“三个支柱”的微观审慎监管工具没有发挥应有的作用，为此，2023 年中央金融工作会议又提出要“依法将所有金融活动全部纳入监管，全面强化机构监管、行为监管、功能监管、穿透式监管、持续监管”。

第三，正视保险业“今日之困境”背后的问题，民营保险企业不是“万恶之源”。最近看到一些评论，有些人把保险业“今日之困境”归咎于一些民营保险企业，这是没有根据的，或者说这不是深层次的原因。虽然民营保险企业参与了中国保险业 2001 年以来的这场狂热的投机，并赶上了“巴菲特”的潮流，也从顶峰走向了低谷，但并不是民营资本出了问题，而是因为宏观审慎管理和微观审慎监管没有发挥作用。所以，我们要指责的不是“民营保险企业”，而是应该深刻警醒反思、严格倒查责任、坚决有力从严从实抓好保险问题整改。

第四，探索建立中国保险“市场优化模式”，其方向是建立市场化、法治化、国际化和专业化的保险模式。从这个角度来看，中国保险的新模式就是要更多地走专业化的道路、走市场化的道路、走法治化的道路、走国际化的道路，并建立中国保险产业主导权（Insurance Industrial Dominance，IID）。保险产业主导权是指保险主体对保险产业发展和运行具有强大的影响力、控制力和应变力，可集中体现为对技术、市场或资本等客体要素的主导权。从历史来看，各国保险产业发展都遵循着基本的供需平衡经济规律，技术、市场、资本（耐心资本）作为三个基本客体要素推动着产业发展与结构升级，企业和政府则是影响保险产业发展的关键主体要素（如图 1-12 所示）。

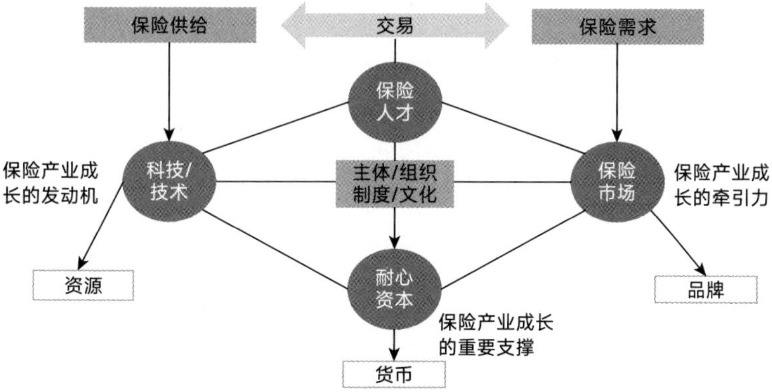

图 1-12　保险产业主导权构建的框架

“今日之困境”的问题是清晰的，解决方案也已给出，剩下的只是改革的勇气和魄力。中国保险业的改革从何而来，往何处去？未来中国保险业如何前行？中国保险业改革已经走过了四十多年的历程，为什么讲起改革来还是颇为沉重？为什么我们这个保险体制改起来那么难？对于这些问题的回答，“别急，让子弹飞一会儿”。

让子弹飞一会儿

一、让子弹飞一会儿

“别急，让子弹飞一会儿。”这是电影《让子弹飞》中的一句经典对白。子弹一旦飞出枪口，在击中目标之前是无法改变方向的。它是指不管能不能击中目标，凡事不要急于下结论或者采取措施，要静观事变。

电影《让子弹飞》最后一段，“县长”张麻子的目标是干掉黄四郎，他知道对手的强大，仅靠自己小团伙的几杆枪，是完全不够的，必须发动群众。张麻子发动群众剿灭黄四郎的整个过程一共用了五步：公开政策目标、给出利益驱动、增强信用、赋能群众、打出趋势。

第一步，公开政策目标。张麻子让宣传队在广场上击鼓唱词，让老百姓知道其要斩黄四郎；并给出斩黄四郎的理由，称黄四郎“拐卖壮丁、贩烟土、杀了五任县长”，说明其目标的正义性。

第二步，给出利益驱动。张麻子许诺，对于愿意跟其斩黄四郎的老百姓，先给一成白银，事成之后再从黄四郎家取得九成真金。空口白话许给的利益，不会有人信。张麻子很清楚这一点，做完这两步，张麻子说成功率只有三成。

第三步，城门立木，增强信用。张麻子派人把银子撒给老百姓，让大家相信，其会兑现承诺，分配利益。此刻的黄四郎却过度贪婪，派人把老百姓的钱全部抢走。这强化了老百姓与黄四郎的敌对性，老百姓从内心深处偏向了张麻子阵营。

第四步，出台政策，赋能群众战斗力。张麻子不再给老百姓发白银，而是发枪，提升群众的战斗力。贪婪的黄四郎以为自己还可以控制局势，又派人去收枪。但这一次，老百姓没有上交枪。张麻子以为时机成熟并大喊，“枪在手，跟我走，杀四郎，抢碉楼”。然而，老百姓并没有响应，依然保持观望的态度。这说明，至此为止，黄四郎单边占优的趋势已经不再成立，新的趋势也没有形成，双方达到了一种阶段性的均衡。

第五步，身先士卒，打出趋势，明确预期，强化信心。张麻子做了这么多，老百姓也有了足够的利益驱动，并具备了取得胜利的实力，老百姓为什么还不出手？张麻子思考之后，说出了影片中最深刻的一句话：“我知道了，谁赢，他们帮谁。”张麻子没有埋怨群众，没有挨家挨户试图说服群众，也没有拿枪逼群众出手，而是带人在黄四郎的碉楼外打了一夜空枪，假装双方火拼了一夜，然后把黄四郎的替身带到广场上当众斩首。老百姓以为形势彻底反转，马上集体狂奔，冲向黄四郎的碉楼疯抢，黄四郎势力彻底崩塌。

看完《让子弹飞》的故事，回头来看中国保险业，应该如何通过五步走出“今日之困境”：

第一，公开政策目标。2023 年中央金融工作会议对未来中国金融的发展、改革的任务、发展的重点都提出了明确的要求，第一次提出了要把我国建设成金融强国的目标。从金融大国迈向金融强国，是一个更加宏伟的目标，也是更加艰难的过程。习近平总书记在省部级主要领导干部推动金融高质量发展专题研讨班开班式上对这一目标进行了全面阐述，强调“金融强国应当基于强大的经济基础，具有领先世界的经济实力、科技实力和综合国力，同时具备一系列关键核心金融要素，即：拥有强大的货币、强大的中央银行、强大的金融机构、强大的国际金融中心、强大的金融监管、强大的金融人才队伍”。

第二，给出利益驱动。为深入贯彻落实中央金融工作会议关于加快建设金融强国，以及做好科技金融、绿色金融、普惠金融、养老金融、数字金融“五篇大文章”的决策部署，金融监管总局先后印发了《关于银行业保险业做好金融“五篇大文章”的指导意见》（金发〔2024〕11号）、《关于推动绿色保险高质量发展的指导意见》（金规〔2024〕5号）、《关于深化制造业金融服务 助力推进新型工业化的通知》（金发〔2024〕5号）等。总体来看，这些政策更多的是“索取”，利益驱动性不足，因此还需要进一步建立利益驱动机制。

第三，增强发展信心。“五篇大文章”最大的意义在于为保险机构提供了转型路径，解决了保险机构“金融强国”大背景下的战略定位问题。例如，数字金融（数字保险），2023年我国数字经济规模达到56.1万亿元，占GDP的比重超过40%，数字经济的快速发展为保险业提供了新的红利，但数字经济相关的网络安全保险、数据资产保险、虚拟数字人保险等却发展缓慢，甚至制约了数字经济的发展。再比如科技金融（科技保险），随着新质生产力的发展，一是会随之产生新兴风险，二是传统风险会产生新的变化，这对于保险机构来说既是机遇也是挑战，关键是如何做好科技保险。总体来看，目前绝大多数保险公司对于“五篇大文章”缺乏发展信心、发展魄力，最主要的是缺少“耐心资本”，因此还需要优环境、树标杆、强引领、做示范。

第四，加强顶层设计。“五篇大文章”不是口号，保险机构不应该陷于“金融强国”的狂热之中，关键问题还是如何借助“五篇大文章”实现自身的转型升级。保险机构要在转型发展中做好“五篇大文章”，而不应该是为了做好“五篇大文章”而做好“五篇大文章”，要把做好“五篇大文章”提供的转型路径上升到公司战略层面，只有这样才能真正助力金融强国建设。总体来看，大多数保险公司都不愿当出头鸟，都希望跟在大公司屁股后面“喝汤”，因此还需要宣导“告别旧模式，探索新道路”的必要性及可行性。

第五，强化未来预期。中央金融工作会议的召开，将保险工作提升到更高战略高度，释放了我国保险事业未来发展方向的重要信号。为此，我们要远望中国保险，锚定2035年远景目标和“5000天后的保险世界”。总体来看，大多数保险公司只顾埋头拉车，不去抬头看路，已经失去了对周围环境变化的感知能力，发展模式也陷入僵化状态，因此要强化刺激，增强保险公司自适应发展能力。

可见，中国保险业的转型升级“急不得”，走出“今日之困境”的“五步”，如今才走了不到两步，所以“别急，让子弹飞一会儿”，它自然会到达它该去的地方。

二、子弹可以飞多久

“让子弹飞一会儿”，但是子弹要飞多久呢？目前，狙击枪的最远射程纪录是3540米，子弹在空中飞行了10秒钟左右。但是如果在太空中打一枪，子弹能飞多远？理论上可以达到光年的距离。可见，“子弹可以飞多久”不取决于“子弹”，而在于“环境”。

电影《让子弹飞》中张麻子的出现和成功，不是历史的偶然，而是必然。鹅城这个地方，黄四郎长期压迫群众，并积累了大量的财富；张麻子也并非一开始就采取了最正确的对策，也是经过试错和探索，最后才找到了正确的道路，并取得了最后的胜利。就算没有张麻子，也会有王麻子、李麻子来完成这一历史使命。可见，张麻子之所以成功，除了采取了正确的“对策”，主要还在于“环境”。

综上，“形势（环境）与对策”才是中国保险业需要思考的问题，这直接决定了中国保险业的转型升级能否成功，何时才能成功。形势与对策是一对矛盾的统一体。首先，形势是制定对策的客观依据，又是检验对策的客观标准；其次，对策对形势也有推动作用。由此可见，形势决定对策、检验对策，对策推动形势、影响形势。我们必须正确认识两者的辩证关系，恰当地处理好两者的关系，使对策不断推进形势的健康发展。

（一）变革发展的形势与对策

2022 年 10 月，党的二十大报告提出："从现在起，中国共产党的中心任务就是团结带领全国各族人民全面建成社会主义现代化强国、实现第二个百年奋斗目标，以中国式现代化全面推进中华民族伟大复兴。"因此，对于中国保险业的变革发展来说，最大的"形势"是"解码中国式现代化"，最好的"对策"是"服务中国式现代化"，并以此来纾解经济困境、建设金融强国。

（1）最大的"形势"是"解码中国式现代化"。中国式现代化是具有整体性、均衡性（有序性）、全面性（关联性）和动态性的复杂系统，是具有开放性、复杂性、涌现性、层次性、巨量性的开放复杂巨系统。中国式现代化是中国保险业发展的基本形式，如何在全球变局下稳步推动经济社会发展，如何平衡好促发展与防风险的关系，如何理解并推动实现中国式现代化，是保险业践行中国特色保险发展之路的重点和难点。

（2）最好的"对策"是"服务中国式现代化"。纵观全球，与现代化相伴随的是风险社会（Risk Society）的到来，高风险成为现代社会的典型特征之一。保险作为风险管理者、风险承担者和投资者的统一体，要自发地融入中国式现代化建设，要自觉地发挥风险治理、价值创造和资源配置职能服务国家经济社会发展。

（二）风险防控的形势与对策

2024 年 5 月，中共中央政治局召开会议审议通过了《防范化解金融风险问责规定（试行）》，并指出防范化解金融风险，事关国家安全、发展全局、人民财产安全，是实现高质量发展必须跨越的重大关口。因此，对于中国保险业的风险防控来说，最大的"形势"是"防范化解金融风险"，最好的"对策"

是“有效破解保险困境”，并以此来纾解经济困境、建设金融强国。

（1）最大的“形势”是“防范化解金融风险”。防范化解金融风险，特别是防止发生系统性金融风险，是保险工作的根本性任务。风险控制不仅是为客户创造价值的根本，更是保险机构自身生存与发展的关键。保险业永远要把风险控制放在第一位，说风险控制至上都不过分，资产规模最多排在第二位，这种经营目标的优先顺序是由保险业的性质决定的。为此，中国保险业要深入贯彻落实中央金融工作会议部署，牢牢守住不发生系统性金融风险的底线，全力推进问题保险机构改革化险。

（2）最好的“对策”是“有效破解保险困境”。面对中国保险未来的困难，我们要有深刻的认识和警觉。最本质的问题在于，了解保险的活力和动力来自哪里。保险的活力来自市场、来自竞争、来自开放、来自资本，保险的动力则来自激励。如何让中国保险重回正常发展轨道非常重要。

总之，面对四十多年来未曾有过的困境，中国保险业必须直面许多长期以来未曾面对过的问题，应该更加关注如何做好自己、发展自己、和解自己，并将战略思考放在“形势与对策”上，从“形势”来看，要看得更远，因为“更差的形势，更难的当下，更远的未来”，所以既要看准当前的“形”，也要看清长远的“势”；从“对策”来看，要站得更高，因为“站得更高，看得更远，才能做得更好”，所以既要展望 2035 年远景目标，也要远望“5000 天后的保险世界”。

5000天后的保险世界

一、为什么是5000天

站在2024年，往前推5000天是国际金融危机结束后的2010年，往后推5000天是《中华人民共和国国民经济和社会发展第十四个五年规划和2035年远景目标纲要》（以下简称《2035年远景目标纲要》）所描绘的2035年。

向后看，《读懂中国保险》一书中笔者指出，2008年国际金融危机中，中国保险业错失了一次风险出清的机会，或者说错过了一次转型的机会。2017年第五次全国金融工作会议之后，中国保险业存在的风险才开始出清，从经济周期和保险业资产负债情况来看，中国保险业的存量风险要得到完全化解至少需要10年时间，即可能会持续到2030年甚至2035年。

向前看，到2035年，中国进入中等发达国家行列，提前15年实现“三步走”战略目标（到21世纪中叶达到中等发达国家水平）。总体来看，中国经济社会发展面临的形势未偏离《2035年远景目标纲要》所进行的前瞻性分析，中国经济社会发展趋势也未偏离《2035年远景目标纲要》所确定的路线及目标（如图1-13所示）。正是基于对中国宏观经济形势“12345+10”的研判，2023年10月，习近平总书记在中央金融工作会议上首次提出了“加快建设金融强国”的战略目标；2024年1月，习近平总书记在省部级主要领导干部推动金融高质量发展专题研讨班开班式上，对什么是金融强国、建设什么样的金融强国作了深入阐释。

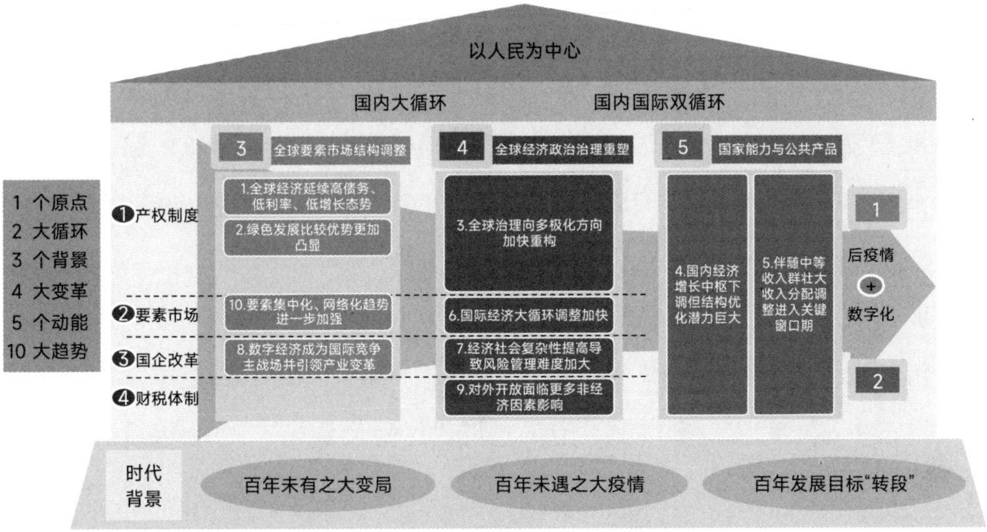

图 1-13　中国宏观经济形势的"12345+10"

什么是金融强国？金融强国，是指立足经济实力、科技实力、综合国力所形成的金融实力和影响力领先世界水平的国家。习近平总书记的两次重要讲话，系统阐明了建立中国式现代金融体系的理论、道路、目标和重要任务。建立中国式现代金融体系，必须走中国特色金融发展之路，目标是建设金融强国；金融强国要具备六个核心要素；中国式现代金融体系包括有不同要求的金融调控、金融市场、金融机构、金融监管、金融产品和服务、金融基础设施六个支柱体系。

什么时候建成金融强国？习近平总书记提出，我国金融强国建设分三步走：未来 5 年，基本建成中国特色现代金融体系的总体框架；到 2035 年，基本建成具有高度适应性、竞争力、普惠性的中国特色现代金融体系；到 21 世纪中叶，建成金融业综合实力和国际影响力全球领先的现代化金融强国。

向后看，因为风险未出清指向了"2035 年"；向前看，因为中国式现代金融体系指向了"2035 年"。所以，我们要远望中国保险，即远望"5000 天后的保险世界"。

二、5000 天后的保险世界

在互联网商业化的 5000 天后，社交媒体（SNS）开始蓬勃兴起，现在距 SNS 兴起又过了近 5000 天，接下来的 5000 天，将会发生什么？凯文·凯利（Kevin Kelly）在《5000 天后的世界》（*The Next 5000 Days*）一书中预测，未来将会是一切都连接着 AI 的世界，将其称为“镜像世界”（Mirror-world）。

那么，接下来的 5000 天，中国保险业将会发生什么事呢？我们还是先深入了解和研究“向后看”和“向前看”这两个问题，这是弄清楚中国式现代化所要求的中国式现代金融体系、中国式现代保险体系和“5000 天后的保险世界”的关键所在。

1978 年底召开的中共十一届三中全会，原本是一次讨论农业问题的中央全会。在之前的中央工作会议上，陈云和邓小平先后提出了“向后看”和“向前看”两个重要口号，使会议主题发生重大变化，最终演变成一场伟大的历史转折[①]。

从“向后看”到“向前看”，按照邓小平的解释，就是“把过去的事大体处理完，把人民群众的力量引向未来”。同样在保险业，“向后看”是为了化解中国保险业的金融风险，“向前看”是为了破解中国保险业的变革发展。这也是前文“让子弹飞一会儿”中笔者所讨论的两个问题，“子弹可以飞多久”已经有了“答案”——中国人民银行原行长戴相龙在参加中国人民大学首届深圳金融论坛时预测，2024 年 7 月召开的二十届三中全会把建立中国式现代金融体系，加快金融强国建设写入有关文件。

1993 年 12 月，国务院发布《关于金融体制改革的决定》（国发〔1993〕91 号），提出建立与社会主义市场相适应的金融体制，设立三项改革目标。1997 年、2002 年全国金融工作会议曾提出“建立中国现代金融体系”，这是

① 龙平平，刘贵军. 中共十一届三中全会上的“向后看”与“向前看”——中国特色社会主义道路探源 [J]. 中共党史研究，2018（12）：38-47.

1993 年金融体制改革目标的延伸。这个历史时期的金融体系是为了支持全面建成小康社会。

2022 年 10 月，党的二十大报告提出建设中国式现代化。这需要建立和完善中国式现代金融体系（包括中国式现代保险体系），以适应和支持中国式现代化建设。2023 年 10 月，“金融强国”概念被首次提出，意味着金融上升为国家战略选择的新高度。

综上可见，“5000 天后的保险世界”是建设中国式现代保险体系，是建成具有高度适应性、竞争力、普惠性的中国特色现代保险体系。但是，5000 天后的世界是一个“镜像世界”，中国保险业又会发生什么事呢？

当前，人工智能、物联网、生物技术等正在挑战现有的保险产业逻辑和秩序，深切改变着我们的生活方式、工作方式，甚至是与他人相处的方式。社会和时代需要的新保险应该具备哪些特点？中国保险该如何以更加积极的方式、更加包容的态度去影响世界保险？

真正有生命力的保险，在于能不断回答时代的痛点问题。中国保险业服务金融消费能力的不断提升亟须专业化、国际化、市场化、法治化、数字化的视野，“5000 天后的保险世界”需要我们回应这样的需求，助力重塑美好保险，重塑我们这个时代的美好保险。

第一，中国式现代金融体系（包括中国式现代保险体系）是顶层设计。除此之外其他的顶层少管、少设计，因为顶层设计多了就不靠谱了。例如，中国的经济改革从来不是靠顶层设计，而是由基层创新开始的，顶层放开就行。小岗村的农民、民营企业家是中国改革的主力军，中央把基层制度创新合法化，并以政策的方式进行推广。因此，中国保险的改革思路要调整一下，从顶层设计逐渐转向依靠基层创新（包括机构创新、市场创新等），将基层创新和顶层设计相结合。

第二，中国式现代金融体系（包括中国式现代保险体系）是最好的制度预期。保险的预期来自政策的稳定性和有效性，信心则来自法治。当下预期转弱的背后是信心不足，特别是资本的信心不足。中国保险有巨大的韧性和空间，但如何让中国保险中不同的市场主体（投资者、经营者、消费者）有信心、有预期、有活力地投资、经营、消费？要实现这一目标，我们就要坚定不移地走中国特色保险发展之路，推动我国保险业高质量发展、自适应发展、可持续发展，为以中国式现代化全面推进强国建设、民族复兴伟业提供有力支撑。

第三，中国式现代金融体系（包括中国式现代保险体系）是最终的实施策略。在保险业的变革发展中，重塑微观机制比宏观层面上的调整更重要，因为中国式现代保险体系是由一批“好的保险公司”构成的。正如《读懂未来中国保险》一书中所说，“好的保险公司”的基本条件是把握时代机遇、掌握商业秘诀和铸就基业长青，这些离不开机制、治理、创新等要素，但其根本条件是企业家或企业家精神。

为探索“5000 天后的保险世界”，我们经历了从形势到对策、从对策到创新、从创新到模式、从模式到体系的思考历程，与其说寻求答案，不如说是提出问题。创新驱动保险增长，制度决定创新，那么有利于创新的制度又是从哪里来的呢？中国式现代保险体系在观念、政治、经济、金融错综复杂的相互影响中演进，有时前进，有时停滞，偶然事件和微不足道的人物有可能改变历史的方向。能够找出某些逻辑关联已十分幸运，若想归纳总结出不可抗拒的历史规律就属于人类的“致命自负”了。

看到希望

一、看到了，有希望

“路漫漫其修远兮，吾将上下而求索”，前半句说明“路径”是不确定的，后半句说明“希望”是确定的。

从“向后看”到“向前看”，“5000天后的保险世界”是中国保险业的“希望”，这是确定的。变革从来不是在某个时间点突然产生的，而是渐渐产生的；这个过程像波浪一样在不断地回溯，每前进一大步，又后退一小步，但总体上是前进的。因此，中国保险业的变革发展“路径”是不确定的。可见，在这个超级不确定性时代，中国保险业的发展路径是不确定的，但中国保险业的发展前景是确定的。

那么，对于中国保险业，我们是应该先“看到了”呢？还是先“有希望”呢？如果是先“看到了”，那么在“有希望”之前，“看到了”什么？如果是先“有希望”，那么在“看到了”之前，哪里“有希望”？因此，“看到了”和“有希望”必须同时发生，才能“看到希望”。

“看到了，有希望”，这不是一种精神，而是一种智慧。在路径清晰之前，就能“看到希望”，这需要极高的“认知能见度”。正如《论语》中孔子师徒的一段对话，子张问：“十世可知也？”子曰：“殷因于夏礼，所损益可知也；周因于殷礼，所损益可知也。其或继周者，虽百世，可知也。”

“看到了，有希望”，新文化运动的主要旗手胡适写过一首题为《希望》的诗，也正是我们所熟悉的流行歌曲《兰花草》的歌词出处：

我从山中来，带得兰花草。
种在小园中，希望开花好。
一日望三回，望到花时过。
急坏看花人，苞也无一个。
眼见秋天到，移花供在家。
明年春风回，祝汝满盆花。

“看到了，有希望”，古照今，今照来，“镜像世界”里的保险正是中国保险业的希望和未来。“伟大时代，从来没有门牌号”，所以，中国保险业需要在“确定性”中把握“不确定性”，需要跨越“不确定性”走向“确定性”。

二、伟大时代，从来没有门牌号

四十年前，诗人海子在《夏天的太阳》一诗中写道：“你来人间一趟，你要看看太阳；和你的心上人，一起走在街上；了解她，也要了解太阳。”在这太阳下长大，我们必须明白，是时代选择了我们，将它的今天和明天交予我们决定。我们需要了解这个时代，了解它的钻石与铁锈（Diamond and Rust）、伟大与卑微（Greatness and Humility）；我们需要去定义这个时代，去竭尽全力打一场胜战，争取实现历史一种新的可能性。

置身于这个伟大时代，保险冬天已过了吗？我认为没有，但是我想说，这个漫长的保险冬天非常及时。很多保险企业感受到了冬天的寒意，危机促使它们开始探索新的方向和新的商业模式。所以保险冬天不是坏事。穷则思变，这正是保险创新的动力，也是好的保险公司、伟大的保险公司涌现的好时节。

随着中国保险业的发展，保险市场开始从增量市场向存量市场转变，保险增量故事基本讲完了。“5000 天后的保险世界”要讲存量故事，主题是保险创新，创新在保险市场上可以实现存量的异化、优化、转化。

中国保险业转向存量市场之后，宏观政策对存量市场几乎没有影响，因为宏观政策主要是刺激需求，更多是影响增量。提到宏观政策，中国保险业过去20多年的增长主要受中国经济发展驱动，而不是保险业的微观机制。

影响存量的是什么？是保险企业层面的创新、是保险业的微观机制。这就要求未来几年，我们要把更多的时间用在研究保险企业、保险微观机制上。虽然保险冬天未过，但是我们不怀疑中国保险业的前景，正是因为看到了增量放缓甚至消失，转向存量的趋势，我们在存量市场上才看到了未来中国保险的希望，看到了中国保险“无增长的繁荣”。

行文至此，笔者看到保险企业正在发生非常深刻的变化，尽管这些变化还没有反映到保险市场上，但是笔者认为，这些变化有可能给中国保险市场带来缓慢的、长期的改变，帮助中国保险业摆脱过去的周期循环，告别旧模式，迈向新模式。

第二辑

改革：政策与实践

鹰击长空，鱼翔浅底，万类霜天竞自由。

——《沁园春 · 长沙》（近现代 · 毛泽东）

时间存在的意义就是任何事都不可能立刻实现。

——阿尔伯特 · 爱因斯坦

你不需要气象员，就该知道吹的是什么风。

——鲍勃 · 迪伦

我们一直在谈金融（保险）改革，但什么是改革？改革的方向是什么？如何进行改革？保险业好像一直没有取得明确的共识。回顾中国保险的改革历程，重在探究改革历史的曲折过程，科学总结中国保险改革的历史经验，揭示中国保险改革的内在规律，前瞻中国保险的未来改革，对于坚持和发展新时代中国特色金融（保险）发展之路有着重要的理论和实践意义。

2013 年，党的十八届三中全会做出全面深化改革的决定，提出“使市场在资源配置中起决定性作用”“更好发挥政府作用”“政府的职责和作用主要是保持宏观经济稳定，加强和优化公共服务，保障公平竞争，加强市场监管，维护市场秩序，推动可持续发展，促进共同富裕，弥补市场失灵”。即把资源配置的任务交还给市场，政府做市场做不到的以及市场起不到作用的领域。这是关于经济体制改革的方向。关于政治体制改革，1978 年十一届三中全会提出：“解决党政企不分，以党代政，以政代企的现象”“保障人民民主”“加强社会主义法制，使民主制度化、法律化”。这些回答了两个体制改革的基本方向是什么的问题，同样也回答了保险改革的基本方向问题。

随着中国经济政治体制改革，保险业从 1979 年起开始进行一系列重大改革，改革的总方向是逐步建立适应社会主义市场经济运行机制的保险体制。保险体制改革四十多年来，因为没有做到“把权力关进制度的笼子”，导致保险业腐败大规模发生，进而保险业出现一系列问题，甚至屡屡发生重大的决策失误等，特别是最近几年，还出现了保险环境不良、保险企业经营普遍遇到困难的情况。这些情况的发生主要与政府或保险监管与市场关系不清、职责不明，市场频繁受到干预直接相关。如果不解决这些问题，中国保险业未来发展难以保障。

解决当前中国保险业面临困难的出路在于坚持改革，中国保险业未来发展的保障更在于坚持改革的基本方向。

两个中国保险逻辑

一、引言

《读懂未来中国保险》一书指出，“保险的底层逻辑未变，但时代已变！”“时代逻辑变了，一切都要变！”为此，我们需要为中国保险业加上“时间轴”，从历史、现实和时代三重逻辑理解保险变革。

保险是现实的和未来的，千真万确。但保险不只是现实的和未来的，也不容置疑，因为保险也是历史的。只有充分认识到这一点，我们才能从历史、现实和时代三重逻辑理解保险变革，才能把握住保险的特质和边界，才能找到保险业高质量、可持续、自适应发展的道路。

从历史、现实和时代三重逻辑理解保险变革，除了底层逻辑，还需要顶层思维。正如阿尔伯特·爱因斯坦所说，“我们所创造的世界是我们思考的过程。要改变世界，必须改变我们的思维方式。”再如彼得·德鲁克所言，“动荡时代最大的危险不是动荡本身，而是延续过去的逻辑做事。”还有党的二十大报告写道：“我国是一个发展中大国，仍处于社会主义初级阶段，正在经历广泛而深刻的社会变革，推进改革发展、调整利益关系往往牵一发而动全身。我们要善于通过历史看现实、透过现象看本质，把握好全局和局部、当前和长远、宏观和微观、主要矛盾和次要矛盾、特殊和一般的关系，不断提高战略思维、历史思维、辩证思维、系统思维、创新思维、法治思维、底线思维能力，为前瞻性思考、全局性谋划、整体性推进党和国家各项事业提供科学思想方法。”

二、什么是中国保险逻辑

保险逻辑（Insurance Logic），是指保险发展的客观规律与保险学的科学规律。保险逻辑是风险逻辑、货币逻辑演化发展到一定阶段的产物，风险逻辑、货币逻辑演化到保险逻辑是人类社会风险管理方式、经济增长方式的转变。

从保险逻辑的概念可以看出，其包括狭义的保险逻辑和广义的保险逻辑，其中前者主要是风险逻辑，后者主要是风险逻辑和货币逻辑。为便于区分这两种逻辑，笔者把狭义的保险逻辑称为传统保险逻辑（Traditional Insurance Logic，TIL），把广义的保险逻辑称为现代保险逻辑（Modern Insurance Logic，MIL）。

保险的传统角色是通过财产保险、人身保险等产品为非系统性风险（Idiosyncratic Risk）提供保障，这是我们所熟知的传统保险逻辑。随着现代金融学的发展，特别是现代资产组合理论（Modern Portfolio Theory，MPT）、资本资产定价模型（Capital Asset Pricing Model，CAPM）、M-M 定理（Modigliani-Miller Theorem）、APT 理论（Arbitrage Pricing Theory，APT）和期权定价公式（Black-Scholes Option Pricing Model，OPM）的发展，保险开始在产品中内嵌复杂的金融工具为市场风险等系统性风险（Systematic Risk）提供保障，并开始借助复杂的金融工具来对冲保险风险，传统保险逻辑融合了现代金融学理论之后，就演变为现代保险逻辑。

笔者在《股票连接保险产品的定价、准备金评估和风险对冲研究》一书中提出了金融化保险（Financial Insurance，FinSurance）的概念，特指金融与保险相结合、相融合的一类保险产品，主要包括美国的变额年金（Variable Annuity）和股票指数年金（Equity-indexed Annuity）、加拿大的分离基金合同（Segregated Fund Contracts）和英国、中国的投资连接保险（Unitlinked Contracts）。现代保险逻辑更像金融化保险逻辑（Finsurance Logic），是中国保险业需要重构的新逻辑，是传统保险逻辑与现代金融逻辑相结合的新逻辑，是“金融下的保险，但不是金融里的保险”。正如《圣经》所言：“我们在（来到）这个世界上，但不属于这个世界。”

传统保险逻辑下，保险关注的是如何分散风险，因为非系统风险符合“大数法则”；而现代保险逻辑下，保险关注的是如何防控风险，因为系统性风险是不可分散风险（Undiversifiable Risk），其具有突发性、有害性、广泛性、复杂性、传染性、周期性等特征。显然，从传统保险逻辑转向现代保险逻辑，“摸着石头过河”的保险发展路径在今天已不适用，而是要“接着石头过河”。与过去相比，现在保险的发展环境更复杂，保险风险状况更复杂，根本看不见河底的“石头”在哪里，有多少块“石头”，那些需要改革的保险制度又都属于上层建筑。“石头”是保险基础，在这一块难以判断的时候，采用过去“摸着石头”的方法，那就危害甚大。因此，我们要采用“接着石头”的方法。保险业的问题已经暴露，“石头”早露出了水面，如果我们选择回避会丧失改革的主动性。

因此，从传统保险逻辑转向现代保险逻辑，第一，需要构筑基于真实世界的保险学，需要研究金融创新、监管摩擦以及不完全竞争对所有保险公司决策的影响；第二，需要加强战略设计和路线图设计，不能再沿用以往“摸着石头过河”这类试错性的思路，而是要“接着石头过河”；第三，要深化保险改革，明确保险改革的路径和方向。

总体来看，构筑现代保险逻辑，就是要从理论上深刻把握建设保险强国的战略谋划，从实践上努力探索建设保险强国的实现路径，这不仅是做好现代保险的根本遵循，也是走好中国特色保险发展之路、推动保险业高质量发展、建构中国自主的保险学知识体系的基本内核。

三、中国保险改革的方向是什么

中国的改革开放已经走过40多年。习近平总书记在庆祝改革开放40周年大会上指出："改革开放是中国人民和中华民族发展史上一次伟大革命，正是这个伟大革命推动了中国特色社会主义事业的伟大飞跃！"2024年5月23日，习近平总书记主持召开企业和专家座谈会时强调，进一步全面深化改革，要锚定完善和发展中国特色社会主义制度、推进国家治理体系和治理能力现代化这个总目标，紧扣推进中国式现代化，坚持目标导向和问题导向相结合，奔着问题去、盯着问题改。

目标是行动的指南，问题是突破的方向。坚持目标导向和问题导向相结合，也是中国保险各项改革实践中必须秉持的重要工作方法。改革有破有立，得其法则事半功倍，不得其法则事倍功半甚至产生副作用。目标导向和问题导向二者任务不同、重点不同，在进一步深化中国保险业改革过程中，唯有统筹协调、相得益彰，才能不断取得新突破。

（1）先看目标导向。目标导向以满足目标实现为前提，倒推资源配置、时间分配，再连接战略战术、方法手段。中国保险业改革的目标是构筑现代保险逻辑，服务中国式现代化，为加快建设金融强国贡献保险力量。

（2）再看问题导向。问题导向以发现问题为前提，以解决问题为目的，其核心要义是基于实践情境深入洞悉问题本质。随着中国保险业各领域改革实践工作不断深入，一些深层次体制机制问题和利益固化的藩篱日益显现，改革进入攻坚期和深水区。中国保险业改革需要解决的问题包括以下几点：如何从传统保险逻辑转向现代保险逻辑？如何防范化解金融风险？如何在改革发展中防范化解金融风险？

综上可见，中国保险业改革是为了解决保险领域的矛盾和问题，目的是渡过两个难关：一是渡过大转型（传统保险逻辑转向现代保险逻辑）的风险难关，二是渡过大国博弈（保险大国迈向保险强国）的金融难关。这两个难关映射的正是现代保险的风险逻辑和货币逻辑，因此改革的关键是重构中国保险逻辑体系，即构筑现代保险逻辑。

四、如何重构中国保险逻辑体系

纵观世界千年金融史，中国早期的金融发展可圈可点，但近代经济的落后使得中国金融发展落入到“以西方为师、向西方合流”的窠臼。新中国成立以后，特别是改革开放以来，在中国金融的助力下，中国创造了举世瞩目的“两大奇迹”——经济快速发展奇迹和社会长期稳定奇迹，突破了从分流到合流的演进逻辑，走出了一条中国特色金融发展之路①。

显然，中国特色金融发展的逻辑内嵌于中国式现代化发展的大逻辑。因此，中国式金融现代化（China's Financial Modernization，CFM）及中国式保险现代化（China's Insurance Modernization，CIM）是中国保险业高质量、可持续、自适应发展的理论与实践路径，是中国特色保险发展之路的历史逻辑、理论逻辑和现实逻辑，是中国需要重构的保险逻辑体系。

保险作为风险管理者、风险承担者和投资者的统一体，其三大职能是风险治理、价值创造和资源配置；基于中国式保险现代化的理论实践框架，中国保险逻辑体系的重构主要体现在纵向和横向两个维度上：

（1）从纵向上看，中国保险逻辑主要体现在三个层面：一是微观上的人民，主要是如何助力提升“人民的获得感、幸福感和安全感”；二是中观上的国家，主要是如何应对风险型社会，如何上升到国家保险的高度来构建国家安全网；三是宏观上的人类，主要是如何成为可持续金融，如何赋能中国与世界

① 张晓晶．锚定金融强国目标，推动金融高质量发展——理论框架与实践路径 [J]. 经济学动态，2024（2）：3-16.

的可持续发展。

（2）从横向上看，中国保险逻辑主要体现在三个层面：一是可持续保险问题，将保险导入人类可持续发展的重要领域；二是负责任投资问题，引导保险资金投向可持续发展领域，同时要求保险资金运用时要将环境、社会和治理（ESG）纳入投资决策；三是可持续金融问题，将保险和可持续发展结合在一起，旨在将保险导入人类可持续发展的重要领域，如中国式现代化、联合国可持续发展目标（SDGs）等。

综上所述，中国保险逻辑在于思考保险与人民、保险与国家、保险与人类的关系，在于回答保险与中国观、保险与全球风险观、保险与新世界观的关系，并基于此从可持续保险、负责任投资、可持续金融等角度给出保险的发展路径（如图 2-1 所示）。

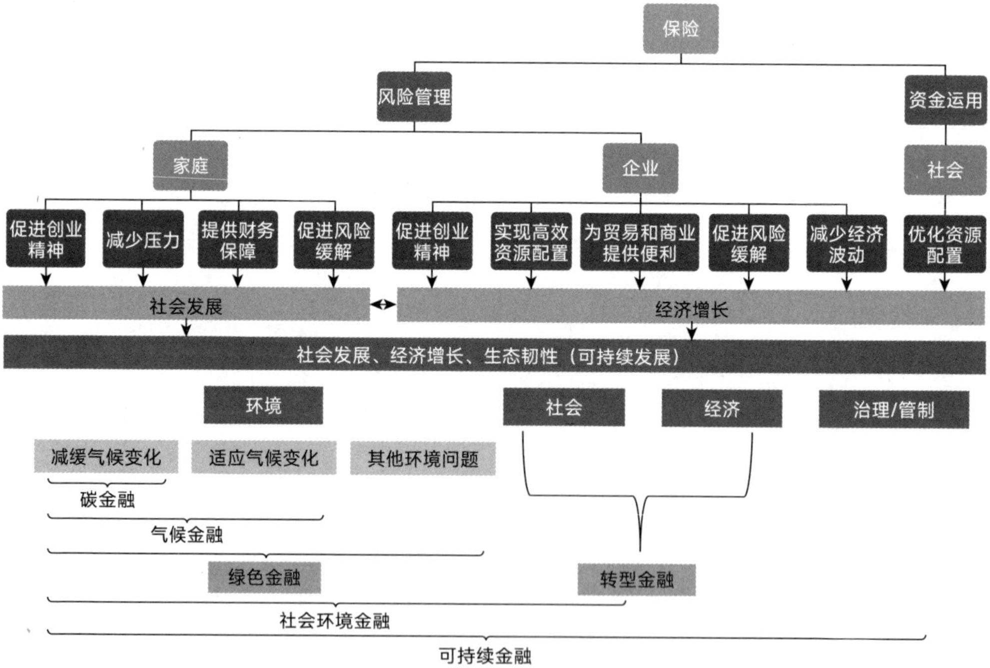

图 2-1　中国保险逻辑体系

综上所述，从两个中国保险逻辑来看，中国保险已从传统保险逻辑转向现代保险逻辑。为此，首先，要大力发展现代保险，而不是传统保险。现代保险的职能一定是多样的，而不是单一的，包括风险治理、价值创造、资源配置等。其次，现代保险逻辑中的风险逻辑决定了其要有很好的风险识别和配置机制，因为现代保险是风险管理者、风险承担者，即配置风险。最后，现代保险逻辑中的货币逻辑决定了其要有很好的资产选择和配置机制，因为现代保险是投资者或财富管理者，即配置资产。

回望中国保险改革

一、成功的改革与失败的改革

2019 年 12 月，北京大学国家发展研究院与美国布鲁金斯学会联合发布的《中国 2049：走向世界经济强国》报告指出，改革开放 40 多年来，中国经济取得成功的原因可归纳为六条：第一，市场化改革改善了资源配置效率；第二，全球化发展使中国快速融入世界经济体系；第三，人口红利；第四，高储蓄率、高投资率；第五，宏观经济环境相对稳定；第六，改革前 30 年打下的经济基础。纵观中国保险业的发展，《新中国保险业发展的经验》一文总结了中国保险业取得成功的七条经验：国民经济的快速发展是行业发展的战略基石、保险理论的探索和指导是行业发展的重要保障、企业制度改革和市场化改革是行业发展的核心动能、政府的高度重视和支持是行业发展的推动力量、现代监管体系的建立和完善是行业发展的制度保障、人才培养和关键技术研发是行业发展的内生“推动器”、对外开放是行业发展的外部推动力①。

综上所述，中国保险业过去 20 多年的成功要素可归纳为六条：第一，中国经济发展的红利；第二，中国保险业发展的政策红利；第三，中国国民财富增长的红利；第四，中国人口红利；第五，中国金融业的对外开放；第六，中国保险业监管的“金融抑制”。但过去的 20 多年，中国保险业成功的改革与失败的改革又分别有哪些?

① 孙祁祥，范娟娟 . 新中国保险业发展的经验 [J]. 中国金融，2019（19）：115-118.

改革是文明主体在自觉意识上的自我更新，开放就是改革中对他者采取包容立场，包括文明的交流与互鉴。改革和开放是中华文明绵延五千年仍然保持生命活力的密码。纵观历次改革，成功的改革都是突破型的，而失败的变法都是修补式的。敢于突破，所以成功；修修补补，无法解决深刻的社会、政治、经济矛盾，因此没有办法获得成功。

1979 年，以国家批准正式恢复国内保险业务为标志，中国保险业开启了改革开放的历史进程。在党中央、国务院的正确领导下，我国保险业从逐步恢复国内业务到发展成为全球第二大保险市场，从探索对外开放试点到实现全面对外开放，从经营体制改革到更好地使市场发挥在资源配置中的决定性作用，实现了专业保险监管从无到有并逐步健全，再到综合金融监管框架初步搭建[①]。45 年的风雨历程和砥砺奋进中，我国保险业在防控金融风险、保障人民生活、服务实体经济等方面发挥了积极作用。回望中国保险业的改革发展历程，大致可以分为以下四个阶段。

第一轮改革发展（1979 ~ 1989 年），是国内保险业务的逐步恢复时期，保险规章制度开始陆续建立，保险业的改革创新主要集中在财产保险领域，保险市场在较长一段时间内由中国人民保险公司独家经营，直到 1986 年独家垄断经营格局才被打破。

第二轮改革发展（1990 ~ 2000 年），是国内保险业初步探索对外开放的阶段，从上海作为对外开放试点到友邦进入内地带来境外保险营销模式。这一阶段，保险业在不断规范，由混业经营到分业经营，由中国人民银行管理到设立中国保监会进行专门监管，不断推进保险业形成多元化市场格局。

第三轮改革发展（2001 ~ 2016 年），2001 年，中国正式加入 WTO，保险市场开放度逐步扩大。这一时期，我国保险业市场体系日益丰富，服务领域

---

① 陈文辉 . 保险监管回顾与展望 [J]. 中国金融，2018（11）：10-12.

不断拓宽，整体实力有效增强，在促进改革、保障经济、稳定社会、造福人民等方面发挥了积极作用。2008 年国际金融危机后，保险业吸取经验教训，借鉴国际保险业改革成果，推进保险业和监管改革。

第四轮改革发展（2017 年至今），2017 年全国金融工作会议之后，保险业新一轮监管领域机构改革稳步推进。2018 年 3 月，中国银监会和中国保监会合并组建中国银保监会；2023 年 3 月，中国银保监会重组为金融监管总局。随着 2023 年 10 月中央金融工作会议的召开，保险业正在开启新一轮的深化改革。

经过上述四轮改革，截至 2023 年末，我国保险业共有法人机构 239 家，总资产 29.96 万亿元，连续 5 年保持全球第二大保险市场地位；2023 年，我国保险业实现保费收入 5.12 万亿元，提供保险金额 13402.82 万亿元，赔付支出 1.89 万亿元，较好地发挥了保险的价值。但是，我国保险业自身存在的一系列问题也在逐步暴露，如规模大（风险大）、管制多、监管弱以及国有主导等，涉及管制多、监管弱的问题，有以下三个需要重点改革的方向。

一是目标。保险监管最重要的目标是保障充分竞争，反垄断，保护消费者利益；终极目标是维持金融稳定，除此之外，不应该去管其他事情。现在我国保险监管目标复杂，且目标不完全一致。例如，“保险强国”是自然选择的结果，而不是保险监管规划的结果，这本身就是存在矛盾的。

二是权限。保险监管目标确定以后，首先，要给保险监管相应的管理，要做到“有法可依、有法必依、执法必严、违法必究”，要全面强化“五大监管”，严把准入关口、严密风险监测、严肃早期干预纠正；其次，要给保险机构相应的权力，由它们来决定采取什么战略战术，以及什么时候采取行动举措。

三是问责。保险监管体系不应该是法不责众，当前很多保险公司都暴露了问题，但似乎大家都没有被追究，因此要对保险监管问责。我国保险业经过 45 年的改革发展，已经建立起一个保险监管框架，但目前更多的是形式上的监管，未来要努力将其发展为实质性的监管。

可见，中国保险改革发展虽然取得了一些成绩，但对照党中央、国务院的要求和人民群众的需求，还存在不少差距和问题。风险隐患依然不小，监管短板仍需补齐，发展质量亟待提高，服务能力差距明显，保险改革任重而道远。

二、市场化与行政化的冲突

中国正从保险大国走向保险强国，但保险业面临的形势较以往更加复杂和严峻：既有经济下行压力带来的竞争加剧，也有人口出生率快速下降、老龄化进程不断加快以及家庭结构变化带来的风险和挑战，还有新技术蓬勃发展带来的冲击和改变。中国保险业 45 年的发展实践证明，正是因为保险业始终把改革作为推动增长的动力，保费规模才能从改革开放之初的 4.6 亿元扩大到 2023 年的 5.12 万亿元，年复合增长率超过 24%，成为国民经济中增长最快的行业之一。

当前，保险业出现了一系列打着“保险强国”旗帜行阻止保险改革之事，我们要警惕行政化回潮。市场化和行政化是一对矛盾，行政化回潮对市场在资源配置中的决定性作用会起到一定的干扰。“保险强国”不是规划出来的，“五篇大文章”更不是口号，要解决这些问题，靠的不是行政文件和行政命令，靠的是激活保险机构增长潜力，而改革才是唯一的出路。传统保险逻辑已转向现代保险逻辑，但是保险机构、保险监管的内部机制和思维方式仍然没有摆脱传统保险逻辑的习惯。

可见，我国保险业只有继续坚持改革，加快改革步伐，才能应对所有的不确定性，实现高质量发展。为此，要深化发展理念改革、深化体制机制改革、深化科技赋能改革、深化监管规制改革、深化经营方式改革[①]。

三、市场化与非市场化的矛盾

我国保险业改革目标体系可分解为市场化目标和非市场化目标。市场化目标和非市场化目标之间存在着公平与效率、保险主体行为市场化与资本非市场化的矛盾。解决这些矛盾的途径在于建立中国保险的“市场优化模式”，从宏观和微观两个角度实现保险市场化与非市场化目标的统一。

金融强国一般有两层含义：一是指金融自身的强大，即从各方面指标来看，其金融体系在世界上处于强势地位；二是指一国的金融发展足以支撑一国国力的强大，即金融助力强国建设。这两方面相辅相成、缺一不可。从历史上看，真正称得上是金融强国的只有荷兰、英国和美国。一方面，这三个国家都曾先后成为世界强国（甚至是一时无两的霸主）；另一方面，在其强国崛起过程中，强大金融的支撑是不可或缺的。这三个国家的金融演进与霸权更替完美诠释了金融发展关乎大国兴衰的论断。荷兰因“郁金香泡沫”逐步退出了金融强国、世界强国之列，目前称得上金融强国的只有英国和美国。

英国、美国这两个国家在金融强国形成过程中，有既定的历史背景，也有它们自身的一些特点，但走的都是市场化道路，靠的都是金融脱媒的力量。因为只有市场化才能够让保险业态多元，现代社会对保险的需求是多样化的，多样化的保险需求需要多元化的保险业态给予满足，这就需要深化保险改革。多元的保险业态会形成多元的保险功能。所以，要进一步深化保险市场化改革、结构性改革。

总之，中国保险的未来轨迹，取决于在取得高度成功之后能否正视存在的真实问题，以及能否有针对性地解决这些问题。从保险大国迈向保险强国，面

① 黄洪，梁涛 . 开创保险行业改革开放新局面 [J]. 中国金融，2019（2）：18-20.

对的是全球竞争，这些竞争是市场化竞争，所依靠的不是行政化和非市场化手段。曾几何时，也就那么三五年，一些大型保险机构、房地产公司、互联网平台增长取得了很好的成绩，但因为行差踏错几步，就可能功亏一篑。这说明，未来能否成功主要取决于今天的抉择和行动。

中国保险需要什么样的改革

一、保险市场化改革没有错

邓小平在《改革是中国的第二次革命》中讲道："现在我们正在做的改革这件事是够大胆的。但是，如果我们不这样做，前进就困难了，改革是中国的第二次革命。这是一件很重要的必须做的事，尽管是有风险的事。"

2013年，党的十八届三中全会审议通过了《中共中央关于全面深化改革若干重大问题的决定》，提出要"使市场在资源配置中起决定性作用""更好发挥政府作用"，并指出"政府的职责和作用主要是保持宏观经济稳定，加强和优化公共服务，保障公平竞争，加强市场监管，维护市场秩序，推动可持续发展，促进共同富裕，弥补市场失灵"。这是关于经济体制改革的方向，也是保险市场化改革的基础。

2024年，党的二十届三中全会审议通过了《中共中央关于进一步全面深化改革、推进中国式现代化的决定》（以下简称《决定》），先后53次提到"改革"，指出面对纷繁复杂的国际国内形势，面对新一轮科技革命和产业变革，面对人民群众新期待，必须自觉把改革摆在更加突出的位置，紧紧围绕推进中国式现代化进一步全面深化改革。《决定》提出"到二〇三五年，全面建成高水平社会主义市场经济体制"，并全面部署了经济体制、科技体制、财税金融体制等方面的重要改革措施，释放了一系列重要和积极的改革信号。

市场化改革，让市场在资源配置中起决定性作用。具体到中国保险业来说，市场化改革有三个维度：其一，应减少监管部门对具体保险活动的直接介入，将更多的决定权交给市场；其二，应限制国有保险企业扩张，优化对国有保险企业的管理，使之可发挥调节宏观保险市场和金融稳定的作用；其三，应鼓励民营保险企业发展，改善民营保险企业的准入制度，使之可发挥调节微观保险市场和金融创新的作用。基于上述三个维度，中国保险市场化改革的目标是构建市场机制有效、微观主体有活力、宏观调控有度的保险市场体系。

（1）推进保险市场化改革，确保市场机制有效。保险市场化改革目标主要是要改变中国保险体系的结构，这种结构改革主要是由现代保险逻辑引起的。为此，要打开我国保险市场化改革背后的“黑盒子”，从微观保险企业特征、中观保险市场机制、宏观保险制度三个层面深入保险市场化改革，调动各类保险市场主体创新发展的主动性和创造性，为经济社会提供更加优质的保险服务。同时，要加强对保险新业态、新业务、新主体的研究，提升保险立法的包容性和匹配性，坚持在市场化轨道上推进保险创新发展。

（2）限制国有保险企业扩张，确保宏观调控有度。为贯彻落实《防范化解金融风险问责规定（试行）》，2024 年 6 月，国务院国资委发布信息表示，“从严控制增量，各中央企业原则上不得新设、收购、新参股各类金融机构，对服务主业实业效果较小、风险外溢性较大的金融机构原则上不予参股和增持”。但是这并没有阻止保险业“国进民退”甚至“外资退出”的步伐。地方国有企业正代表地方政府成为保险企业新的控制股东，这对于宏观调控可能会起到反向作用。地方国有企业入股保险企业之后，把地方债务风险传导至保险企业，其结果是地方债务风险与金融风险相互交织。2024 年 5 月 21 日，中央金融委员会办公室主任何立峰在全国地方党委金融办主任会议上指出，“要统筹做好房地产风险、地方政府债务风险、地方中小金融机构风险等相互交织风险的严防严控，严厉打击非法金融活动。”

（3）鼓励民营保险企业发展，确保微观主体有活力。增强微观主体活力的关键是要增强保险企业发展的内生动力，打造有利于保险创新、有利于释放活力的营商环境，让保险企业实现良性发展。近几年，一批民营保险企业相继暴露问题，但无论如何，我们不该因噎废食。“如果一家机构出问题，应该努力处置那家机构的问题；如果一大批机构出了同样的问题，就必须要从监管规则和落实方面找原因。”[①]《中共中央　国务院关于促进民营经济发展壮大的意见》指出，“民营经济是推进中国式现代化的生力军，是高质量发展的重要基础，是推动我国全面建成社会主义现代化强国、实现第二个百年奋斗目标的重要力量。”而民营保险机构作为保险体系中的重要一环，对于激活保险业活力、促进保险业健康发展具有不可替代的作用。民营保险企业具有灵活高效的运营机制，相较于国有保险企业，民营保险企业在决策流程、产品创新和服务模式上更加灵活，能够迅速响应市场变化，满足多样化的保险需求。

二、保险结构性改革没有错

结构性改革是为了解决结构性问题而制定的改革举措，正如黄奇帆在《结构性改革》一书中所言，“结构性改革是中国经济结构调整和优化的重要举措，通过去产能、去库存、去杠杆、降成本、补短板等措施，可以提高经济增长的质量和效率，实现经济的持续、健康、稳定发展。”

保险结构性改革包含了两层含义：一方面，深化保险改革本身涉及很多领域，需要明确改革思路，对“先改什么、后改什么”做出结构性安排，确保保险改革平稳有序推进；另一方面，当前中国保险业在发展中面临很多问题。这些问题不是单一的问题，而是由多个矛盾交织叠加形成的结构性问题。要解决这些问题，需要有针对性地进行结构性改革。

---

① 黄益平．金融的价值：改革、创新、监管与我们的未来 [M]. 北京：中信出版社，2021.

众所周知，保险发展常常具有周期性波动。过去20多年，中国保险业主要依靠中国经济红利等驱动增长。中国保险业发展中存在的问题，更多的是多年累积下来的结构性问题。要解决这类结构性问题，需要对症下药，采取结构性改革对策。

中国保险业的结构性问题主要包括产业结构、区域结构、机构结构、资本结构、投入产出结构、增长动力结构等“六大结构性问题”。这六个方面的结构性问题既相对独立又相互叠加，需要通过结构性改革去有针对性地解决。这就要求产业政策要准、区域政策要活、机构政策要实、资本政策要牢、投入政策要优、动力政策要新。“六大结构性政策”整体融合、有机结合、相互配合，为推进保险结构性改革营造更好的环境和条件。

毫无疑问，中国保险业的结构性改革不可能一蹴而就，还要避免投机取巧。我们只有深化认识、下定决心，硬碰硬地干下去，才能取得实实在在的成效。从目前情况看，对保险结构性改革的认识有三种情况：第一种是认识逐步深入，适应更加主动，引领已经开始。这种情况在不断增加，这是好的现象；第二种是认识还不到位，一知半解，适应不太主动，引领基本无为，流于口号化，这种情况还比较普遍；第三种是很不适应，没有摆脱“保费速度情结”“模式转换焦虑”“逻辑演变迷茫”的思维定式，行动上不自觉地逆向而行。

三、中国式保险现代化是方向

1979年3月，邓小平提出“中国式的现代化”概念，强调“中国式的现代化，必须从中国的特点出发”。2022年10月，党的二十大报告提出，中国式现代化是民族复兴的实现路径。因此，建设中国式现代化保险体系（CMI）、推进中国式保险现代化是中国保险改革的根本方向和终极目标。

习近平总书记指出，必须加快构建中国特色现代金融体系，建立健全科学稳健的金融调控体系、结构合理的金融市场体系、分工协作的金融机构体系、完备有效的金融监管体系、多样化专业性的金融产品和服务体系、自主可控安全高效的金融基础设施体系（以下简称“六大体系”）。

“六大体系”是中国特色保险发展之路的六大支柱（或要素）。从一国保险体系的构成来看，这六大支柱之间存在有机关联。保险市场体系、保险机构体系、保险产品和服务体系是“中枢”，是它们构成了保险运行的主体部分；金融调控体系与保险监管体系是“治理”，是影响保险运行的上层建筑；而保险的基础设施是根基，是保险运行与治理的基石。仅就一般意义上的现代保险体系而言，这六大支柱非常全面。但如果谈到现代保险体系的中国特色或中国式现代化保险体系，则还需要增加一个新的要素——价值取向[①]（即中国式现代化）。事实上，正是价值取向决定了保险体系乃至保险发展道路的中国特色，而由价值取向所决定的保险治理模式才能确保我国保险发展始终坚持中国特色社会主义道路的正确方向（如图 2-2 所示）。

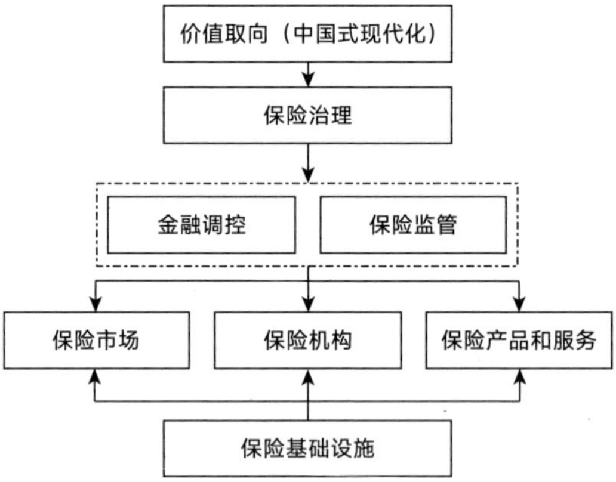

图 2-2　中国式现代化保险体系基本架构

① 价值取向（Value Orientation），是价值哲学的重要范畴，它指的是一定主体基于自己的价值观在面对或处理各种矛盾、冲突、关系时所持的基本价值立场、价值态度以及所表现出来的基本价值取向。

基于中国式现代化保险体系基本架构，在“六大体系”基础上融合“八个坚持”“三对关系”“六个强大”“五大监管”“五篇大文章”等金融强国要素，这些构成了中国式保险现代化基本框架（如图 2-3 所示）。

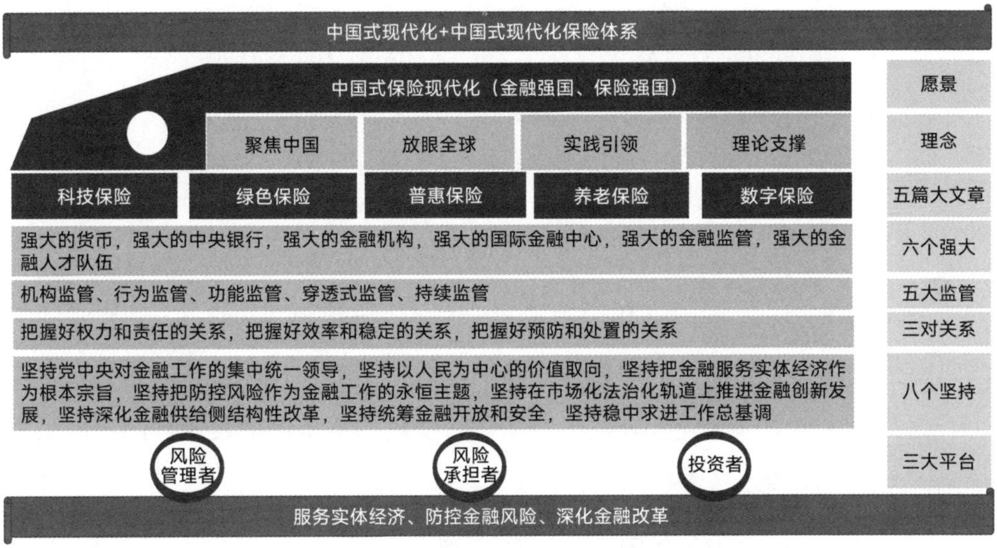

图 2-3　中国式保险现代化基本框架

“雄关漫道真如铁，而今迈步从头越。”建设中国式现代化保险体系、推进中国式保险现代化任重道远，需要长期努力、久久为功，最重要的是“务实”。正如黄益平在《金融的价值：改革、创新、监管与我们的未来》一书中所言，金融改革不是要找到“最优解”，“务实”很重要。

中国保险需要什么样的发展

一、走出保险发展政策的“窠臼”

中国保险发展的内生动力是什么？在过去的 20 多年，中国保险的内生动力主要是中国经济发展的红利；未来 20 年，中国保险的内生动力主要是中国金融结构的红利。显然，中国保险发展的政策更多的是外部约束，而非内生动力。因此，决定中国保险未来发展以及怎么发展的不是保险政策，而是保险主体的内生动力和创新活力。

2006 年 6 月，国务院印发《关于保险业改革发展的若干意见》(国发〔2006〕23 号)，提出了“保险大国”的发展目标。2014 年 8 月 10 日，国务院印发《关于加快发展现代保险服务业的若干意见》(国发〔2014〕29 号)，提出了中国保险业的发展目标是从“保险大国”迈向“保险强国”，并把保险深度和保险密度的预期目标作为迈向“保险强国”的重要标志。

2019 年 12 月，国务院常务会议审议通过了《关于促进社会服务领域商业保险发展的意见》；2020 年 1 月，中国银保监会、发展改革委等十三部委联合印发《关于促进社会服务领域商业保险发展的意见》(银保监发〔2020〕4 号)，这是继《关于保险业改革发展的若干意见》《关于加快发展现代保险服务业的若干意见》之后对中国保险的再定位，包括鼓励保险机构提供医疗、疾病、照护、生育等综合保障服务，力争到 2025 年，健康险市场规模超过 2 万亿元；拓宽商业养老保险资金运用范围，实现长期保值增值，力争到 2025 年，为参保人积累6万亿元养老保险责任准备金……进一步明确了新时代下“保险强国”的历史责任。

2023年10月，中央金融工作会议首次提出“金融强国”概念，进一步完善了“保险强国”概念、定位与政策落点。随后，金融监管总局先后发布《关于推动绿色保险高质量发展的指导意见》(金规〔2024〕5号)、《关于银行业保险业做好金融“五篇大文章”的指导意见》(金发〔2024〕11号)、《关于推进普惠保险高质量发展的指导意见》(金发〔2024〕13号)，以及《关于扩大城乡居民住宅巨灾保险保障范围 进一步完善巨灾保险制度的通知》(金规〔2024〕2号)、《关于加强科技型企业全生命周期金融服务的通知》(金发〔2024〕2号)、《关于深化制造业金融服务 助力推进新型工业化的通知》(金发〔2024〕5号)等文件，我们不免产生疑问，靠政策能够实现所要达成的目标吗？显然不会，因为中国保险发展最大的驱动力是中国经济，而不是保险政策。

不无遗憾的是，各种媒体都在营造保险强国的氛围，监管当局一如既往地充当了“运动员”和“裁判员”，保险人谈论的不是“保险发展”而是“保险政策”，保险机构依旧在猜测监管部门下一步可能的行动。一次一次地交学费，我们究竟学到了什么？我们能否吸取教训，走出这毫无希望、毫无意义的反复循环？

二、消除保险发展环境的“堰塞湖”

2008年5月12日四川汶川特大地震后，唐家山堰塞湖排险牵动着亿万人的心。在这之后我们知道了一个新词——“堰塞湖”，我们也知道了堰塞湖可能逐步溃决，也可能瞬时全溃，因为堰塞湖的堵塞物不是固定不变的，它们会受冲刷、侵蚀、溶解、崩塌等。

唐家山堰塞湖排险的胜利，首先应归功于大力疏导的正确方针。如果不是疏导当头，而像传说中大禹的父亲鲧那样，加高加固堤坝，一味防堵，势必造成湖内水位不断上升，溃堤的灭顶之灾只是时间问题。同样，在保险市场中，制定保险政策的指导思想也应该以疏导为主，以务实为要、以发展为先。

要解决我国保险业发展所面临的“堰塞湖”，需要我们去识别、回答一些关键性问题，如前文所论述的如何化解保险业“戈尔迪乌姆之结”？什么样的保险才能造就好的社会？保险该如何创新与监管？

随着保险业防范化解重大金融风险“成绩单”的提交，保险业的风险处置取得阶段性胜利，但是保险业仍处于“20 年金融风险大轮回”之中，还在接受风高浪急甚至惊涛骇浪的重大考验。目前，我国保险业“堰塞湖”的水位并没有下降，而是达到了新高，甚至听到了堤坝微裂的声音，此时需要进一步释放风险点，而不是下决心堵住已释放的风险点和未释放的风险点。

堰塞湖要有泄洪渠，高压锅要有出气阀。保险市场中的均衡是相对的和暂时的，失衡则是常态。失衡所产生的压力要有释放的渠道，否则失衡不断积累可能酿成大祸，保险市场化机制正是这样一个天然的压力释放器、供需协调器和经济稳定器。以非市场化管制应对保险业国内和国际形势的变化，无异于加固堰塞湖坝，按住出气阀，假装一切正常，实则埋下日后决堤和炸锅的祸根。

2000 年，中国保险业在经历了第一轮改革发展（1979 ~ 1989 年）、第二轮改革发展（1990 ~ 2000 年）之后，正好走过了从隐性的高金融风险到显性的高金融风险的完整周期（以下简称“中国保险风险大轮回 1.0”）。2001 年，中国正式加入 WTO 后，中国保险业开启了第三轮改革发展（2001 ~ 2016 年），保险业靠“自救”化解了 2000 年显性的高金融风险（主要是利差损风险）。

自 2001 年起，过去 20 多年，中国保险业又正好走过了从隐性的高金融风险到显性的高金融风险的完整周期（以下简称“中国保险风险大轮回 2.0”）。这一次保险业应该也能靠“自救”化解显性的高金融风险，正如中国人民银行原行长易纲在《党的二十大报告辅导读本》中发表的题为《建设现代中央银行制度》一文所言，“自救”应成为当前和今后应对金融风险的主要方式。

“中国保险风险大轮回 1.0”，保险业成功地利用自身的力量促使金融市场保持稳定，同时很快地化解了风险因素。“中国保险风险大轮回 2.0”，金融风险已经成为一个系统性的问题，这一次保险业一方面在“自救”（如前文介绍的华夏人寿保险股份有限公司重组为瑞众人寿保险有限责任公司案例）；另一方面借助地方政府进行“他救”，地方政府想当然地认为利用自己的力量可以解决所有的问题。

无论是“自救”还是“他救”，都要明白“从来就没有什么救世主”，不仅要警惕可能产生的风险传染，更要警惕可能产生的风险交织，这些会加速金融风险的轮回，加速中国保险业迈入“中国保险风险大轮回 3.0”。如果真是这样，中国保险业也就失去了在发展中化解风险的 20 年，其后果是非常可怕的。因此，处置风险不能影响到未来的发展，这才是“自救”“他救”的“铁律”。在此“铁律”下，保险业的金融风险要得到有效化解也要到 2030 年，甚至 2035 年。

另外，无论是“自救”还是“他救”，都不可能再走 20 年前的老路。1997 年亚洲金融危机和 2008 年国际金融危机的教训可以帮助我们形成化解金融风险的一些重要思路，亚洲金融危机告诉我们强化市场纪律和重视改革次序的重要性，国际金融危机则告诉我们过度宽松的货币政策和跟不上市场创新的监管可能会带来灾难性的后果。

由此可见，化解“中国保险风险大轮回 2.0”，需要处理好开放与风险的关系、创新与风险的关系以及改革与风险的关系，核心是坚定地推进改革，但同时控制风险。具体而言，保险监管部门可以考虑同时采取以下几个方面的政策举措：强化保险市场纪律，释放保险风险点，该破产的破产，该退出的退出；

执行市场化的保险政策，发展多层次、多元化的保险市场，逐步放开保险机构准入制度；重视保险改革政策的先后次序，国内改革与对外开放要互相配合；强化保险监管，实现监管全覆盖，并加强监管政策的协调。总之，我们要抛弃鲧的僵化，多一些禹的智慧！

三、确保保险发展目标的务实

中国保险在改革初期没有明确的愿景蓝图，并不表明决策者心中没有目标模式。从保险业的实践来看，许多保险制度、保险模式都是以欧美特别是英国保险体系为范本来设计改革政策的。中国保险业的历史演进大致可以划分为三个阶段：1.0 时代（20 世纪 80 年代至 2010 年），以规模为导向，效仿和借鉴西方经管教育体系；2.0 时代（2011 年至 2016 年），结构性分化，注重结构调整与质量发展，呈现出分化趋势；3.0 时代（2017 年至今），技术驱动、需求引领之下，亟须再定位、再规划和再出发。3.0 时代要渡过两个难关：一是渡过大转型的风险难关，二是渡过大国博弈的金融难关。这意味着我们不应该再简单地模仿欧美的保险模式，应该更务实、更有效。

第一，保险发展目标要务实，这对保险改革政策来说是一种根本性挑战。在总结中国务实的改革政策中，我们认清了一个基本的道理，即市场化改革是中国经济取得成功的根本原因，也是中国保险取得成功的根本原因。如果能在这一点上达成共识，那么就可以明确，保险改革的大方向是尽快完成那些“半拉子工程”，进一步朝着市场化方向前进。在这个过程中，仍然应该采取务实态度，务实地决定改革推进的速度，务实地发挥政府在保险中的作用，务实地确定未来保险发展模式。

第二，保险发展策略务实，这对保险监管体系来说是一个本质性挑战，要厘清“看得见的手”与“看不见的手”之间的关系，这两者之间合适的关系也需要务实地确定，而且要与时俱进，动态变化。整体来看，要开展一场彻底的保险监管变革，要务实地深化保险监管改革，把“形式上”的保险监管转化为“实质性”的监管。

第三，保险发展路径要务实，这对保险机构发展来说是一个原则性挑战，首要任务是厘清高质量发展、可持续发展与自适应发展之间的关系。高质量发展是问题所在，是短期目标，即解决保险机构的效率问题；可持续发展是目标指向，是长期目标，即实现保险机构的基业长青；自适应发展是方向路径，是行动方案，其是一个不断逼近短期目标、努力实现长期目标的过程。它会根据保险业大环境和保险企业小环境等特征自动调整改革顺序、行动方案、资源配置、边界条件或约束条件，使保险企业的发展效果与保险业大环境、企业小环境相适应，以取得次优甚至最优的发展效果。

综上所述，如果要总结中国保险发展的经验，那就是走出发展政策的“窠臼”、消除发展形势的“堰塞湖”，确保发展目标的务实，这些都是根本性、本质性、原则性、基础性的问题，都须要遵循效果导向的原则，即“有效”。因此，准确理解中国保险改革发展背后的务实，不仅有助于想清楚中国保险的未来发展方向，或许还会为保险发展策略分析提供一条具有一般意义的思路。

“长牙带刺”不是保险新常态

一、“长牙带刺”让人不寒而栗

金融强监管、严监管是未来一段时期金融业的主基调，中央金融工作会议明确要求，要“切实提高金融监管有效性”。这就需要建立健全金融监管体制机制，包括监管问责机制等。在此背景下，“长牙带刺”成为金融业的“热词”。

“长牙带刺”并不是一个成语，而是一种通俗表达。如果一定要把“长牙带刺”和一种动物联系在一起，笔者最先想到的是独角鲸，也就是我们常说的独角兽。无论是独角鲸还是独角兽，都有一种让人不寒而栗的感觉。

“长牙带刺”针对的是金融监管部门、金融机构等，而不是金融消费者、证券投资者，其面向的对象有针对性、目的性、指向性、相关性、特指性等。金融监管要“长牙带刺”、有棱有角，这是党中央对金融监管工作鲜明的政治要求。

“长牙带刺”是威慑金融业存在的乱象，关键还是要推动金融市场化改革，并且要跑在腐败之前，因为“推进市场化改革是扼制腐败的基本途径”①。

二、处置风险不能影响未来发展

最近几年，我国保险业确实出现了很多问题，不可否认，像被接管的那些

① 吴敬琏：推进市场化改革是扼制腐败的基本途径 [J]. 中国市场，2005（2）：8.

保险公司，以及风险已暴露但尚未被接管的那些保险公司，其中确有很多值得思考之处。在这方面，笔者觉得最重要的责任还是应该放在监管上，因为这些公司都是保险监管部门准入的，都纳入了保险监管，但也都经历了野蛮生长。

2017 年第五次全国金融工作会议之后，国家开始整治保险业的金融风险，这是非常有必要的。保险业的未来，笔者认为还是有很大发展的，也是很有前途的。不过，首先要厘清几个问题。

第一，现在整治的目的是要处置风险，而不是把保险业给灭掉。保险业是我们能实实在在看到中国做得好、走在世界前面的少数金融领域之一，要保持这个来之不易的暂时领先地位。

第二，本书将下一阶段称为保险发展的 3.0 时代。过去的 1.0 时代、2.0 时代都是野蛮生长、无序发展，甚至谁想做谁就做。在 3.0 时代，一个合理的前景就是擅长做保险的就专门做保险（保险 +），擅长做技术的就专门做技术（科技 +），擅长做服务的就专门做服务，三者融合，推动中国保险的发展，即“保险 + 科技 + 服务”。

第三，当前我国保险业正处于“中国保险风险大轮回 2.0”，要化解金融风险更要发展。保险业在发展中靠“自救”化解了“中国保险风险大轮回 1.0”时代下的金融风险。因为没有救世主，所以保险业还要在发展中靠“自救”化解“中国保险风险大轮回 2.0”时代下的金融风险。

2017 年第五次全国金融工作会议至今，经过多年对保险业的整治和规范，现在是重塑好的保险监管的窗口期，保险监管要“长牙带刺”没有错，这是保险市场化改革必须交的学费。同时，现在也是重塑美好保险、重塑我们这个时代美好保险的关键期。我们相信保险监管部门会处理得当，会处理好处置风险与未来发展的关系，让保险业在创新和风险之间取得平衡，从而促进保险业自适应发展。

保险的制度性数据失真

一、制度性数据失真

2018 年至今，保险监管从保监会到银保监会再到金融监管总局，保险数据也从数据失真转向制度性数据失真，不知何时数据成了一个“谜”。

金融监管总局每季度都会发布保险业的综合偿付能力充足率、核心偿付能力充足率等，这些数据将纳入偿付能力监管委员会工作会议审议的保险公司平均偿付能力充足率，如果算上那些豁免披露偿付能力报告的公司呢?

再有，金融监管总局每月都会发布保险业经营情况数据，并在注释里面说明按照可比口径保费收入和赔付支出的增幅情况。但“可比口径”又是指什么呢?

类似的情况比比皆是，甚至一些险种连基本数据都不公布了。为什么保险监管数据披露得越来越少？为什么保险监管数据披露要有选择性？数据真实准确是科学决策的前提，全面准确的数据是决策的依据，缺乏数据会发生什么呢?

2008 年国际金融危机爆发时，美国政府当局无法讲清楚这场危机的起因，因为它根本不知道究竟发生了什么。这就是美国财政部前部长蒂莫西·盖特纳（Timothy Geithner）谈到的“迷雾”。更具讽刺意味的是，因为没有数据，美国政府根本无法准确地描述这场危机，更没有相关研究。事后的相关研究表明，如果美国政府当局能准确地描述这场危机，根本就不会爆发金融危机。

二、为什么要抑制特定信息

在这个信息爆炸时代，人们对于各种数据的关注度日益提升。然而，有些保险数据却因各种原因不愿公之于众，这引起了不少争议，也让公众感到疑惑。

从历次国际金融危机的经验来看，对金融机构进行处置时，采取不同寻常的措施应对恐慌，“控制舆论”非常重要。金融监管部门非常善于把叙述的重点放在它向金融市场释放的有益信号上，比如银行系统、保险系统的偿付能力。但能否达到其目的，最终还要取决于报道的准确性和公众的理解力。

当前，对处置保险机构信息的保密是必要的，弱化这些机构的特定信息会转移公众的注意力，从而使公众更关注整个保险系统的实力。同时会避免给这些机构带来污名，并避免因“污名化”导致风险的放大、扩散，但这需要有一个度，需要平衡好处置机构的“污名化”风险和整个保险系统的安全，因为保险监管部门的终极目的是确保整个保险系统的安全而不是某些机构的安全。

如果我们不能保证报道的准确性和公众的理解力，而是一味地选择弱化特定信息，其伤害的必然是整个保险业和监管部门的权威性。一旦公众了解这些技术手段，就会对监管部门彻底失去信心。如果公众对监管部门都没有信心，那么一旦发生新的危机，就会产生更大的恐慌，监管部门的应对之策也会更难执行。

保险业只有做好真实、准确、完整、及时、公平的信息披露，才能在保险的实践探索与理论研究之间搭建沟通桥梁，才能借助“外脑”揭露保险业的风险，进而推动保险业化解风险，并取得高质量发展。

历次的国际金融危机给我们提供了很多经验。为更好地描绘可能发生的风险及危机，保险监管部门要避免制度性数据失真，不能选择性公开数据，更不能随意弱化特定信息。这或许是为了防止部分机构的“污名化”，但更要警惕给监管部门带来的“污名化”，一旦权威性消失了，所有的信息和数据也就没有价值了。正如约翰·凯恩斯（John Keynes）所言：“当我获得的信息变了，我的结论也会变。先生你说呢？”

保险异化导致“按下葫芦浮起瓢”

一、“按下葫芦浮起瓢”局面愈演愈烈

2020 年 1 月，中国银保监会召开“2020 年全国银行业保险业监督管理工作会议”，会议强调，做好银行业保险业监管工作，必须防止发生处置风险的风险，实现稳中有进、标本兼治。防止“处置风险的风险”，这是很少出现的表达方式，甚至可以说是从来没有出现过的，其目的是避免“按下葫芦浮起瓢”。

“处置风险的风险”确实存在，从近年来查处的金融案件看，“靠监管吃监管”已经不是少数现象。中国保险业发展确实面临一个困局：保险监管不断加强，但保险领域的风险却有增无减，“按下葫芦浮起瓢”局面愈演愈烈，这表明中国保险已经发生了深刻变化。

第一，2008 年国际金融危机之后，中国保险业依靠中国经济的快速发展（特别是 M2 的高速增长）实现了跨越式发展，但是保险经营活动最终未能通过风险效应、财富效应以及资金配置效率、风险治理效率渗透到经济社会的各个领域。与此同时，部分保险机构的扩容超出了其本身的能力，仅靠监管机构的技术性修复很难纠正，不断加码的监管本身成了“保险异化”（Insurance Alienation）的促成因子。

第二，近年来，“金融降杠杆”实际上是非保险、非银行金融机构降杠杆，这至少是保险机构的理解。中国保险业的金融杠杆倍数（总资产 / 净资产）逐步得到改善后，从 2014 年又开始逐年上升，从 2002 年的 195 倍下降到 2014

年的 7.7 倍又上升到 2023 年的 11 倍；资本覆盖系数（净资产 / 总负债）逐步得到改善后，从 2014 年又开始逐年下降，从 2002 年的 0.5% 上升到 2014 年的 15% 又下降到 2023 年的 10%（如图 2-4 所示）。

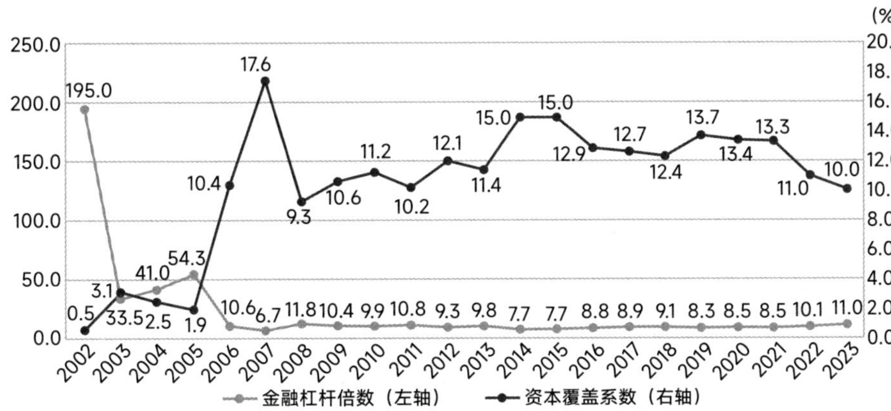

图 2-4　中国保险业的金融杠杆倍数和资本覆盖系数

第三，自 1994 年社会主义市场机制确立以来，中国经济先后历经两次大型外部危机冲击，分别是 1997 年亚洲金融危机和 2008 年国际金融危机，客观来讲，中国的宏观调控体系在阻击危机过程中快速完善起来。但保险业错失了风险出清的机会，也错失了学习应对危机的机会。

相关研究表明，亚洲金融危机期间（1996 ~ 2006 年），对于经济增长起到支撑作用的行业包括第二产业中的工业、第三产业中的房地产业、餐饮业和交通运输业，其中增长最快的是房地产业，增速是 GDP 的 1.3 倍；国际金融危机期间（2007 ~ 2017 年），支撑经济增长的因素仅包括第三产业中的金融业、房地产业和第二产业中的建筑业，其中增长最快的是金融业，增速是 GDP 的 1.5 倍。比较两次危机可以发现，2008 年中国经济恢复依靠了大量的金融活动，GDP 实际复苏进程慢于表现结果，这导致金融活动脱离了中国经济，出现了“金融泡沫”现象。

笔者分别对两次危机中保费增速和 GDP 名义增速进行对比分析。1996 ~

2006 年，保费增速与 GDP 名义增速比平均为 1.82 倍；2007 ~ 2017 年，保费增速与 GDP 名义增速比平均为 1.51 倍（如图 2-5 所示）。这些数据表明，中国保险业在两次危机中都脱离了中国经济，出现了“保险泡沫”现象，进而加剧了“保险异化”。

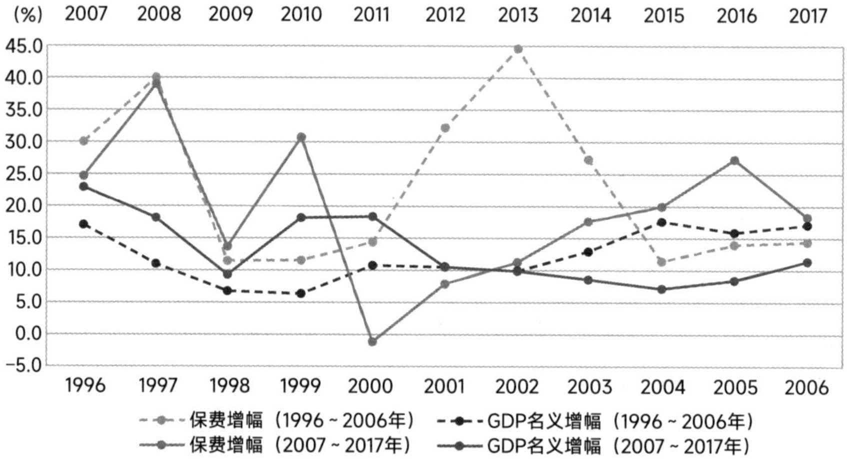

图 2-5 两次危机中国保险业增长的比较

可见，中国保险的深刻变化是“保险异化”①，即“无法理解保险复杂的代价”，这也正是中国保险业在两次危机中所付的“学费”。对于保险业而言，因为长期的“保险异化”，既要缓解潜在金融风险，还要尽力保证保险业稳定运行，很难兼顾。

二、“保险异化”的经济学分析

中国保险已经发生了深刻变化——“保险异化”。为了尽快扭转部分保险机构资金运用脱离监管及金融高杠杆等问题，2017 年至今，监管部门持续密集出台监管政策。客观地讲，监管效果并不理想，否则不会出现“长牙带刺”这

① 异化（Alienation），从哲学上而言是一个复杂的概念，具有脱离、转让、出卖、受异己力量统治、让别人支配等含义。

样严厉的字眼。

（一）保险降杠杆

保险降杠杆，实际上指的是保险机构负债率高，负债与资产期限错配严重的问题。因此，保险降杠杆的关键还是要回到保险资产负债表。

中国保险业总资产从 2002 年的 0.65 万亿元增加到 2023 年的 29.96 万亿元，年均增长 20.02%；总负债从 2002 年的 0.65 万亿元增加到 2023 年的 27.22 万亿元，年均增长 19.50%；净资产从 2002 年的 0.0333 万亿元增加到 2023 年的 2.73 万亿元，年均增长 37.65%（如图 2-6 所示）。

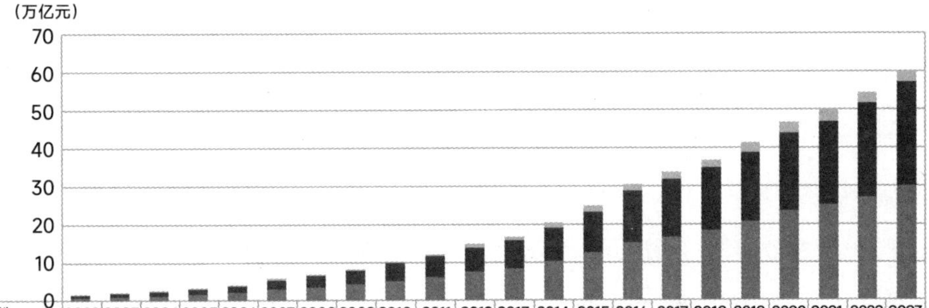

年份	2002	2003	2004	2005	2006	2007	2008	2009	2010	2011	2012	2013	2014	2015	2016	2017	2018	2019	2020	2021	2022	2023
保险业净资产	0.0	0.0	0.0	0.0	0.2	0.4	0.3	0.4	0.5	0.6	0.8	0.8	1.3	1.6	1.7	1.9	2.0	2.5	2.8	2.93	2.70	2.73
保险业总负债	0.6	0.9	1.2	1.5	1.8	2.5	3.1	3.7	4.5	5.5	6.6	7.4	8.8	10.8	13.4	14.9	16.3	18.1	20.5	21.9	24.4	27.2
保险业总资产	0.6	0.9	1.2	1.5	2.0	2.9	3.3	4.1	5.0	6.0	7.4	8.3	10.2	12.4	15.1	16.7	18.3	20.6	23.3	24.8	27.1	29.9

图 2-6 中国保险业资产负债情况

资产负债表（企业、居民、政府）是分析经济结构的有效工具，近几十年被广泛地应用到宏观经济分析中。一些经济学者指出“现代金融危机本质是资产负债表危机”。资产负债表与保险降杠杆存在什么关系？可以从以下三个角度来理解。

一是规模。从资产负债表的变化来看，对近年来的中国保险业而言，如何主动掌控资产负债表资产的波动性是个技术性难题。资产主要与大类资产有关，大类资产一般分为股票、债券、商品、现金和地产五个大类。为了研究这些大类资产的配置，我们需要为每种有代表性的商品选取一个有代表性的指数，同时辅助一些其他指数进行考察，具体情况如下：①股票：采用上证综指，可辅助观察深证成指，趋势相似，结论与使用上证综指一致；而创业板和沪深 300 指数时间窗口较短。②债券：采用中债财富总指数。③商品：采用南华综合指数。④现金：可选择信托发行利率、理财预期收益率等。⑤地产：采用月度频率的 70 大中城市新建房屋价格指数（月度），考虑到投资属性，可选取一线城市的价格指数。基于上面的框架，列出最近 3 年中国主要大类资产的表现（如表 2-1 所示），总体来看，所有大类资产的收益情况都不太理想。

二是结构。从资产负债表的变化来看，如何主动掌控资产负债表负债的分散性是个技术性难题。保险机构的负债是由产品构成的，以寿险公司为例，2011 ~ 2015 年，两全保险产品的销售数量是所有类型中最高的；2016 ~ 2020 年，年金险产品取代两全保险产品，成为寿险业主打产品；2021 年至今，终身寿险（增额终身寿险）成为寿险业新的网红产品。无论主流产品如何变化，关键是要“分散”，包括险种的分散、产品的分散、渠道的分散、期限的分散等，目的都是降低利率对价值的影响，因为利率已经成为负债价值的最大变量。

三是乘数。从资产负债表的变化来看，保险资产负债表与流动性之间存在乘数效应，保费扩张，资产推动负债扩张，而负债又可以推动资产扩张，“保费—负债—资产—保费”催生乘数效应，进而派生大量的流动性。如果保险业资产负债表衰退，就意味着保险市场上的流动性以成倍的数量下降。

保险资产负债表中的规模、机构、乘数分别对应了保险机构的收益性、波动性和流动性，这三者不能违背“三元悖论”：高流动性、低波动率和高收益之间必须舍其一。因此，保险机构本身也是一个“金融产品”，在经营保险这个金融产品之前，首先要经营好自身这个“金融产品”。

表 2-1　最近 3 年主要大类资产的表现

大类资产	指数名称	收盘点位 2020/12/31	收盘点位 2021/12/31	2021 年涨跌幅（%）	收盘点位 2022/12/31	2022 年涨跌幅（%）	收盘点位 2023/12/31	2023 年涨跌幅（%）	3 年年化收益（%）
股票	上证综指	3473.1	3639.8	4.8	3089.3	-15.1	2974.9	-3.7	-5.0
	中证 500	6367.1	7359.4	15.6	5864.5	-20.3	5429.2	-7.4	-5.2
	沪深 300	5211.3	4940.4	-5.2	3871.6	-21.6	3431.1	-11.4	-13.0
	上证 50	3640.6	3274.3	-10.1	2646.4	-19.2	2326.2	-12.1	-13.9
	深圳成指	14470.7	14857.4	2.7	11016.0	-25.9	9524.7	-13.5	-13.0
	中小板指	9545.2	9985.7	4.6	7340.3	-26.5	6020.4	-18.0	-14.2
	创业板指	2966.3	3322.7	12.0	2346.8	-29.4	1891.4	-19.4	-13.9
债券	中债总净价指数	117.8	120.4	2.2	120.6	0.1	122.4	1.5	1.3
	中债国债总净价指数	118.1	121.1	2.6	121.5	0.3	124.0	2.0	1.6
	中债企业债总净价指数	79.0	79.6	0.8	78.2	-1.8	80.0	2.3	0.4
	中证转债指数	368.3	436.4	18.5	392.7	-10.0	390.8	-0.5	2.0
大宗商品	南华商品指数	1644.9	1988.1	20.9	2380.7	19.7	2528.2	6.2	15.4
	南华工业品指数	2548.2	3208.2	25.9	3891.1	21.3	4005.7	2.9	16.3
	南华农产品指数	884.0	1019.5	15.3	1122.6	10.1	1064.3	-5.2	6.4
	南华金属指数	4773.8	5335.9	11.8	6517.3	22.1	6677.6	2.5	11.8
	南华能化指数	1218.0	1619.6	33.0	1896.2	17.1	1953.8	3.0	17.1
	南华贵金属指数	725.9	650.3	-10.4	710.3	9.2	805.2	13.4	3.5
货币	中证货币基金指数	1583.1	1619.2	2.3	1650.2	1.9	1681.8	1.9	2.0
外汇	美元指数	90.0	95.7	6.3	103.5	8.2	101.4	-2.1	4.1

（二）保险增资本

从历史上看，各方面对金融机构资本的认识都经历了一个发展深化的过程。1988 年《巴塞尔协议》出台之前，整个金融体系对金融机构资本的认识不是非常清楚的，也没有高度重视。后来发生了几家银行的倒闭事件，给金融体系敲响了警钟。

金融机构需要资本，特别是银行、保险业需要资本，资本是金融体系防范风险、弥补损失的重要防线，并且资本要和作为风险载体的资产相联系，才产生了首次对资本充足率做出明确要求的《巴塞尔协议》。在《巴塞尔协议》的基础上，各国保险业逐步建立起偿付能力充足率监管体系。

偿付能力充足率一方面可以理解为保险业防范金融风险的手段；另一方面也是对保险机构发展规模和边界的一种制约。保险业要扩张必须要有资本，相应地，有了微观审慎监管和宏观审慎政策，可以从不同角度去控制保险机构资本和资产之间的关系。

从微观审慎监管角度来看，一是资本的角度，要保证资本质量。一方面是资本的真实性；另一方面是根据承担吸收损失的能力不同将资本区分为核心资本和附属资本。二是资产风险的角度，资产是风险的载体，要对资产风险的权重进行判断。因此，微观审慎监管强调从资本质量和资产风险划分两个角度进行监管。

从宏观审慎管理角度来看，要从时间、空间两个维度去采取措施防范系统性金融风险。从时间维度来讲，主要是通过逆周期资本缓冲，对保险机构资本金施加额外要求来进行逆周期调节。从空间维度来讲，主要是对系统重要保险机构要求系统重要性附加资本，防止风险在金融体系中的扩散。

近年来中国保险出现的问题，从微观审慎监管角度分析，既有保险机构资本质量的问题，也有保险机构资产风险属性的问题。因此，除了“保险降杠杆”，还要“保险增资本”，要从微观审慎监管和宏观审慎管理两个方面入手，控制保险机构的资本和资产之间的关系。另外，“保险降杠杆”和“保险增资本”这两者之间要形成一种良性循环关系，这样才能真正防控金融风险，建立防控金融风险的长效机制，避免“按下葫芦浮起瓢”。

如何理解中国保险的增长问题

一、保险增长理论

中国保险增长的空间有多大？讨论这个问题时，人们容易陷入情绪化的二元对立，要么乐观，要么悲观，缺少中间的判断。乐观固然有其基础：从1978年改革开放到2023年的45年里，中国保险业实现了年均25%的增长率，约是GDP年均增长率的3倍，是世界保险发展史上的一个奇迹。悲观也有其基础：中国保险业的“非理性增长”和“按下葫芦浮起瓢”的问题，以及中国经济增长模式正由高速增长向高质量发展转变等。

中国保险奇迹终结了吗？中国保险长期增长率到底是多少？引领中国经济未来增长的引擎是什么？为了回答这些问题，我们需要回归基本的经济学常识来研究保险增长问题。

纵观宏观经济学的历史沿革，可将研究的问题分为两类：一是研究经济的长期增长，二是研究经济的短期波动。尽管现代宏观经济学家从约翰·凯恩斯开始，就习惯于关注经济周期和短期波动，但相比较而言，最重要的是对可持续长期增长问题的关注。罗伯特·卢卡斯（Robert Lucas）曾言：“一旦人们开始思考经济增长，就再不会去想其他问题。”实际上，了解和研究经济的长期增长机制，不仅能帮助我们探索加快全球经济整体增长的方式，还能为探索保险业的增长提供参考。

按发展顺序，经济增长理论至少涵盖以下几个方面：劳动分工和专业化、比较优势理论、资本积累、大推动理论、结构主义、创造性毁灭、技术进步、人力资本、外部性和收益递增、追赶和趋同以及制度等。显然，宏观经济学已经提供了很多分析工具，保险业不需要再创造一条增长理论，我们可以在现有宏观经济框架下分析保险增长问题。

如果我们一定要确定一个保险增长理论，最简单的就是“柯布—道格拉斯生产函数”，又称为“C-D 生产函数”，是由保罗·道格拉斯（Paul Douglas）和查尔斯·柯布（Charles Cobb）提出的。其具有明确的经济意义，包括对解释要素的边际产量、边际替代率、产出弹性、替代弹性、技术进步等。C-D 生产函数的基本公式为：

$$Y = A(t) L^{\alpha} K^{\beta} \mu \qquad (2.1)$$

式中，Y是产出，$A(t)$是综合技术水平，L是投入的劳动力数，K是投入的资本金额，α是劳动力产出的弹性系数，β是资本产出的弹性系数，μ表示随机干扰的影响，$\mu \leqslant 1$。

显然，C-D 生产函数涵盖了保险经营活动的基本要素，包括人力资本、资本积累、技术进步等。因此，保险业无论是内生性增长方式还是外延式发展方式，都可以使用 C-D 生产函数来进行说明，无非就是重视人才的价值、重视创新的作用、重视资本的力量，即保险增长的本质是人力、技术和资本的有机融合（如图 2-7 所示）。

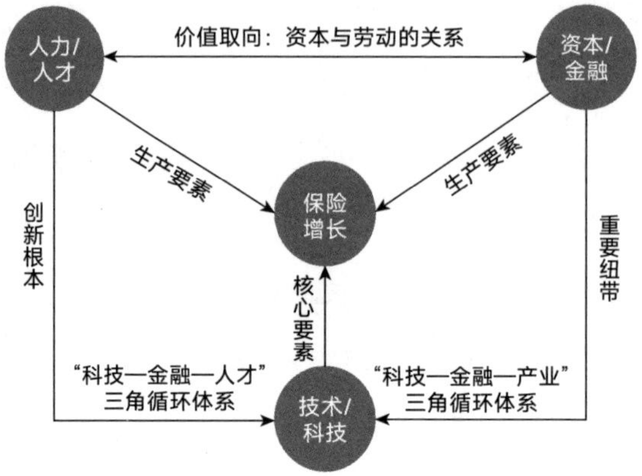

图 2-7 “人力—资本—技术”是保险业的“三驾马车”

二、保险生产函数的拟合

（一）模型参数及数据说明

基于式（2.1）的 C-D 生产函数，取对数可以得到三元函数：

$$\ln Y = \ln A(t) + \alpha \ln L + \beta \ln K + \ln \mu \quad (2.2)$$

（1）Y 是产出。当只有资本和劳动投入时，产出用保险业增加值；当存在资本、劳动和中间投入时，产出用保险业总产值。在《读懂未来中国保险》一书中，笔者通过对 2002 ~ 2022 年的数据研究发现，保险业增加值在金融业中的占比约为 9%，保险业增加值在金融业中的占比约高于保险业总资产在金融业中的占比 3 个百分点左右。

2024 年第一季度，国家统计局对金融业增加值的季度核算方式进行了优化调整。金融业增加值在季度核算时，改为更多地参考银行的利润表指标，包括营业收入中的利息净收入增速、手续费及佣金净收入增速。笔者采用生产法和收入法核算保险业增加值，以收入法的计算结果为准。因此，该调整对年度保险业增加值没有影响。

（2）L 是劳动投入。基于国家统计局公布的保险系统职工人数测算，未考虑保险代理人的影响。

（3）K 是资本投入。基于金融监管总局公布的保险业净资产测算，用净资产近似资本投入。

（4）μ是随机干扰项，可以表示中国保险的金融抑制指数（FRI）。金融抑制这个概念，是由罗纳德·麦金农（Ronald Mckinnon）教授提出的，主要是指政府对利率、汇率、资金配置、大型金融机构和跨境资本流动有各种形式的干预。黄益平在《金融的价值：改革、创新、监管与我们的未来》一书中的研究表明：从 1980 年到 2015 年，中国的金融抑制指数从 1.0 降到了 0.6，至今这一指数不仅高于中等收入国家的平均水平，还高于低收入国家的平均水平（如图 2-8 所示）。

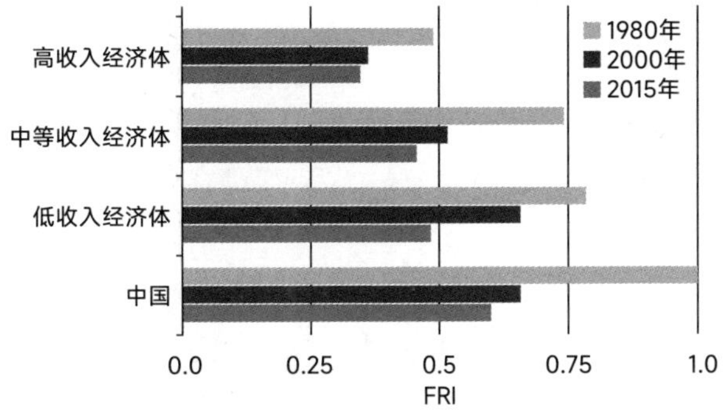

图 2-8　中国与其他国家金融抑制指数（1980 年、2000 年和 2015 年）

资料来源：《金融的价值：改革、创新、监管与我们的未来》

基于中国金融抑制指数编制方法及数据，笔者研究发现中国保险的金融抑制指数变化趋势基本与图 2-8 的结果一致：中国保险的金融抑制指数从 2000 年的 0.7 降到 2016 年的 0.6，又上升至 2023 年的 0.7，可以说是“20 年金融抑制指数大轮回”。

（5）$A(t)$ 是综合技术水平，可近似表示为全要素生产率（TFP）。全要素生产率现在已成为实证经济学中的一个基本研究领域。按照罗伯特·索洛（Robert Solow）对全要素生产率的解释，全要素生产率是剔除投入对产出贡献后的剩余部分。简而言之，产出增长当中任何不能被投入增加所解释的部分，都可以由全要素生产率来解释。所以，全要素生产率是一个黑箱，包括宏观的技术、创新、政策冲击，微观的企业架构、组织、领导力等。因此，式（2.2）又可以表示为：

$$\ln Y = \ln TFP + \alpha \ln L + \beta \ln K + \varepsilon \tag{2.3}$$

式（2.3）中，全要素生产率是被当作随机干扰项进行估计的，所以全要素生产率的测算结果包含 $\ln TFP$ 和随机干扰项 ε 两部分。估计值 α 和 β 理论上要大于 0，小于 0 的情况可以解释为存在冗余投入；通过估计值 α 和 β 的求和是否接近 1，可以用于判断保险经营活动是否接近规模报酬不变，同样可用于判断 α 和 β 估计结果是否合理。

（二）模型参数估计值及说明

（1）考虑金融抑制指数的影响。基于上述模型及假设，保险业增加值拟合结果为：

$$Y = 1.3403 L^{0.1674} K^{0.6605} \mu$$

整体来看，模型拟合的 $R^2 = 0.9445$，模型拟合效果较好（如图 2-9 所示）。可以看出，近两年来保险业实际值低于预测值，说明保险业的价值创造能力在下降；另外，$\alpha + \beta < 1$ 表示保险业存在规模报酬递减现象，在现有全要素生产率下，用扩大劳动投入和资本投入来增加产出是得不偿失的。

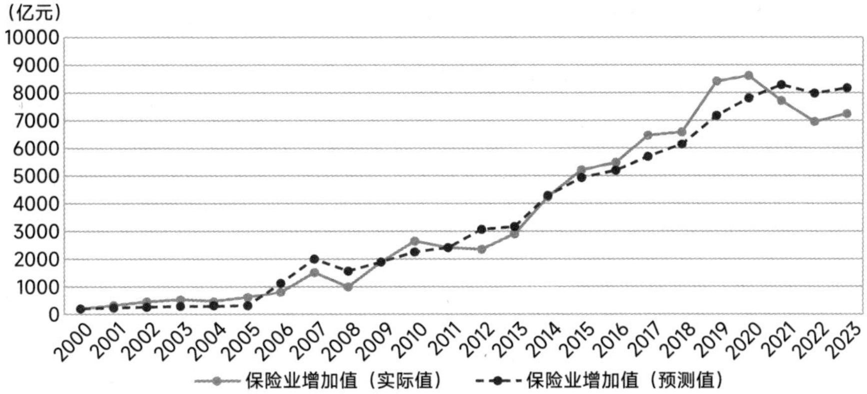

图 2-9　中国保险业增加值实际值与预测值（单独考虑金融抑制指数影响）

（2）不考虑金融抑制指数的影响。基于上述模型及假设，保险业增加值拟合结果为：

$$Y = 1.3377L^{0.1619}K^{0.6292}$$

整体来看，模型拟合后的$R^2 = 0.9520$，模型拟合效果较好（如图 2-10 所示）。预测结果基本与图 2-9 的结果一致。因此，不用单独考虑金融抑制指数的影响，其可以纳入 TFP 统一考虑。

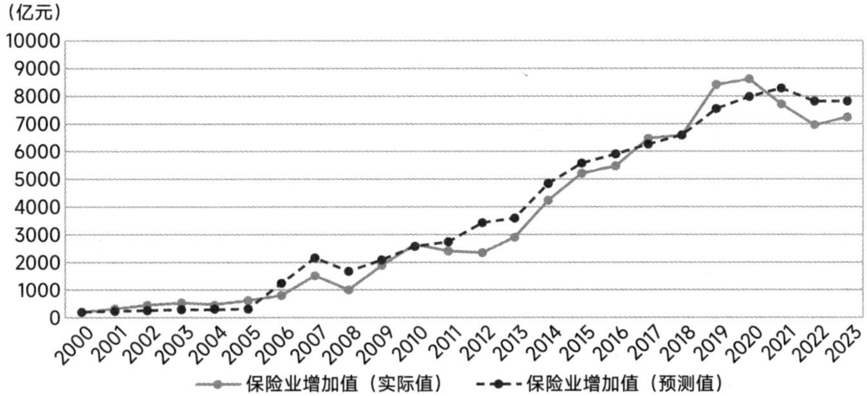

图 2-10　中国保险业增加值实际值与预测值（未单独考虑金融抑制指数影响）

（3）基于上述两个预测模型，可以计算出保险业的全要素生产率（如图 2-11 所示），可以看出近年来保险全要素生产率整体呈现下降趋势。以纳入金融抑制指数的全要素生产率为例，2000 ~ 2016 年的平均值为 1.52；2017 ~ 2023 年的平均值为 1.38，下降了 9.21%；2023 年更是下降到 1.19，保险全要素生产率增幅更是连续多年出现负值，远远低于同期中国经济全要素生产率增幅。

综上所述，基于简单的 C-D 生产函数测算了保险全要素生产率，我们还可以使用 OP 法、LP 法和 ACF 法等来测算保险全要素生产率，结果虽有所差异，但趋势都是一致的。总体来看，中国保险业的经营效率在下降，并且已经处于历史的低点，中国保险正面临“生产率增长挑战”。

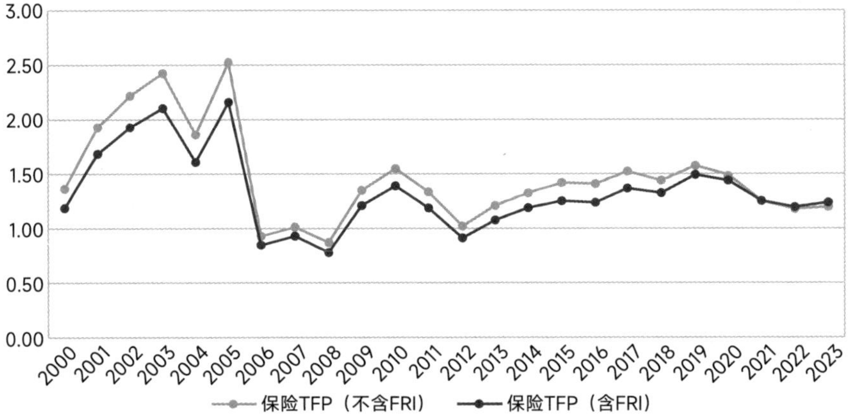

图 2-11　中国保险业的全要素生产率

三、保险生产函数的敏感性分析

（一）保险生产函数的敏感性分析

基于保险业增加值拟合模型$Y=1.3377L^{0.1619}K^{0.6292}$，首先假设保险 TFP 不变，表 2-2 给出了保险业增加值的劳动投入和资本投入的敏感性分析结果，可见起决定性作用的是资本。另外，再假设劳动投入不变，表 2-3 给出了保险业增加值的保险全要素生产率和资本投入的敏感性分析结果，可见保险全要素生产率和资本的作用基本相当，保险全要素生产率的作用不容忽视。

表 2-2　中国保险业增加值的敏感性分析（基于保险 TFP 不变假设）　　单位：%

因子变化幅度		劳动投入变化				
		-10	-5	0	5	10
资本投入变化	-10	-8.00	-7.19	-6.41	-5.67	-4.96
	-5	-4.81	-3.98	-3.18	-2.41	-1.67
	0	-1.69	-0.83	0.00	0.79	1.55
	5	1.37	2.26	3.12	3.94	4.72
	10	4.38	5.30	6.18	7.02	7.83

表 2-3　中国保险业增加值的敏感性分析（基于劳动投入不变假设）　　单位：%

因子变化幅度		保险 TFP 变化				
		-10	-5	0	5	10
资本投入变化	-10	-15.77	-11.09	-6.41	-1.74	2.94
	-5	-12.86	-8.02	-3.18	1.67	6.51
	0	-10.00	-5.00	0.00	5.00	10.00
	5	-7.19	-2.04	3.12	8.27	13.43
	10	-4.44	0.87	6.18	11.49	16.80

基于上述分析结果可知，中国保险业增长的关键是人力、资本和全要素生产率，其中要特别重视资本和全要素生产率的力量。

（二）保险增长的关键在于资本和保险全要素生产率

根据保险增长理论，我们要重视人才的价值、创新的作用、资本的力量，其中人才、创新不再详述，重点关注“压死骆驼的最后一根稻草”——资本，因为“资本是社会主义市场经济的重要生产要素”。但是，如何吸引更多的资本投入保险业呢？或者说保险业是否具备投资价值呢？

根据前述的实证分析结果可知，目前保险业存在规模报酬递减的现象，在现有全要素生产率作用下，用扩大劳动投入和资本投入来增加产出是得不偿失的。因此，我们要探析保险全要素生产率下降的原因，为什么金融科技的快速发展没有撬动起保险全要素生产率的增长？为什么 2017 年以来保险全要素生产率连续下降？其实答案就隐藏在“两个中国保险模式”中。2017 年，中国保险模式快速从“准市场模式”演变为“受限市场模式”，并不断得到强化，这导致保险 TFP 急剧下降。

刘俏在《中国经济增长的空间有多大？》一文中指出，中国经济未来增长的空间取决于全要素生产率的增速能否保持在 2.5% 甚至更高。随着工业化进程的结束，我国的全要素生产率已从 1980 ~ 2009 年超过 4% 的年均增速降到 2010 ~ 2019 年的 1.8%。同样，中国保险未来增长的空间也取决于保险 TFP 能否回归 1.5 以上。

中国保险面临的“生产率增长挑战”不是“生产率增长悖论”，中国保险发展过程中仍然存在大量推动全要素生产率增速实现 V 型反弹的市场化因素、结构性因素；而这些市场化、结构性因素所蕴含的力量一经释放，将形成新一轮对保险全要素生产率和保险增长的强大推动。因此，要进一步深化保险市场化改革、结构性改革。

资本和全要素生产率是理解中国保险的关键。2000 年以来，中国保险取得巨大成功的重要原因是吸引了大量社会资本投入保险业，以及保险市场化改革促进了保险全要素生产率的快速增长。从更长的时间维度看，中国保险发展最大的风险还在于在保险产业层面缺乏投资机会所带来的资本投入下滑甚至外逃，以及因创新不足导致的保险全要素生产率增长停滞甚至下滑。

对当前保险业来说，增长虽不是万能的，但没有增长是万万不能的。我们必须把增长当作一种信仰。当增长成为一种信仰时，以更大的决心和勇气解决资本和保险全要素生产率就成为一种必然。因此，只有直面中国保险发展过程中的机遇和挑战，以实事求是的态度和创新的方法去解决那些重要的，中国保险才有可能避免陷入“非理性繁荣”，控制住“无增长”带来的风险，实现“无增长的繁荣”。

从传统走向现代

一、从“两轮车”到“三轮车”

从两个中国保险逻辑来看，中国保险需要从传统保险逻辑转向现代保险逻辑，需要从单一的风险逻辑转变为风险逻辑和货币逻辑。在这个过程中，关键是如何处理传统与现代的关系？如何放弃传统保险的两个“轮子”？如何从“两轮车”变革到“三轮车”？这些都是中国式保险现代化进程中的基本课题。

随着保险思想的演变，逐步形成了保险损失说、保险二元说、保险非损失说等，但保险是什么呢？有人认为，保险是现代社会市场化的风险管理与融资机制。这样说虽然不能说不对，但是它只是说出了现象而已。也有人说，保险是创造风险交易的一种机制，这种说法也是对的。这是从另外一个层面上来理解保险，比如从现代保险制度来概括保险的特征。此外，还有很多其他概括。笔者认为，对保险的概括涉及对保险内核的理解。不同发展阶段的保险，其内核是有差别的，或者说核心功能是不同的。保险是一种分散风险、转移风险的机制，它的核心功能是为整个经济体系创造一种动态化的风险传递机制。保险作为金融的重要组成部分，其核心就是如何有效地配置风险。

可见，保险有广义与狭义之分。狭义的保险，是指《保险法》第二条所规定的保险概念：保险，是指投保人根据合同约定，向保险人支付保险费，保险人对于合同约定的可能发生的事故因其发生所造成的财产损失承担赔偿保险金责任，或者当被保险人死亡、伤残、疾病或者达到合同约定的年龄、期限等条件时承担给付保险金责任的商业保险行为。广义的保险，是现代社会所赋予的保险内核：保险是风险管理者、风险承担者和投资者（资产管理者和财富管理者）的统一体。

综上所述，保险从本质上就不是承保和投资的两个“轮子”，而是风险管理者、风险承担者和投资者的三个“轮子”，因此要强化“风险管理者”的职能，从“两轮车”变革到“三轮车”。

二、从“三轮车”到“四轮车”

卡尔·本茨（Karl Benz）与戈特利布·戴姆勒（Gottlieb Daimler）两个人均被称为“汽车之父”，虽然他们都参与了汽车的发明并推动汽车文明的发展，但研究方向不同。1886 年，卡尔·本茨将发明的三轮汽车（由马车改进而来的汽车）在德国专利局申请专利，成为世界第一辆汽车的发明者；随后 1888 年戈特利布·戴姆勒总结经验，在好友威廉·迈巴赫（Wilhelm Maybach）的帮助下，将汽油发动机安装在四轮马车上，行驶速度最高可达 12 千米/小时，就这样，世界上的第一辆四轮汽车诞生了，并初步具备了现代汽车的一些基本特点。

从三轮汽车到四轮汽车，汽车脱离了马车，成为真正意义的现代汽车。同样，保险的三个“轮子”也升级为四个“轮子”：风险管理者、风险承担者、资产管理者（Asset Managers）和财富管理者（Wealth Managers），从“三轮车”变革到“四轮车”，这才是现代保险应有的样子。

“群雄逐鹿之际，唯有洞明时势，方有所成。”资产管理者和财富管理者两者既有交叉又有差异，只有厘清两者内涵上的差异，保险业才能迎接资产管理和财富管理同步变化的大时代。

财富管理主要是指以客户为中心，设计出一套全面的财务规划，通过向客户提供现金、信用、保险、投资组合等金融服务，将客户的资产、负债、流动性进行综合管理，以满足客户不同阶段的财务需求，帮助客户降低风险，实现财富保值、增值和传承等目的。

财富管理的范围包含：现金储蓄及管理、债务管理、个人风险管理、保险计划、投资组合管理、退休计划及遗产安排等。财富管理市场的要素主要包括资金端、财富管理机构、资产管理机构和资产端（如图 2-12 所示）。

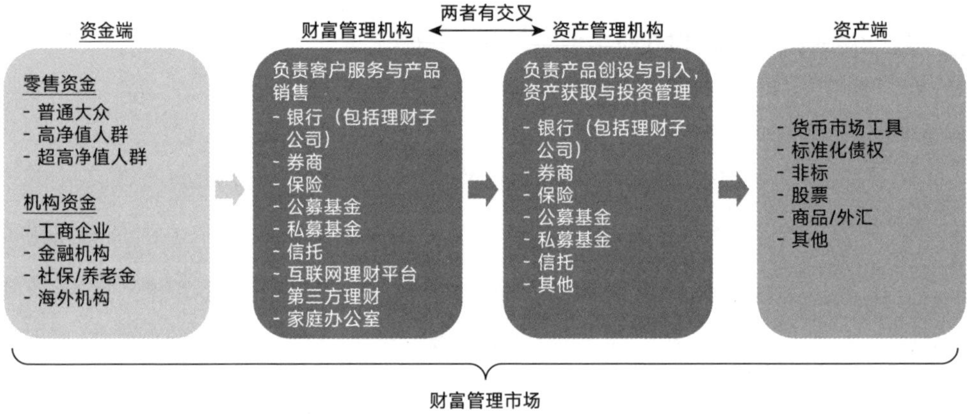

图 2-12 财富管理的市场要素

从图 2-12 可以看出，保险业既是资产管理者又是财富管理者。保险机构作为“资产管理者”，其主要职责是通过开发保险产品获取保险资金并进行资金运用，表现更多的是“以自我为中心”。保险机构作为“财富管理者”，其主要职责是根据客户需求为客户配置保险产品并提升客户价值，表现更多的是“以客户为中心”。被誉为“企业再造之父”的迈克尔·哈默（Michael Hammer）提出，以客户为中心的本质是创造客户价值。

价值观是定义一个人或企业本质的东西，有正确的价值观，才有正确的方向。资产管理者和财富管理者背后的价值观是不一样的，前者是一种虚伪的“以客户为中心”。是以自我为中心还是以客户为中心，孰对孰错？这个底层逻辑是 4P 理论和 4C 理论[①]（如图 2-13 所示）。

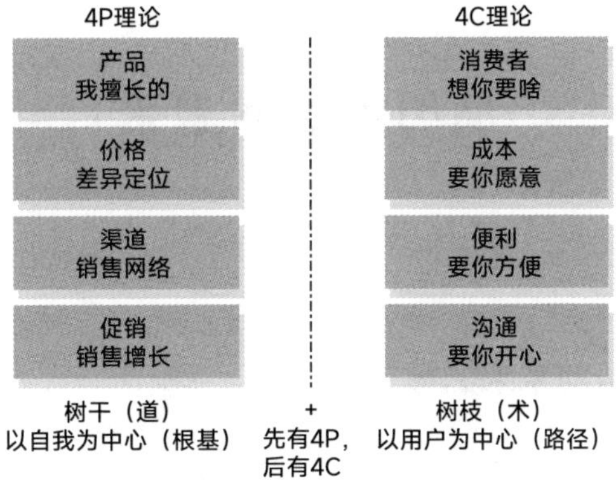

图 2-13　4P 和 4C 理论的导向

作为资产管理者，保险公司需要兼顾公司和客户；作为财富管理者，保险公司需要更多地考虑客户。以自我为中心还是以客户为中心，这不存在对错，正所谓“P 而不 C 则惘，C 而不 P 则殆。P 是核心根基，C 是到达路径”。

综上所述，投资者从本质上包括资产管理者和财富管理者，保险作为“投资者”需要一个“再造工程”，厘清并平衡好以自我为中心和以客户为中心，从“三轮车”变革到“四轮车”，实现“毛毛虫变蝴蝶”的蜕变。

传统与现代看似是一对矛盾体，想要倡导现代，许多时候确实需要跳出传统、超越传统，不然就谈不上创新、发展、进步。例如，不摒弃“两个轮子”的传统理念，就不可能建设中国式现代化保险体系、推进中国式保险现代化。但必须看到的是，现代对于传统的超越只是部分的、相对的，而不是全部的、绝对的。为此，在摒弃“两个轮子”之后，要“鸟枪换炮”，从“三轮车”升级到“四轮车”，这才是现代保险应有的样子。

---

① 4P 理论：产品（Product）、渠道（Place）、价格（Price）和促销（Promotion）；4C 理论：消费者（Consumer）、成本（Cost）、便利（Convenience）和沟通（Communication）。

从历史走向未来

一、从历史中汲取走向未来的智慧

习近平总书记指出："历史是最好的教科书。"回望中国保险改革历程，中国保险的历史经验是改革开放以来保险实践的总结积累，是理论与实际相结合的智慧结晶。中国保险要通过总结历史经验创造历史，在把握历史规律中走向未来。

李云泽在第十五届陆家嘴论坛开幕式上发表了题为《推动保险业高质量发展　助力中国式现代化建设》的演讲，其中提到"上海是中国现代保险业的发祥地，见证了中国保险业百年沧桑巨变"。1805 年，英国商人在广州成立广州保险会社（Canton Insurance Society，又称谏当保安行），标志着现代保险制度正式传入中国。1843 年，上海正式开埠，随后怡和、宝顺、仁记、义记等英商洋行相继在上海开展保险业务。据 1854 年的《上海年鉴》记载，当时上海已有二十多家总部在欧美各国的外商水火保险公司，它们悉数通过各洋行代理而推广业务。1872 年和 1875 年，中国轮船招商局和保险招商局相继成立，标志着中国民族保险业的诞生。可见，中国当代保险从历史保险走来，正向未来保险走去，走向 5000 天后的保险世界。

从历史走向未来，从传统走向现代，中国保险具有丰厚的历史底蕴、鲜明的中国特色、持久的生命力，呈现出一种多维度、多层次、多形式的绚丽图谱。当前，中国保险正在融汇"新"的质素，增添"新"的活力，展现出

“大”的潜力、“广”的空间、“强”的韧性，可以说中国保险“既是现代的，也是未来的，更是中国的”。

“中国保险20年大轮回”，包括产品的大轮回、风险的大轮回、全要素生产率的大轮回，所谓“大轮回”只是某些历史阶段的一个表现，中国保险具有更多创新的活力、想象的奇丽、广阔的空间，这需要我们孜孜矻矻、革故鼎新，以此推动中国保险从历史走向未来、从传统走向现代。

二、从服务中国式现代化建设中走向未来

党的二十大擘画了以中国式现代化全面推进中华民族伟大复兴的宏伟蓝图。笔者理解的中国式现代化或者基本实现社会主义现代化，是2035年人均GDP比2020年翻一番的概念。2015年，中国GDP增幅跌破7%，疫情3年平均是4.5%，当前是确保5%。5%为什么重要？如果未来10年中国GDP保持5%左右的增长，2035年中国人均GDP就可以翻一番，所以5%非常重要。

显然，“中国式现代化”需要回到经济增长理论。我国经济增长主要依靠资本和劳动力要素的投入，以及全要素生产率（TFP）的增长。随着中国的投资大周期进入尾声，劳动力红利逐渐消失，全要素生产率的增长变得很重要。

全要素生产率的增长跟投资率之间是非常强的正向关系。“1978～2017年，投资率每增长10个百分点，全要素生产率就增长1.18个百分点。”[①]如果中国未来要保持比较高的全要素生产率增速，投资率一定要保持在较高的水平上。为此，中国保险要聚集大量资金去投资中国经济的节点行业，带动上下游市场主体的崛起，最终使得中国经济产生很大的溢出效应。

目前，有利于技术进步或资源配置效率提升的节点行业或者关键领域有两

① 刘俏．中国式现代化与中国经济核心问题［EB/OL］．（2023-09-15）［2024-08-20］．https://www.gsm.pku.edu.cn/.

种：一是支撑未来全要素生产率不断进步的新兴产业；二是制约全要素生产率提升和资源配置效率提升的环节和领域。为此，中国保险要重点关注六个产业或领域：一是服务好新质生产力发展；二是服务好可持续发展产业布局；三是服务好消费产业升级；四是服务好产业链、创新链、价值链的再造；五是服务好城乡二元结构下的共同富裕；六是服务好多层次养老保障体系、多层次医疗保障体系、多层次风险治理体系建设。

为做好"六个服务好"，中国保险当务之急是提升自身的全要素生产率。如前文所述，保险 TFP 已经降到历史低位，保险业已经呈现出规模报酬递减的现象。影响保险 TFP 的因素包括宏观的技术、创新、政策冲击，以及微观的企业架构、组织、领导力等，因此保险业需要从宏观、微观两个层面深化改革。李云泽在第十五届陆家嘴论坛开幕式上指出，深化改革增强保险业高质量发展动力，以改革增活力、以发展解难题，推动保险业开创新局面、迈上新台阶。

首先，从宏观层面深化保险业改革，更多地走资本市场的道路、走专业化的道路、走市场化的道路、走法治化的道路、走国际化的道路，即建立中国保险的"市场优化模式"。

其次，从微观层面推动保险企业改革，关键是引导保险企业学会如何把握时代机遇、如何掌握商业秘诀、如何铸就基业长青，建立中国保险的"现代保险逻辑"。

最后，基于"两个大局"优化保险发展路径。"两个大局"指的是实现中华民族伟大复兴的战略全局和世界百年未有之大变局。保险在国民经济发展中具有重要地位、发挥着关键作用，并与经济发展相互影响。当前，我国保险业正处于爬坡过坎、转型升级的阶段，面临着中国经济转向创新驱动高质量发展的新需求。这要求中国保险结合国内外发展经验，在"两个大局"背景下重新思考保险金融在国民经济中的地位和作用。中国保险通过发挥经济减震器和社会稳定器作用，服务于经济社会发展，发挥着以市场方式实现国家战略导向下的资源优化配置的特殊功能。为构建适应发展环境、服务于国家战略的有用、高效和安全的现代保险体系——中国式现代化保险体系，未来 5 年是化解保险业金融风险的攻坚期，是重塑保险监管体系的关键期，是中国保险发展的窗口期，更是实现中国式保险现代化的机遇期。

历史、现实、未来是相通的。我们对中国保险的认识是随着时代和实践的发展而发展的，这就要求我们认识世界保险发展的大趋势，跟上世界保险时代潮流。“不能身子进了新时代，思想还停留在过去。”这也正是笔者近年来笔耕不辍推动《中国与世界保险观察》的初衷和本义，我们必须从历史走向未来，从传统走向现代，积极拥抱改革，做中国式保险现代化的先行者。

拥抱改革

一、拥抱大改革，方有大发展

“惟希望也，故进取；惟进取也，故日新。”改革是中国保险高质量发展的必由之路。长远发展的关键在于改革，改革乃使命使然。中国保险改革从历史中走来，向未来敞开。

从传统走向现代，从历史走向未来，中国保险的发展过程伴随着对“熟悉所带来的舒适”的克服——正如作家伊塔洛·卡尔维诺（Italo Calvino）曾说过的，“我们在生活中选择与珍惜的一切轻松的东西，将来不可避免地变成沉重的负担。”走出中国保险的低谷，我们需要更加勇敢，扯掉思想房间的封条，增强改革的穿透力，寻求把中国保险带向更好未来的想法和行为。

站在中国保险取得巨大成功的基础上，我们倾向于赋予那些因得心应手而感到舒适的思想和行为以更高的权重，这就是行为科学里的“后视偏差”（Hindsight Bias）。“后视偏差”容易让我们产生保险路径依赖，自设保险思想禁区，沉溺于舒适的保险知识正统，而这一切将阻碍我们获得更好的想法，寻找更具穿透力的改革举措，采取更为果断的行动，从而去解决中国保险所面临的重要问题。

2023 年中央金融工作会议明确提出，中国金融业面临四大挑战，主要包括金融市场结构不均衡、市场机制不成熟、基础设施不完善等问题，处于“大而不强”的状态，经济金融风险隐患仍然较多，金融服务实体经济的质效不高，金融乱象和腐败问题屡禁不止，金融监管和治理能力薄弱。这些问题同样存在于保险业，这要求我们不仅要深入研究这些问题在现实运行中的各种表现及其演化的模式，更为重要的是要厘清这些挑战和问题产生的核心逻辑。这些问题背后的逻辑是中国的超级转型，这种超级转型又与世界结构的超级转型相叠加，这就对中国保险的改革工作提出了更高的要求。

例如，“保险异化”导致“按下葫芦浮起瓢”。“按下葫芦浮起瓢”乃物理世界的客观规律，绝无可能完全遵从监管部门的意愿。若想解决保险业存在的问题，方法只有一个——抽去缸中漫溢的水，让现代保险从“蓄水池”走向“流量蓄水池”，乃至未来保险的“流量池”。

再如，中国保险业现在不少问题找上门，“石头”早已露出水面，我们不需要再“摸着石头过河”，而是要“接着石头过河”。这要求我们直面飞来之石，并且要通过“上下互动、观念与实践互动、设计与实施互动”来寻找改革方案，在“互动”中推进中国保险业的改革。

为什么要“互动”？经济学里有一个概念，叫太阳黑子均衡（Sunspot Equilibrium），讲的是多重均衡下集体行动的协调，有着自我实现的力量。“互动”可以增强改革的穿透力，而“拥抱”是最好的“互动”。中国保险已经不是20年前的中国保险，随便在保险“水面”上丢下一块“石头”，可能会产生“蝴蝶效应”，也可能会产生“涟漪效应”，这给保险监管带来新的考验，这就要求我们拥抱改革，从过去与未来、历史与现实、保险机构与保险业等维度中寻找改革的新动力。

二、拥抱保险改革浪潮，到中流击水

“曾记否，到中流击水，浪遏飞舟？”当前世界正处于百年未有之大变局，战略机遇和风险挑战并存，不确定、难预料因素增多，必须准备接受风高浪急甚至惊涛骇浪的重大考验。为此，我们要拥抱保险改革浪潮，到中流击水。

中国保险业纵深发展潜力较大，具有较大的发展空间。未来，政策红利（改革红利）仍是中国保险业发展的坚强支撑；服务经济社会发展、对接国家战略是保险业实现高质量发展的重要路径；推进行业供给侧改革是实现行业高质量发展的必由之路；加速数字化转型是推动保险创新发展的必然选择。

犹犹豫豫，患得患失，既希望保险高质量发展，又不搞改革，保险前景何以可观。保险前景的可观性是由保费规模、保费增长率、保险竞争、保险需求和保险创新等因素决定的，而不是保险空间这么简单。没有改革就没有新的增长点，保险焉能不“蔫”？没有改革就没有保险全要素生产率的提升，保险焉能不“滞”？“蔫”与“滞”互为因果，形成恶性循环。

邓小平提出：“中国式的现代化，必须从中国的特点出发。”正如刘俏在《风起云扬，万物盛开》一文中所言，推动中国保险的发展，我们需要梦想家和思想者，他们的思考温暖如夏日田野里涌出的风，帮助我们通过更长的时间维度，认知中国保险“第一性的问题”；我们需要保险企业家和美好保险的重塑者，他们充满热情和行动力，能为重塑美好保险、重塑我们这个时代美好保险而不懈努力，用脚步丈量通向未来保险的道路；我们需要批评者甚至是否定者，他们的批判性和爆发力，在山河滚烫时提醒我们冷静克制，不固守在自己熟悉的保险逻辑体系里，选择不去正确地回答错误的问题①；不“立”不“破”，更重要的是，我们需要新的视角去认识这个时代那些制约保险发展的结构性问题、市场化问题的本质，花费笨功夫，下决心去做那些必须但是难以改进的事，正如马塞尔·普鲁斯特（Marcel Proust）所言，“真正的寻找之旅不在于寻找新的疆域，而在于找到新的视野。”

今天，我们又一次站在见证保险历史的起点上。“中国保险市场潜力巨大、

① 彼得·德鲁克（Peter Drucker）曾言，“没有什么比正确地回答错误的问题更危险的。”

空间广阔，我们完全有条件、有信心、有能力，以改革增活力、以发展解难题，推动保险业开创新局面、迈上新台阶。”这激荡出保险人内心深处的炽热，饱含敬畏，充满力量。不尽狂澜走沧海，一拳天与压潮头。拥抱改革，就是拥抱保险发展的最大确定性。

第三辑

企业：转型与创新

多少事，从来急；天地转，光阴迫。

——《满江红 · 和郭沫若同志》（近现代 · 毛泽东）

想象力比知识更重要，因为知识是有限的，而想象力概括着世界上的一切，推动着进步，并且是知识进化的源泉。

——阿尔伯特 · 爱因斯坦

苍茫万景，而无苍劲如人者。

——索福克勒斯（Sophocles）《安提戈涅》

威廉·福克纳（William Faulkner）在《我弥留之际》中写道："生命是在低谷里孕育出来的。它随着古老的恐惧、欲念、绝望一直吹到了山顶。我们之所以必须一步步走上山，就是为了可以坐车下山。"当前，中国保险步入低谷本质上是源于中国经济进一步增长所面临的严峻挑战。经济增长放缓是全球性命题。经济学家罗伯特·戈登（Robert Gordon）在《美国增长的起落》一书中进行了详细论证：经济增长的驱动力是技术革命带来的生产率提升，而人类历史上最为重大和最能提高生产率的发明（如电和内燃机）都已经发生了，技术前沿的停滞再加上逐渐在经济生活中占主导的服务业难以实现机械化和规模经济，一个国家在工业化之后再难维持生产率的持续增长。

除了经济增长放缓这一客观原因之外，中国保险步入低谷实质上源于保险企业没有成就"从大到伟大"。刘俏在《从大到伟大 2.0：重塑中国高质量发展的微观基础》一书中讲道："中国大企业已有不少，但堪称伟大的企业还不多。"伟大的企业有三个特征：一是规模大，即具有足够的体量，对行业乃至全球经济具有显著影响力；二是效益好，即不断创造不俗业绩并保持行业领袖地位；三是可持续，能够经历市场变幻、风吹雨打，做到基业长青，积累长盛不衰的国际名声。从大到伟大，是企业的终极目标，也就是我们所讲的，企业要从高速增长迈入高质量发展。

中国保险过去 40 多年的发展基本上支持了上述两个观点。通过保险机构准入、保险市场对外开放、保险市场化改革等措施，加上经济发展释放的活力，中国保险业快速完成了"从小到大"的进程，在 1978 年到 2023 年长达 45 年的时间里，中国保险业实现了年均近 25% 的增长，230 多个生机勃勃的保险市场主体奔涌而出。然而，在 2010 年基本完成市场化改革之后，中国保险的全要素生产率增速开始明显下滑，最近几年甚至出现了负增长。中国保险高速增长过程中的低垂"果实"大多被采摘，而新的节点尚未完全形成……历经

45 年，我们最终还是深刻感受到了增长的压力。在失去高速增长所带来的安全感后，改革从未如此紧迫地进入我们的视野。在改革中完成从高速增长到高质量发展的转变成了每个人的共识。

两个中国保险路径

一、引言

《读懂未来中国保险》一书指出，从“保险大国”迈向“保险强国”，也是中国保险业的“从大到伟大”的过程，是中国保险企业的“第二次长征”。为此，我们需要明白：什么是伟大的企业？伟大企业的标准是什么？如何才能成就伟大企业？当前，中国保险正处于转型挑战的关键时期，我们需要重新理解中国保险，重新界定中国保险的目标和使命，并把成就伟大保险企业作为实现“保险强国”的关键。

从全球来看，保险业的规模经济早已过时；从中国来看，保险业呈现规模报酬递减趋势，但为什么所有保险企业却还在追求华而不实的“大”企业。大型保险企业，如中国平安、中国人寿、中国人保、中国太平洋保险、中国太平等规模已经足够大了，但我们尴尬地发现，这些企业在全球保险的竞争力并没有与企业规模相匹配的那么强。中小型保险企业都在梦想成为大企业，却不重视保险细分领域的拓展，导致在全球保险细分领域中看不见中国保险企业。可见，是时候重塑微观上的保险企业了，否则宏观上的“保险强国”就成了空中楼阁、海市蜃楼。

近年来，中国保险业一系列问题的出现和发酵，严重影响了保险业实现可持续的自适应发展（Sustainable Adaptive Development，SAD）。为此，保险监管部门提出，保险业需要从高速增长向高质量发展转型。在这一过程中，保险企业需要改变在过去 45 年保险高速增长时期所形成的认知和思维定式，充分理解保险业及企业发展的阶段性问题，真正把发展重心放在价值创造上。重塑中国保险的微观基础，实现保险企业“从大到伟大”“从小到伟大”的转变是中国保险实现高质量发展的核心要义。

从“保险大国”到“保险强国”的路径选择是建立中国式现代化保险体系、实现中国式保险现代化。“宏观的叙事下从来都是由无数个体的坚持与奋斗组成”[①]，为此，我们还需要基于“两个中国保险模式”和“两个中国保险逻辑”探索重塑微观企业的“两个中国保险路径”。

二、什么是中国保险路径

保险路径（Insurance Path），是指保险企业从现在走向未来、从传统走向现代的实现方式“集”。具体来说，就是保险企业如何通过不同的策略和措施，实现可持续的自适应发展。保险路径一般包括专业化发展路径和多元化发展路径。

如何从现在走向未来？如何从传统走向现代？大企业如何从大走向伟大？中小企业如何从小走向伟大？这是中国保险企业必须严肃认真地研究并回答的问题，其中包括一系列更具体的问题：

第一，前行的路径如何设计？又该如何选择？

第二，前行期间会有哪些困难、哪些问题、哪些陷阱？

第三，前行期间出现了金融风险甚至是金融危机，又该如何应对？应对的总体思路是什么？

第四，前行目标是实现企业的“从大到伟大”“从小到伟大”，如何将这一命题置于中国式现代化之中？又该如何做好功能性与营利性的平衡，实现可持

① 刘俏 . 从大到伟大 2.0：重塑中国高质量发展的微观基础 [M]. 北京：机械工业出版社，2018.

续的自适应发展？

45 年间，我们目睹了一个又一个保险故事、保险传奇。骄傲之余，我们必须明白身处的时代正在急剧变化着——新技术的冲击、经济重心的倾斜、地缘政治的变迁和逆全球化思潮等不断改变着产品和服务的供给端与需求端，一个又一个行业结束了“黄金时代”，开始步入“白银时代”甚至“青铜时代”。新时代下，任何保险企业都不能摆脱家国和时代大潮的冲击和裹挟。这就要求我们不仅要充分了解今天的中国国情，更要深刻理解何谓“金融强国”。事实上，只有理解了金融强国的目标与内涵，我们才有可能结合中国保险的现状制定出一个实事求是、行之有效的发展路径。回归保险企业经营的本质，摆脱以“短、平、快”的寻租方式片面追求规模的倾向，展现风险治理、价值创造、资源配置的卓越能力，实现“从大到伟大”“从小到伟大”的飞跃，这是中国保险企业在新时代亟须构建的价值理念和思维逻辑体系。

三、保险路径到底有哪些

从历史来看，中国保险的发展路径基本都是围绕传统保险逻辑展开的。在传统保险两个“轮子”的商业模式下，保险是基于大数法则，来提供生命财产风险转移和保障服务。在负债端，保险企业通过销售保单获取保费，扣除营运成本和风险成本后形成负债；在资产端，保险资金投向一级、二级市场，覆盖负债的成本和期限，获得投资收益。因此，保险商业模式从资产负债角度可分为“负债驱动型”和“资产驱动型”两种模式。

“负债驱动型”模式立足承保业务，根据负债端的成本、期限、流动性等特点，合理制定资产端的投资策略，同时依靠承保业务和投资业务获利。“资产驱动型”模式立足投资业务，负债端以提升保费规模为目标，资产端获取高收益，主要依靠投资业务获利。

从中国保险市场整体来看，大企业多偏好依靠负债经营，重在拓展负债的深度和广度，中小企业更依赖资产经营，注重成本控制和杠杆运作。整体来看，保险企业可以分为以下四类：①“强负债驱动组”：对保险负债依赖高于70%，数量占比为30%，多为单一从事保险业务的大企业，具有规模优势，胜在产品销售能力；②“弱负债驱动组”：对保险负债依赖为50% ~ 70%，数量占比为40%，多为在保险产业链延伸和多元化布局的企业，得益于较高的销售能力和较低的风险成本，承保利润最为优异；③“弱资产驱动组”：对保险负债依赖为30% ~ 50%，数量占比为24%，投资收益最高，成本控制最好；④“强资产驱动组”：对保险负债依赖低于30%，数量占比为6%，资产规模和盈利能力较低，抵御风险能力较弱。“负债驱动型”是保险企业长期恪守的传统，但并不意味着只能走过去的老路。

展望保险业的未来，中国经济进入高质量发展阶段，人口结构发生变化，金融科技方兴未艾，对外开放竞争压力加大，机遇与风险并存：第一，从市场空间来看，受风险保障、资产配置、金融服务三大需求支撑，保险市场需求广阔；第二，从经营模式来看，保险企业正在从规模扩张到价值挖掘，从同质化竞争向差异化、专业化转变；第三，从资产配置来看，保险资金要发挥长期性、稳定性优势，致力于解决养老问题，服务实体经济；第四，从创新驱动来看，金融科技与保险业务融合性高，或能重塑核心价值链。综上所述，保险市场空间巨大，哪些保险企业能分享这些红利？哪些保险企业将与这些红利失之交臂？这一切在于保险企业是否有清晰的发展路径，以及是否制定了与发展路径相适应的行动路线（如图 3-1 所示）。为实现企业战略目标，必须从财务 / 精算 / 投资、产品 / 销售 / 客户 / 运营、内部管理 / 流程规范、学习 / 发展等四个方面，实现 29 项行动绩效目标。

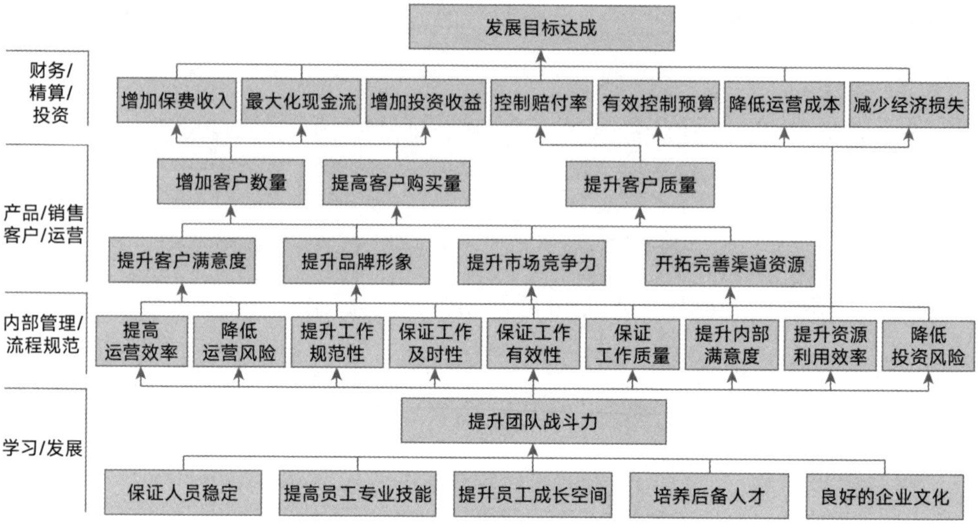

图 3-1　保险企业行动路线

保险市场空间巨大，不代表所有的保险企业都会成为“大”企业，更不代表所有的保险企业都会成为“伟大”企业。企业要想健康发展，就要对发展规模有所节制。英国物理学家杰弗里·韦斯特（Geoffrey West）在《规模：复杂世界的简单法则》一书中讲到，自然界中植物和动物的生长不是线性的，而是亚线性的，即植物不可能无限制地长高，动物也不可能无限制地长大。科幻片里的那些“巨无霸”动物在自然界中是不可能存在的，因为体积过大的动物，它的腿骨承受不了那么大的自重，容易骨折。这本书还指出，动物的体积越大，其承载的能力就越小，一只蚂蚁可以拖动多只蚂蚁，一个人却只能背动一个人，而一匹马很难驮动另一匹马，一头大象则根本不可能背起另一头大象。这就是规模的代价，随着规模的扩大，承载能力会降低。

综上所述，中国保险的路径在于“大”和“小”的选择。世间万物虽复杂多变，但在所有的复杂性和多样性背后，存在一个普遍和基础的算法框架——规模法则（Scaling Law）。

四、如何重谋中国保险路径

中国保险企业大多数有一个梦想，那就是成为全球500强。对此而言，大型保险企业在某种程度上可以说是一块经济“鸦片”，对很多中小型保险企业充满了诱惑，导致很多中小企业单纯去追求规模而放弃了竞争力的提升。全球500强中的中国保险企业没有完全显示出中国保险的竞争力，反而从某种程度上折射出中国保险竞争力的残缺，为中国保险提供了一面反思的镜子。我们应该深刻意识到，没有中小型保险企业，没有大量的“专精特新”的隐形保险“专家”，中国保险业实现高质量发展就是无源之水、无本之木。

在过去的45年，中国保险业规模快速扩张，其背后的驱动因素是经济高速增长、政策大力支持等，但也滋生了“非理性繁荣”“看不见的大象”等问题，部分企业偏离主业甚至“反客为主”，部分企业的公司治理存在严重缺陷甚至“形同虚设”，危及整个行业的健康发展。在建设金融强国的要求下，中国保险面临多重转型压力，中小企业谋求通过“企业再造”实现“毛毛虫变蝴蝶”，大企业谋求通过“超越再造”实现“大象起舞”。

“毛毛虫变蝴蝶”“大象起舞”的目标设定固然很重要，但通向目标的路径设计同样重要，甚至更加艰难复杂。无论是“价值引领＋科技驱动＋产业创新”的发展范式，还是“保险＋科技＋服务”的发展模式，都要经历一个“再造”过程，甚至“再造”革命，这正是约瑟夫·熊彼特（Joseph Schumpeter）提出的“创造性破坏理论”（Creative Destruction）。可见，大企业、中小企业要想实现嬗变，都要寻找一条前行的路径，正如鲁迅在《南腔北调集〈木刻创作法〉序》中所言：“路是广大得很。题材会丰富起来的，技艺也会精炼起来的，采取新法，加以中国旧日之所长，还有开出一条新的路径来的希望。”

识别中国保险的重要节点和关键领域，重新梳理中国保险的核心价值与战略定位，也许只有两个中国保险路径：“大而强”（Big to Brilliant，B2B）和

“小而美”（Small to Smart，S2S）。

（1）B2B 是“大而强”“大而优”，要实现“大象起舞”，要确保“大而不能倒”，关键是与国家发展战略同频共振。大企业不代表是“伟大”企业，规模大不代表竞争力强，更不代表前景一片大好，这是大型保险企业必须清醒意识到的。

（2）S2S 是“小而美”“小而精”，要实现“小就是大”，要确保“小船好掉头”，关键是建立持续盈利的经营法则。中小企业要做“伟大”的企业，而不是“大”企业，这是中小型保险企业的唯一突围路径。

可见，B2B 和 S2S 是完全不同的两条路径，第一条路径是跟随或引领保险产业的发展趋势，在“与国同行”中把保险主业做大做强，并在金融领域做得更好；第二条路径是引领或创新保险产业某一领域的发展趋势，在“专精特新”中找到可持续的盈利模式，并在科技或服务领域做得更好。虽然这是两条完全不同的路径，但都需要经历一个“再造”过程，要从根本上重新思考企业的战略定位，重新设计保险业务经营流程，以便在诸如成本、质量、服务和速度等关键性、现代性指标上实现大幅提升。

大企业像“大象”，要用改革和创新让它跳起舞来；中小企业像“毛毛虫”，要用创新和专业让它变成舞蝶飞起来。这样，“大象起舞”才能跟上时代的步伐；“毛毛虫变蝴蝶”才能避免被“大象”踩死。

中国保险的路径依赖问题

一、路径依赖

中国保险业历经 45 年的改革发展，虽然从规模上得到了长足发展，但未取得预期的经济绩效，而是陷入了大面积亏损的“闭锁”（Lock-in）状态。从经济学角度来看，中国保险业的发展陷入了路径依赖（Path Dependence），为此需要进一步推进市场化改革，引导保险企业通过平等、有序、动态的市场博弈进入一种新的发展路径，从而实现对目前发展路径的替代。

路径依赖，是新制度经济学的重要理论，是指人类社会中的技术演进或制度变迁均有类似于物理学中的惯性，即一旦进入某一路径（无论是“好”还是“坏”）就可能对这种路径产生依赖。为什么会产生路径依赖？因为人们一旦选择了某个体制，受规模经济（Economies of Scale）、学习效应（Learning Effect）、协同效应（Coordination Effect）、适应性预期（Adaptive Effect）以及既得利益约束等因素影响，会导致该体制沿着既定的方向不断自我强化。

道格拉斯·诺斯（Douglass North）在《经济史中的结构与变迁》一文，用路径依赖理论成功地阐释了经济制度的演进，并把路径依赖分为两种类型：

（1）路径依赖Ⅰ，是指一种有效的制度能产生较好的适应效率，从而走上良性循环的轨道并迅速优化。

（2）路径依赖Ⅱ，是指在市场不完全和利益集团压力等因素的影响下，一种无效的制度有可能继续下去，甚至被“闭锁”在某种恶性循环的被动状态中，难以自拔。

根据上述分类，可见路径依赖是由两方面原因造成的：一是利益集团的影响；二是非正式制度的影响。因为中国保险业发展的特定历史条件，以及后来实施的一些发展策略未能处理好增长与效益的关系，使中国保险业发展陷入“路径依赖Ⅱ”，即被锁定在一个无效率的状态，正如前文所论证的“规模报酬递减”现象。

二、路径依赖的根源

路径依赖产生的主要原因是系统自身具有“正反馈机制”（Positive Feedback System）；在保险系统中，“正反馈机制”是指收益递增规律（Increasing Returns Law）。

“正反馈机制”一旦受偶然性因素影响而启动，系统便会出现以下几个特征：①多重均衡，即系统演进的结果不是单一的，而是存在多种选择方案；②“闭锁”状态，即偶然性因素一旦使某一方案被采纳，收益递增规律便会阻止它受外部因素的干扰或被其他方案替代；③可能非效率，即由于收益递增规律和其他因素阻止人们对其他方案的利用开发和动态认识，从而使陷入“闭锁”状态的方案并非最优；④路径依赖，即系统演进的路径决定于系统的初始状态，对初始状态中的偶然性事件十分敏感，系统一旦采纳某方案，该系统的演进路径便会呈现前后连贯、相互依赖的特点。

那么，路径依赖机制如何发挥作用呢？如果我们把整个保险业当作一个系统，从系统演进的一般规律来说，在一个开放环境中，具有复杂的非线性动力学机制的系统总是存在多种可能的稳定状态。在满足一定的临界条件后，环境的变动与系统内部的微涨落将相互耦合并通过“正反馈机制”而放大，系统将从原来的稳态向新的稳态过渡和跃迁。在这一演进过程中，一些偶然因素将因

“正反馈机制”而对系统向新状态的演进产生持久的影响，从而决定了系统在新环境下的可能存在状态。这种“正反馈机制”，正是保险业发展过程中出现路径依赖现象的原因所在。

中国保险业在发展过程中有一些制度和市场因素在开始阶段没有被处理好，是造成不良路径依赖的根源。

第一，改革初期避开存量利益，发展增量利益。中国保险业在发展中，从一开始就尽量绕开原有的存量利益，着重从侧面发展增量利益。如逐渐扩大市场主体的数量，这一方面发展了保险业的增量利益，另一方面促使利益主体在增量利益的发展中获得了新的收益，从而使中国保险业在发展初期具有帕累托改进（Pareto Improvement）和卡尔多改进（Kardor Improvement）的性质。特别是 2001 年中国加入 WTO 之后，保险市场主体（财产保险公司和人身保险公司）从 2000 年的 32 家增加到 2023 年的 183 家，推进了中国保险业各项改革，扩大了保险业的市场容量。由于采取了避开存量利益，发展增量利益的渐进式改革，造成中国保险业在产权结构、市场结构、市场机制和管理上的低效率，但是这些问题都被保险业的快速发展掩盖，在发展初期没有暴露出来。但这种过渡性制度使中国保险业的发展体系长期处于扭曲的状态，市场主体对未来预期不明朗，导致保险业的长期增长和经济效率受到损害。

第二，产权改革的滞后，权力介入市场。中国保险业经历了三个阶段的产权制度变革以后，已经形成了多元化的市场格局，除中国出口信用保险公司之外，已经不存在纯粹意义上的国有保险公司。但在各类股份制保险企业的产权结构中，国有产权仍然占有相当高的比例，甚至大部分中资股份制保险企业都是国有控股的，国有产权在中国保险市场上依然占有绝对的市场垄断地位。根据产权理论，在竞争的市场上，国有产权所引发的所有者缺位、治理结构不合理等问题直接影响了保险企业的经营效率。其他行业国有产权所存在的问题，如机构臃肿、内耗严重等，在保险业中也有不同程度的体现。国有产权的过高比例是影响市场效率的重要问题之一，但这一问题的严重性却一直被国有产权所取得的垄断地位和竞争优势掩盖。

第三，市场结构的不合理导致市场的恶性竞争。中国保险市场的垄断程度一直是比较高的，基本上可以界定为寡头垄断。这样的高垄断市场格局从两个方面造成了不良后果：一方面，大企业感受不到来自其他企业的竞争压力，缺乏提高自身经营效率的动力；另一方面，中小企业受到大企业过分的挤占，且无力还击，只能通过不正当的竞争手段谋求生存，这不仅降低了自身的经营效率，更是扰乱了整个市场的竞争和经营次序，使整个保险市场处于一种无序和低效的恶性循环中。

第四，市场机制的不健全导致价格信号的扭曲。市场经济之所以是一个高效率的市场形态，是因为一系列的市场机制在发挥作用，其中最重要的一个机制就是价格机制：供需双方决定的价格是市场最重要的信号，也是市场行为最有力的“指挥棒”。中国保险市场还不是一个市场程度很高的完备市场，费率作为保险产品的价格在很大程度上不是由市场决定的。价格信号被扭曲，既不能反映市场供需的真实情况，也不能引导资金的合理配置，更不能成为公司改善经营的有效动力，抑制了保险功能的发挥和保险资源的有效利用。

第五，增长目标和效益目标的不协调和不兼容。中国的保险企业在快速扩容后，没有处理好增长（主要包括保费规模、保费增幅等）与效益（主要包括利润、价值、现金流、偿付能力充足率、资产负债表等）这两个关键目标的关系问题。从国际惯例来看，增长和效益这两个保险企业的战略目标之间具有复杂的关系，有时是互补的，有时则是互相竞争的。

在保险企业的经营实践中，因为决定效益的因素众多，确定效益战略比增长战略困难得多。从短期乃至中期来看，效益目标与增长目标通常是相互竞争的，只有从长期的观点可以实现效益目标和增长目标的兼容。因此，几乎所有保险企业在实际的经营决策中都必须面临增长目标和效益目标的协调和兼容。理论上比较好的选择是，保持增长和效益这两个目标的螺旋式互动。例如起步阶段强调增长，并容忍适度的效益减少；在获取一定的市场份额之后，强调巩固份额基础上的效益上升，随后增长战略重新加强和效益战略重要性退后，出现增长和效益的涨跌互现、相互推高的螺旋式发展。对于保险企业来说，最大的挑战恰恰是如何实现这种螺旋式上升，由于保险企业的主要业务都集中在短期业务上，其规模也只能代表其短期发展，不能代表其长期业务情况。因此，许多保险企业停留在一味强调规模扩张的第一阶段，出现了规模扩张的路径依赖问题。

综上可知，中国保险业前期取得巨大发展是由其内在的垄断优势所决定的，但随着市场主体的增多和竞争的激烈，其在发展中并没有处理好增长与效益的关系问题。由于监管制度和市场因素，保险业在目前的发展中难以进入实质性的存量利益调整阶段，陷入了错误的路径依赖。想推进保险企业可持续的自适应发展，必须摆脱目前无效率的“闭锁”状态。目前，我们应该适当加快保险业市场化改革进程，强化对“两个中国保险路径”的完整性认知和一致性行动，及时调整保险业发展的路径依赖，把它拉回到正确的轨道上来，以免出现积重难返的局面。

三、路径选择和路径替代

路径依赖绝不是历史决定论，只要以相关外生变量和内生变量作为替代，实施动态的制度变迁，就能退出“锁定”的低效率路径。

打破路径依赖，是推动中国保险企业可持续地自适应发展的核心，是保障中国保险业高质量发展的关键。为了打破目前的路径依赖问题，首先要确定退出“闭锁”的条件和作用机制，即进行路径替代的条件。新制度经济学家认为，在社会系统中，要退出次优的路径依赖的变迁路径，取决于形成自我强化机制的各种因素的性质，即该路径产生的递增收益是否具有可逆性和可转移性。如果收益递增的强化机制源于“规模经济”和“学习效应”，那么要发生路径替代退出“闭锁”状态的难度就很大。第一，固定成本具有专用性，很难在另一种路径中被利用，因此“沉没成本”很高；第二“学习效应”中的默认知识不具备信息传递性，因此引致的认知阻力就很大。如果收益递增的强化机制来自“协同效应”和“适应性预期”，行为主体只要加强信息交流，形成完整性认知和一致性行动，路径替代就可能发生。从目前中国保险业的发展情况来看，显然既有前者也有后者，即收益递增的强化机制源于“规模经济”“学习效应”“协同效应”“适应性预期”，因此，在退出“闭锁”的过程中，简单的监管部门干预和行业自律组织的一致性行动已经不起作用，需要采取综合性的措施，这个过程可能会很难熬。

正如布莱恩·阿瑟（Brian Arthur）所言，在复杂性视角下，“技术就如同生命体一样，技术的进化与生物进化并没什么本质差异”。中国保险业的发展同样体现出生命演进的特点，我们需要从复杂性视角来看待这个问题，中国保险的路径替代有赖于国家的顶层设计或保险价值取向，这需要国家、保险业和保险企业的协同治理。其中，关键在于对“两个中国保险路径”的完整性认知和一致性行动，基于此可以对中国保险业演进进行有效的“路径纠偏”和“重新锁定”（如图 3-2 所示）。

另外，图 3-2 中的“重新锁定”不是目的，最终目的是完成“企业再造”和“超越再造”，即中小企业、大企业都要进行“路径再造”和“再造路径”。“路径再造”意味着对原有路径的突破和重构，没有外力的推动是不可能实现的；“再造路径”需要国家、保险业和保险企业的协同治理，需要从专业化、市场化、法治化、国际化四个方面着力（如图 3-3 所示）。

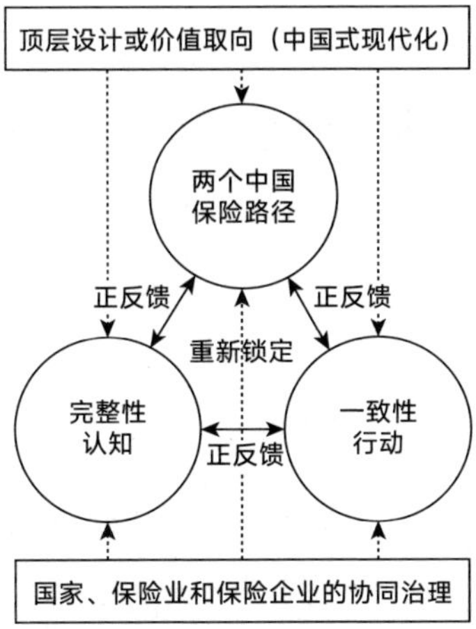

图 3-2　中国保险摆脱路径依赖的关键是“重新锁定”

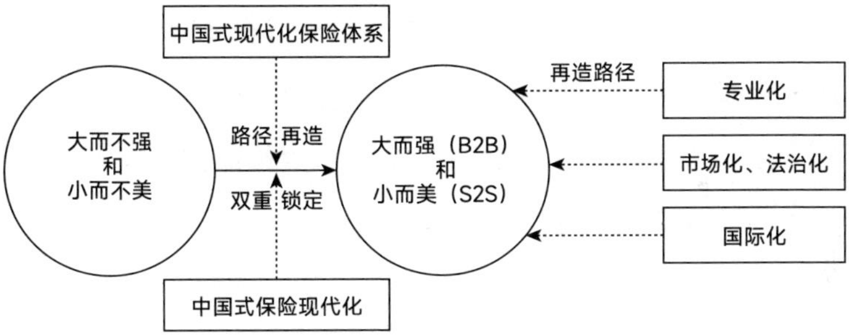

图 3-3　中国保险的路径再造和再造路径

综上所述，路径选择和路径替代是重塑中国保险微观基础的过程。历经此过程后，中小型保险企业方能“毛毛虫变蝴蝶”，进而实现“从小到伟大”；大型保险企业方能“大象起舞”，进而实现“从大到伟大”。

公司治理形同“聋子的耳朵”

一、现代保险监管体系

2011 年 1 月，中国保监会主席吴定富在全国保险监管工作会议上指出，我国现代保险监管体系初步确立，开启了科学依法有效监管的新里程。

保险监管立足国情和行业实际，在消化吸收国际经验的基础上进行再创新，在监管框架、法律法规、制度规则等方面基本建立了既符合我国实际又与国际标准趋同的监管体系。一是借鉴国际保险监管核心原则，建立了“三支柱”保险监管框架，包括公司治理结构监管、偿付能力监管和市场行为监管；二是遵循审慎监管的基本原则，构筑了风险防范的“五道防线”，包括以公司治理和内控为基础、以偿付能力监管为核心、以现场检查为重要手段、以资金运用监管为关键环节、以保险保障基金为屏障。

十多年过去了，从监管端来看，逐步形成了政府监管、行业自律、企业内控和社会监督“四位一体”的监管格局；从企业端来看，公司治理形同“聋子的耳朵”，偿付能力陷入“高杠杆陷阱”，行为监管变成“麦田里的稻草人”。为什么会变得“南辕北辙”？为什么会出现“‘两张皮’现象”？

二、保险机构的公司治理

公司治理，从广义角度上理解，是研究企业权力安排的一门科学；从狭义角度上理解，是居于企业所有权层次，研究如何授权给职业经理人并针对职业经理人履行职务行为行使监管职能的一门科学。基于经济学视角，企业有两个权：所有权和经营权，二者是分离的。企业管理是建构在企业“经营权层次”上的一门科学，讲究的就是企业所有权人向经营权人授权，经营权人在获得授权的情形下，为实现经营目标而采取一切经营手段的行为。与此相对应地，公司治理则是建构在企业“所有权层次”上的一门科学，讲究的是科学地向职业经理人授权，科学地向职业经理人进行监管。

从国际上看，早在 2005 年，国际保险监督官协会（IAIS）就把公司治理监管确立为与偿付能力监管、市场行为监管并列的保险监管“三大支柱”之一。从中国来看，2006 年中国保监会发布《关于规范保险公司治理结构的指导意见（试行）》（保监发〔2006〕2 号），这标志着公司治理监管实现了从无到有的突破，监管的操作性和指导性逐步增强。可见，公司治理对于保险机构可持续的自适应发展具有重要意义，从 2008 年国际金融危机的教训来看，战略短视、风险漏洞、制衡失效等公司治理缺陷是危机的根源之一。

保险机构作为保险市场微观主体，应通过公司治理适应市场环境的变化，以期实现自身的经营目标。公司治理的关键在于建立“三会一层”（股东大会、董事会、监事会和高级管理层）的职责分工和制衡机制，包括制度体系、激励约束机制、信息披露机制等，它们各司其职、各负其责、相互制衡、协调运转、科学有效，目的就是处理好利益相关方之间的关系（如图 3-4 所示），可谓“天下熙熙，皆为利来；天下攘攘，皆为利往”。

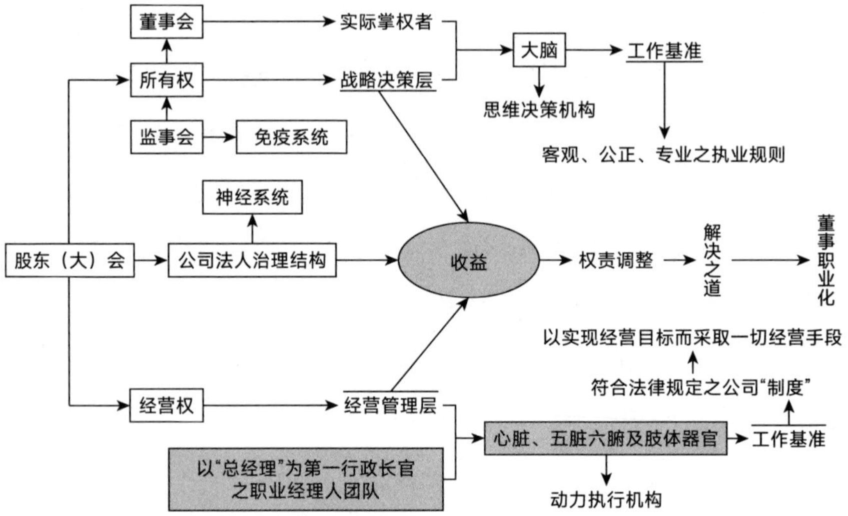

图 3-4　保险机构的公司治理体系

三、为什么保险机构的公司治理形同虚设

规范有效的公司治理是保险机构稳健发展的基石。2020 年，中国银保监会制定发布了《健全银行业保险业公司治理三年行动方案（2020—2022 年）》（银保监发〔2020〕40 号）。目前，“三年行动方案”已经结束，大股东操纵、内部人控制等突出乱象得到解决了吗？保险机构的“三会一层”真的产生作用了吗？

（一）股东大会因“股权质押”形同虚设

2024 年 6 月，金融监管总局向社会公开了第六批共 18 名重大违法违规的股东。根据通报，本次公布的股东违法违规行为主要涉及入股资金来源不符合监管规定、违规代持银行保险机构股权、隐瞒关联关系和一致行动关系、存在涉黑涉恶等犯罪行为。

除此之外，保险机构的股权质押、股权冻结等成为股权管理最难啃的“硬骨头”。股权质押，是保险机构股东通过以持有的股份为质押物获得外部资金的一种融资增信方式，一般情况下，债务人（股东）是主动的。股权冻结，是司法机关在保全、执行过程中根据债权人（第三人）的申请，采取的司法强制措施，一般情况下，债务人（股东）是被动的。

近年来，受经济下行等因素影响，一些保险机构的股东，尤其是民营股东自身陷入经营困境，融资需求迫切，其所持的保险机构股权被频繁质押，或被司法冻结甚至强制转让等。根据全国财产保险公司、人身保险公司披露的2023年偿付能力报告及企查查、天眼查等公开信息，2023年全国183家财产保险公司和人身保险公司中，有60家存在股东股权质押或冻结的情况，占比接近1/3；部分保险机构的股权质押比例超过了80%，部分保险机构的股权质押已处于需要执行阶段。

根据《银行保险机构大股东行为监管办法（试行）》（银保监发〔2021〕43号），保险机构股权质押比例超过50%的大股东不得行使表决权。什么是大股东？大股东是指符合下列条件之一的保险机构股东：一是股权比例在15%以上的股东；二是实际持有保险机构股权最多，且持股比例不低于5%的股东（含持股数量相同的股东）；三是提名董事两名以上的股东；四是保险机构董事会认为对保险机构经营管理有控制性影响的股东；五是金融监管总局或其派出机构认定的其他情形。

可见，股权质押、股权冻结不仅会对保险机构股权结构的稳定性产生较大影响，还会影响保险机构股东大会的正常运行，导致部分保险机构的股东大会形同虚设。

（二）董事会、监事会因“会议室气氛”形同虚设

董事会、监事会和高级管理层规范履职，有利于优化保险机构的公司治理结构。在实际中，个别保险机构存在董事不敢、不能、不愿履职，监事会监督功能发挥不足，高级管理层履职越位、缺位、错位等问题。

实际上，董事会、监事会和高级管理层的履职能力高低直接决定着公司治

理成败，沃伦·巴菲特（Warren Buffett）曾在 20 多家公司担任董事会成员，他将“董事会气氛”描述如下：

问责制和管理在过去的十年中逐渐消失，且被认为是无关紧要的因素……然而，有太多人近年来在办公室里表现糟糕，他们弄虚作假，尸位素餐……虽有才干但贪婪成性的经理试图把手伸进股东的口袋，董事必须提醒他们。但过度参与已成为普遍现象，却很少有人提醒。为什么聪明而体面的董事会如此无能？答案是：在我称之为“董事会会议室氛围”的情境中，当薪酬委员会通常有高薪的顾问撑腰、报告给予 CEO 大量的股票期权时，任何建议重新考虑的董事都会像在宴会上打嗝一样失礼……我不得不遗憾地补充说，我自己的行为也经常出现不足：当管理层提出可能违背股东利益的建议时，我多半选择了沉默。在这些情况下，会议战胜了独立性……近年来，薪酬委员会通常像一只跟随顾问建议摇尾乞怜的宠物狗，一种由不露面的股东们付高薪却不懂得效忠其主人的物种……这种代价高昂的恶作剧应该停止。

在股东大会、董事会、监事会不作为之时，新的特权层不再是资本所有者（股东），而是那些控制着资本并接近账簿的人，即高级管理层，包括董事长、总经理。结果就是保险机构好比路上捡的树枝，曾几何时，这些新的特权层也曾经梦想“路上捡了根木枝，走着便盛开满了桃花，变成了桃花树”。但是在没有了“约束”之后，新的特权层想的全是“能贪多少算多少，能干多久算多久”，我们已经看到一大批金融机构的董事长、总经理相继落网。

可见，在健全董事会、监事会和高级管理层的运作机制方面，紧盯人、管住事只是第一步，若要标本兼治，还得依靠制度建设，即建立规范的公司治理结构，用制度、规矩管人管事，在做到“形似”的基础上努力实现“神似”。

“三会一层”是公司治理的核心，四者间既不能缺位也不能越位，甚至还要有效补位。做到这一点，关键要落实各项监管要求，建立治理架构、制度体系只是第一步，更重要的是在各自职责边界内找到工作抓手。

偿付能力陷入“高杠杆陷阱”

一、偿付能力是什么

偿付能力是指在任何时候，保险机构履行其所有合同义务的能力，它体现了保险企业资产和负债之间的一种关系。

1988 年《巴塞尔协议》出台之后，世界各国逐步建立和完善了保险业的偿付能力监管制度体系和偿付能力评估模型。虽然所有偿付能力评估模型都以详细的方法为基础，得出最低要求资本，但是各个模型所采用的方法却大不相同（详见表 3-1）。

中国第一代偿付能力监管制度体系始建于 2003 年，《保险公司偿付能力额度及监管指标管理规定》（现已失效）主要参考了欧盟偿付能力 I 和美国偿付能力监管体系（RBC），到 2007 年基本构建起一套较为完整的体系，包括保险公司内部风险管理制度、偿付能力评估标准和报告制度、财务分析和检查制度、监管干预制度、破产救济制度五部分。

2008 年国际金融危机之后，中国保监会结合金融危机和我国保险业发展状况，开始尝试摸索中国特色偿付能力监管体系的实现路径。2012 年，中国保监会印发《中国第二代偿付能力监管制度体系建设规划》（保监发〔2012〕24 号），正式启动“偿二代”（CROSS）建设，坚持立足我国国情自主创新与研发，标志着我国偿付能力监管正式迈入开创期。

表 3-1　偿付能力评估模型的分类

静态的 / 基于会计的模型 (Static/Accounting-based Models)		动态的 / 基于现金流的模型 (Dynamic/Cash flow-based Models)	
基于简单因子的模型 Simple Factor-based	基于风险因子的模型 Risk Factor-based	基于情景的模型 Scenario-based	基于原则的模型 Principles-based
■ Solvency I ■ Australian（1973） ■ 中国第一代偿付能力监管制度体系	■ S&P ■ GDV（2002） ■ NAIC ■ Jukka Rantala ■ Basel II① ■ UK-FSA（非寿险） ■ UK-FSA（非分红保险）② ■ FTK（承保风险） ■ Canada（寿险） ■ Canada（非寿险） ■ Singapore（非寿险） ■ Singapore（寿险资产风险） ■ Australia（非寿险指定方法） ■ 中国第二代偿付能力监管制度体系（CROSS）	■ UK-FSA（分红保险 -MCR） ■ SST（资产情景） ■ FTK（金融风险） ■ NAIC（ALM 风险） ■ Canada（分离基金合同） ■ Singapore（寿险承保和利率风险） ■ Australia（寿险） ■ Canada（非寿险保单负债风险）	■ UK-FSA（分红保险 - SCR③） ■ SST（附加情景 / 非寿险）
基于规则的方法		基于规则的风险测量和基于原则的评估	基于原则的方法

注：①银行业偿付能力体制；②在 FSA 文档中，弹性要求资本（Resilience Capital Requirement）是基于情景的，但是非寿险和非分红保险实务中一般使用一个因子；③ FSA 鼓励在所有业务的 SCR 或自身资本评估（ICA）中使用该模型，但目前仅分红保险制定了一些相应原则。

回顾我国保险偿付能力监管制度的发展历程，主要包括引入期（1978 ~ 2002 年）、形成期（2003 ~ 2011 年），以及开创期（2012 年至今）三个阶段；从“偿一代”到“偿二代”，我国偿付能力监管制度几经改革，日益完善，形成稳定的“三支柱”体系（第一支柱为定量监管要求，第二支柱为定性监管要求，第三支柱为市场约束机制）。

二、偿付能力的底层逻辑：风险与资本

风险一般指收益的不确定性，因此风险和收益是相对应的。保险机构的一项主要任务就是研究保险产品的损失分布，例如在非寿险精算领域，研究如何建立损失发生数和损失严重程度的模型；在寿险精算领域，研究如何建立保单组合的损失分布。保险机构在建立起这些损失分布后，接下来的任务就是利用损失分布的特征进行费率厘定、准备金计算、资本评估以及实施风险管理，在这个过程中，风险测量方法是一个重要的实现工具。随着现代保险逻辑的发展，保险损失不再是可分散风险，这就导致基于传统的“大数法则”的保费准则（Premium Principle）风险测度方法不再适用，因此，保险业一直在探讨一些其他的风险测度方法。

总体来看，风险测度可被划分为双边风险测度和下行风险测度。标准差、平均绝对离差、扩展的平均绝对离差、基尼均差以及扩展基尼均差等均为双边风险测度，它们均以某种离差（如相对于均值的离差）的函数作为组合收益离散程度的度量。半方差、半离差、条件风险跌幅量（Conditional Drawdown-at-risk，CDaR）、在险价值（Value at Risk，VaR）、条件尾部期望（Conditional Tail Expectation，CTE）以及失真风险测度（Distortion Risk Measure，DRM）等均属于下行风险测度。

从资本管理的角度来看，保险机构主要关心损失的尾部分布，所以保险偿付能力监管中最为流行的风险测量方法是 VaR；除了标准的 VaR 测量方法外，我们还研究了条件尾部期望（CTE）、期望损失（ES）和尾部条件期望（TCE）等方法。VaR 表示的是基于某一置信水平（如 99%）损失都不会超过的门槛值（Threshold Value）；而 CTE 表示的是损失超过 VaR 门槛值的期

望值大小。图 3-5 给出了这两种方法的一个简单比较。

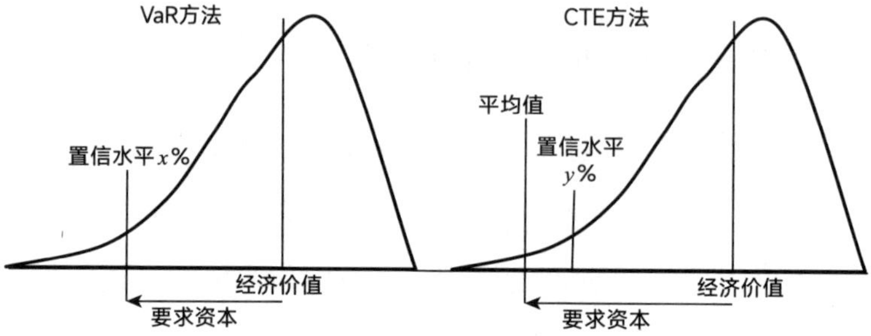

图 3-5　VaR 和 CTE 风险测量方法的比较

三、保险经营的底层逻辑：风险与收益

当前，中国保险业陷入粗放发展模式的根本原因是保险机构没有厘清“风险与收益”的关系。风险与收益是相对应的，即风险大的业务要求收益率也高，而收益率低的业务往往风险也较小，正所谓“高风险，高收益；低风险，低收益”。

从投保人角度来看，风险的度量指标主要基于损失分布，包括破产概率（Probability of Ruin）、预期投保人赤字（Expected Policyholder Deficit，EPD）；从股东角度来看，风险的度量指标主要基于收益的分布，包括资本收益率（Return Rate on Capital，RRC）的标准差或变异系数、资本下降概率（Probability of Capital Drawdown，PCD）。资本收益率涵盖了保险机构各种不确定的影响因素，是保险公司股东最关心的。

保险机构的承保业务、投资业务，都要有相应的预期收益率。一方面，保险机构通过承保业务获得保费收入，如果保费收入高于相应业务的费用及赔付支出，就会获得承保收益（或承保利润）。大部分保费收入在赔付支出之前，由保险机构持有并形成相应的责任准备金，必须进行有效投资以获得投资收益。另一方面，保险机构通过筹资活动获得的资本金也必须进行投资，以获得投资收益。根据保险机构的杠杆比率，可以根据承保收益率和投资收益率计算资本收益率。

假设承保收益率、投资收益率和资本收益率分别为R_u、R_i和R_c，资本金和责任准备金分别为C和L，则C和L构成投资资产，并有如下关系式：

$$CR_c = LR_u + (L + C)R_i \tag{3.1}$$

式（3.1）两边同除以资本金C得到

$$R_c = R_u\left(\frac{L}{C}\right) + R_i\left(1 + \frac{L}{C}\right) \tag{3.2}$$

式（3.2）表明承保业务和投资业务具有不同的杠杆比率。承保业务的杠杆比率为负债与资本之比，其中负债主要是责任准备金；投资业务的杠杆比率是投资资产与资本之比。基于式（3.2）可知，资本收益率取决于承保收益率、投资收益率和杠杆比率。其中，承保杠杆比率上限可以通过偿付能力充足率得到；承保收益率可以是特定业务承保现金流的内部收益率（IRR），也可以用承保利润与对应的责任准备金之比来替代；投资收益率则取决于金融市场的平均收益率以及特定的投资资产组合。

收益率的风险，即偏离期望值的不确定性，通常用方差、标准差或变异系数来刻画。这些指标越大，表明风险越大。承保业务和投资业务都存在一定程度的风险。假设承保收益率、投资收益率和资本收益率的标准差分别为σ_{R_u}、σ_{R_i}和σ_{R_c}，承保风险和投资风险的相关系数为ρ，则在给定杠杆比率的前提下可以得出：

$$\sigma_{R_c}^2 = \sigma_{R_u}^2\left(\frac{L}{C}\right)^2 + 2\rho\sigma_{R_u}\sigma_{R_i}\left(\frac{L}{C}\right)\left(1 + \frac{L}{C}\right) + \sigma_{R_i}^2\left(1 + \frac{L}{C}\right)^2 \tag{3.3}$$

根据风险与收益的关系，保险经营的目标是在给定风险的条件下收益最大，或在给定收益的条件下风险最小，可以表示为：

$$\max_{\text{s.t.}\sigma^2_{R_C}}\{R_c\}=\max_{\text{s.t.}\sigma^2_{R_c}=\sigma^2_{R_u}\left(\frac{L}{C}\right)^2+2\rho\sigma_{R_u}\sigma_{R_i}\left(\frac{L}{C}\right)\left(1+\frac{L}{C}\right)+\sigma^2_{R_i}\left(1+\frac{L}{C}\right)^2}\left\{R_u\left(\frac{L}{C}\right)+R_i\left(1+\frac{L}{C}\right)\right\}\quad \text{或}$$

$$\min_{\text{s.t.}R_C}\sigma^2_{R_c}=\min_{\text{s.t.}R_c=R_u\left(\frac{L}{C}\right)+R_i\left(1+\frac{L}{C}\right)}\left\{\sigma^2_{R_u}\left(\frac{L}{C}\right)^2+2\rho\sigma_{R_u}\sigma_{R_i}\left(\frac{L}{C}\right)\left(1+\frac{L}{C}\right)+\sigma^2_{R_i}\left(1+\frac{L}{C}\right)^2\right\}\quad(3.4)$$

利用拉格朗日公式（Lagrange Formula）求解可得到最优值：

$$L\left(\frac{L}{C},\lambda\right)=R_C+\lambda\left[\sigma^2_{R_c}-\sigma^2_{R_u}\left(\frac{L}{C}\right)^2-2\rho\sigma_{R_u}\sigma_{R_i}\left(\frac{L}{C}\right)\left(1+\frac{L}{C}\right)-\sigma^2_{R_i}\left(1+\frac{L}{C}\right)^2\right]\quad \text{或}$$

$$L\left(\frac{L}{C},\lambda\right)=\sigma^2_{R_c}+\lambda\left[R_c-R_u\left(\frac{L}{C}\right)-R_i\left(1+\frac{L}{C}\right)\right]\quad(3.5)$$

可知，资本收益率的三大影响因素中，杠杆比率是最易受保险机构高级管理层控制的变量。杠杆比率同时影响保险机构的收益及其风险，其选择需要考虑监管机构的规定和评级机构的要求，以及资本成本和公司破产概率等。

为此，保险经营的逻辑是根据股东的收益率要求，确定保险机构的目标资本收益率，然后合理配置资本，调整各险种业务的杠杆比率，使得各险种的边际收益率大致相等，实现利润最大化。对比较稳定的业务，可以通过提高其杠杆比率，使实际收益率上升至目标收益率，但股东承担的风险也相应增加；对于不太稳定的业务，可以降低其杠杆比率，使实际收益率下降至目标收益率，这样股东承担的风险相应降低。对于预期收益率和风险不符合保险机构总体目标的业务，可以通过再保险降低实际承担的风险程度；或者考虑收缩该险种业务的市场份额，甚至退出该险种市场。

四、偿付能力监管的失灵：资产与资本

“风险与资本”“风险与收益”的底层逻辑都没有问题，并且都可以量化。但是问题来了，为什么偿付能力监管会“失灵”？为什么从“偿一代”到“偿二代”越来越管不住风险了？为什么偿付能力监管会陷入“高杠杆陷阱”？这些问题产生的根本原因或底层逻辑是：不“管资产”如何“管资本”？

如果不把资本管理、资产经营和保险企业管理之间的内在逻辑理清楚，建立一个尊重市场经济规律和保险逻辑的体制，指望着换一个高级模型（如“偿二代”）就实现保险业风险管理体制的根本变化，想法或许过于天真和简单。

“管资本”，这是全球保险偿付能力监管的通用做法，是由“风险与资本”的关系决定的。坦率地说，单纯而狭义的资本是没法管的，也不可能管好。我们借助资产负债表来对此作出说明。资产负债表的左边，是保险企业的资产。这些资产无非是两种来源：要么是借来的（保费收入就是借来的）；要么是自己拥有的。借来的被称为负债，写在资产负债表的右上方；右下方则列明自己的本钱，称为“权益”，是保险机构出资人的本钱，即“资本”。所谓“管资本”，狭义上讲就是要把右下角的权益数字搞大，这就意味着资本满足了偿付能力监管的要求，完成了偿付能力充足率的标准。

但是，这个右下角的权益数字，是左方资产总额减去右上角负债的结果。如果左边没有管好，把战线退回到右下角，那就只能围绕这一部分来做文章。所以，以为把这个数字做大，就实现了“管资本”的目标，是不现实的，也是危险的。

首先，“管资本”的结果是无法随时检查的，而且很难保证其真实性。我们通过常规的监管手段顶多能知道账面上有多少资本，但很难进行账实的核查，因为成本太高，我们不可能每年都去进行资产清查，去看看这个账面的数字是否真实。既然无法随时掌握资本的真实信息，“管资本”有可能成为一句

空话，特别是在资产的真实价值不容易通过市场机制得到显现的时候，保险监管部门更是无法判断资本管理活动的效率，不能建立恰当的风险量化体系和有效的约束机制。

其次，即使资本核查可以得到真实的数字，在缺少市场价格机制的情况下，我们往往也无法准确地判断出账面上真实存在的资本（或资产）是不是还有价值，进而实现真正的价值管理。价值管理恰恰是“资本管理”应有的题中之义。过去的很多事例证明，一些保险企业的资产在账面上是值钱的，但实际上已经一文不值了。所以，简单地通过核算资本数字的多少和增减，而不穿透资产去考虑其实质，是无法有效实现资本管理的。

最后，资本具有动态的属性，只有借助债务杠杆（包括承保业务杠杆、投资业务杠杆），让所有资产有机地组合并运动起来，才能为保险企业创造价值。所以，“管资本”不仅是两个静态时点上可比的资本存量数字，还应该包括两个静态时点之间的资产运行情况。这就是事中管理，而不是被动的事后管理。总之，单管右下角的权益数字是无法实现偿付能力管理目标的，如果要管好资本，必须还要管到资产负债表的左方，管到保险企业的资产活动中去，避免“保险资金运用超出了监管者的视野”。当然，这种管理与传统意义上的偿付能力管理在方式上是不同的。

综上所述，偿付能力监管不应停留在“管资本”上，而是要强化“管资金”（监控保险资金运用），只有这样才能督促保险企业的“三会一层”在所谓的顶层设计上作出更大的建设性努力。笔者认为，升级后的“偿二代”之所以效率不高，根源在于顶层制度设计不够健全，即在保险资金运用监管逐步放开之后，“偿二代”没有把“管资本”和“管资产”结合起来，结果导致偿付能力陷入“高杠杆陷阱”。

从“偿一代”到“偿二代”，保险偿付能力监管逐步从“管资产”过渡到

"管资本"，一字之差貌似改革的重大进步，但其实是玩了一个文字游戏。我们已经发现"管资本"解决不了中国保险业的风险问题并最终会发现：管资本、管资产和管企业（主要管公司治理、市场行为）位于保险监管活动的同一链条上，彼此很难分割。如果不彻底打通这个从资本管理到资金运用，再到企业经营的监管链条，在不同环节之间建立起有效的监管制度和监管探针，形成保险资本、风险、资产等各要素之间的无缝衔接，仅靠升级偿付能力监管制度（如"偿二代"）是于事无补的。可以说，对于偿付能力监管来说，"管资本"离不开"管资产"，而"管资产"必然要求"管企业"，这三者是同一件事的三个层次，并不是非此即彼的关系。

问题的核心不是管什么，而是怎么管，用什么样的制度约束管好，以及公司治理监管、偿付能力监管、市场行为监管之间怎样形成有机衔接。用一句话来说就是公司治理、偿付能力和市场行为监管的核心，在于把资本管理、资产运营和企业经营之间的内在逻辑理清楚，建立起一个尊重市场经济规律和管理逻辑的监管体制，不要指望换一个"偿付能力监管模型"就可以实现保险企业风险管理、资本管理的根本变化，否则中国保险会再次陷入"高杠杆陷阱"。为此，中国保险要优化偿付能力监管，探索"去杠杆"之路，为建设中国式现代化保险体系扫除风险，以确保轻装前进。

行为监管变成“麦田里的稻草人”

一、何谓行为监管

2008 年国际金融危机以来，强化行为监管与金融消费者保护已成为各主要经济体的改革重点，各国在此方面都普遍加强了机构建设，并提升监管技术和专业化水平。行为监管与宏观审慎管理、微观审慎监管一同构成了现代金融监管改革的“三大核心”。

从国际监管改革趋势看，行为监管的作用日趋重要，它体现了“双峰”（Twin Peaks）监管理念。所谓“双峰”监管，就是将金融监管机构分成两个功能，一个维护金融体系稳定，另一个保护消费者，即“审慎监管 + 行为监管”的“双峰”。英国经济学家迈克尔·泰勒（Michael Taylor）将审慎监管的职责比作医生，主要是发现金融机构的“病因”加以救治；将行为监管的职责比作警察，主要是对机构的违规行为进行严肃问责，对违纪行为进行严肃处罚。

2012 年 12 月，英国颁布了新《金融服务法案》，规定自 2013 年 4 月起正式施行“准双峰”金融监管体制。根据该法案要求，英国撤销了金融服务管理局（FSA），并将其相关职能转移给新成立的金融政策委员会（FPC）、审慎监管局（PRA）和金融行为监管局（FCA）这三家独立机构（如图 3-6 所示）。金融政策委员会、审慎监管局负责审慎监管，金融行为监管局负责行为监管，其中审慎监管局和金融行为监管局构成了英国金融监管的“双峰”机构。值得注意的是，英国新的监管模式明确区分了宏观审慎监管与微观审慎监管，即在英格兰银行内部下设金融政策委员会来负责宏观审慎监管，设立审慎监管局作为英格兰银行的子公司来负责微观审慎监管。

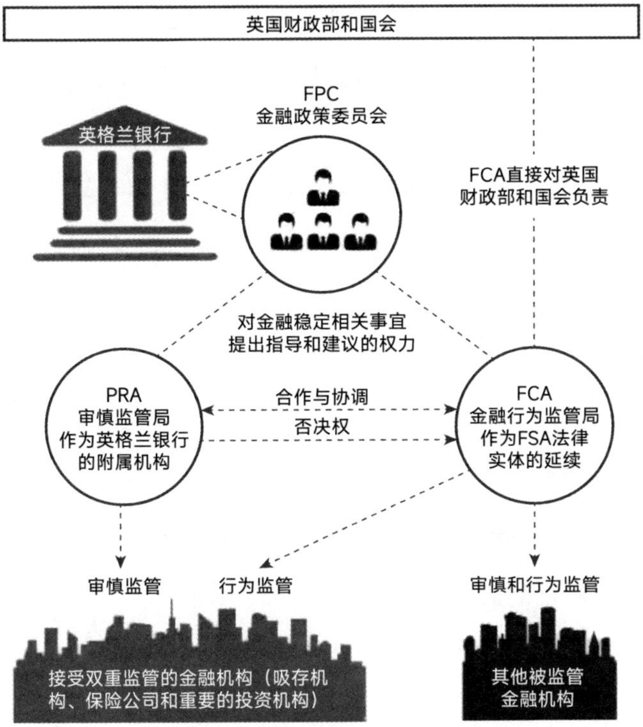

图 3-6 英国金融监管框架

2017 年第五次全国金融工作会议提出，“加强功能监管，更加重视行为监管”；2023 年中央金融工作会议提出，“全面强化机构监管、行为监管、功能监管、穿透式监管、持续监管”。行为监管，又称为市场行为监管，是指保险监管部门对保险机构的市场行为进行监督管理的一整套制度和规则，主要由市场约束和消费者保护两个方面构成。其中，市场约束包括保险机构的透明度和财务信息、公司治理以及风险管理状况等信息的披露；而消费者保护则由面向消费者的信息披露以及相关规定组成。

微观审慎监管主要关注保险机构的稳健经营，宏观审慎管理主要关注保险业的系统性风险，而行为监管则主要关注保险市场交易中的信息不对称，推动消费者保护及市场有序竞争目标的实现。保险监管部门通过制定公平的市场规则，对保险机构的经营活动及交易行为实施监督管理，包括禁止误导销售及欺诈行为、充分信息披露、个人金融信息保护、实现合同及交易公平、打击保险欺诈等。

近年来，我国部分地区保险市场秩序混乱，保险活动行为风险突出，如“报行合一”问题、消费者误导问题、保险机构内部人控制问题、保险机构资产与负债严重错配问题等。出现这些情况的主要原因是保险业致力于构建的保险监管“三支柱”与现代金融监管改革的“三大核心”的关系发生了失衡，并缺乏监管协调机制，导致行为监管难以有效开展。在保险监管实践中，既需要“医生”又需要“警察”，二者既相互独立又相互补充，从而避免监管职能在不同监管部门间重叠，并解决保险监管目标等方面的矛盾冲突，从而更好地维持保险体系的稳定。

2019 年 11 月 10 日，中国银保监会副主席周亮在第十届财新峰会上表示，监管要敢于“硬碰硬”，不当“稻草人”。2020 年 4 月 3 日，周亮在国务院联防联控机制新闻发布会上指出，中国银保监会作为金融管理部门，必须履行好监管责任，既然干了监管，就不能怕得罪人，不能当“稻草人”。12 月 28 日，中国银保监会副主席黄洪在 2020 人民财经高峰论坛上表示，金融业要持续补齐制度短板，完善风险全覆盖的监管制度框架，提高制度严密性、执行力和违法成本，坚决不让制度成为“橡皮筋”“稻草人”。这从侧面说明，保险监管在一段时间或某些领域确实变成了“稻草人”。

保险机构行为失范、保险市场无序发展、保险消费者利益受损等一系列问题，进一步说明行为监管这一监管工具已变成“麦田里的稻草人”，不仅保险企业如同看穿“稻草人”把戏的麻雀，对保险监管部门的信号置之不理，保险市场更是轻蔑地抖去了保险乱象的阴影，无所畏惧地走向“非理性繁荣”。

行为监管失效了，问题出在哪里？

二、“稻草人”的失败

从保险监管的公众利益理论来看，行为监管的目的是通过制止保险机构的违规行为，维护市场法律秩序和保险业稳健运行，最终是为了保护消费者的利益。哪里有违规行为，哪里就应出现保险监管者的身影。但根据监管经济理论，保险监管被视为一种经济产品，不但受监管成本的制约，实施也受监管资源分配的影响。实际上，违规经营依然有发生而不发觉的可能。那么，保险监管部门应如何采取措施，提高行为监管效果，最大限度地遏制市场违规行为呢？我们需要用博弈论的观点来进行讨论。

基于博弈论来分析行为监管，可以清楚地了解保险监管者和保险企业在面对监管时的策略选择，从而得到保险监管部门提高保险监管效率的措施，包括：探索有效途径以节约监督成本；加强保险监管人员的有效监督；通过加大合规经营收益与违规经营成本之间的差额来约束保险企业。通过上述措施来进一步规范和管理保险市场，我国保险业能够合理有序地快速发展。这是理论意义上的改进措施，不一定会起作用，我们还是需要考虑“稻草人”失败的根本原因。

“稻草人”的失败在于未能改变麻雀的预期，基于同样的道理，行为监管措施的制定与执行也应该着眼于保险企业及保险市场的预期。可见，加强行为监管，治理保险乱象，关键要扎牢监管制度篱笆，让“监管之手”更有力。

2023 年金融监管总局组建后，保险系统聚焦补齐制度短板、消除监管空白和盲区，不断扎紧制度“铁篱笆”，《国家金融监督管理总局行政处罚裁量权实施办法》《银行保险机构操作风险管理办法》《银行保险机构涉刑案件风险防控管理办法》等涉及保险机构行为监管的制度密集出台，连同前期出台的《中国银保监会现场检查办法（试行）》《保险公司非现场监管暂行办法》《保险销售行为管理办法》《银行保险机构大股东行为监管办法（试行）》等，逐步织密保险行为监管的“钢丝网”。

风物长宜放眼量。在风雨飘摇的不确定性中，中国保险企业处于破立、竞合、涨落、进退的十字路口，唯有拨开迷雾寻找光明，方能在“两个中国保险路径”中作出抉择，才有机会走进“觉醒年代”。

进化是保险企业最大的生存法则

一、保险企业生存环境

为什么要谈公司治理监管、偿付能力监管、市场行为监管？不是因为“长牙带刺”会成为新常态，而是因为这些现象不符合现代保险监管体系的要求，更是因为保险企业的生存环境已经发生了变化。

2024 年 6 月 27 日，中共中央政治局召开会议研究了进一步全面深化改革、推进中国式现代化问题，并决定将《中共中央关于进一步全面深化改革、推进中国式现代化的决定》提交二十届三中全会审议。7 月 18 日，党的二十届三中全会审议通过了《中共中央关于进一步全面深化改革、推进中国式现代化的决定》，提出“到二〇三五年，全面建成高水平社会主义市场经济体制，中国特色社会主义制度更加完善，基本实现国家治理体系和治理能力现代化，基本实现社会主义现代化，为到本世纪中叶全面建成社会主义现代化强国奠定坚实基础”。

“到二〇三五年，全面建成高水平社会主义市场经济体制”，这说明中国保险模式将结束“受限市场模式”，重新回归“准市场模式”，并在 2035 年前建立中国保险的“市场优化模式”。这是中国保险最大的环境变化，意味着保险企业从政策“襁褓”走向市场化，从“温室”到“野外”，正式迎来自己的时代。

比如中国寿险业在保险监管窗口的指导下，自 2023 年 8 月 1 日起，普通型人身险产品的预定利率从 3.5% 下调至 3.0%，分红险预定利率上限从 3% 降至 2.5%，万能险最低保证利率的上限从 3% 降至 2%。2024 年，在低利率环境下，中国寿险业希望监管部门通过“监管之手”进一步降低预定利率，显然这让保险企业失望了。为什么？中国保险要建立现代市场保险体系、市场化保险体制，就要收起“看得见的手”，更多地利用“看不见的手”。

可见，时代变革的“大刀”已砍向保险，中国保险也从政策导向转为市场导向，保险“监管之手”作用将会越来越小。

二、保险企业需要进化

自查尔斯·达尔文（Charles Darwin）1859 年发表《物种起源》165 年来，进化论在不断地进化，被新的科学数据验证，被新的理论充实、完善。同样，我们需要思考“进化的力量”，需要思考“天择”背后的复杂逻辑，以此来寻找做对选择的商业“达尔文雀”。

近年来，总有一些新的保险现象出现：一些保险企业“改名换姓”；一些保险企业“改旗易帜”；一些保险企业“活着已死去”；一些保险人物退出历史舞台……这些都是“物竞天择”的结果，背后却是保险“进化的力量”。

彼得·德鲁克曾说：“动荡时代最大的危险不是动荡本身，而是延续过去的逻辑做事。”当前保险企业最大的风险不是保险市场变革本身，而是延续过去的保险逻辑、保险路径。另外，“决定你是谁的，不是你的天赋，而是你的选择”，我们需要从保险企业成长的底层逻辑出发，用一种动态的长期主义思维去看企业成长。根据企业内部要素和外部要素的不同，保险企业可划分为四类（如图 3-7 所示）。

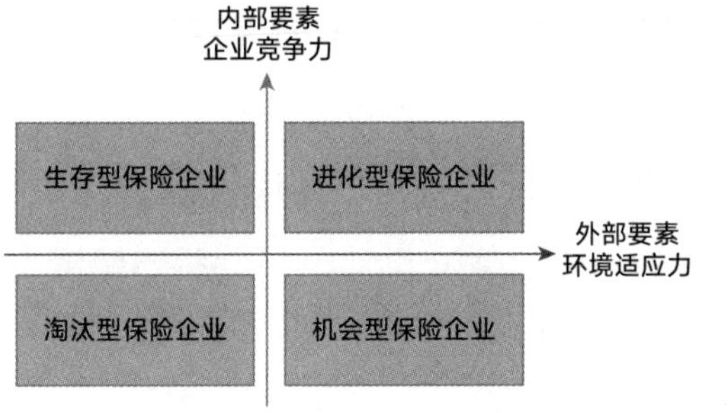

图 3-7　中国保险企业类型

由图 3-7 可以看出，进化型保险企业，既可以不断地培育企业核心竞争力，又能适应外部环境的变化；生存型保险企业，注重培育企业核心竞争力，但对保险环境的变化不敏感；机会型保险企业，能紧跟保险环境的变化，但不注重企业核心竞争力的培育；淘汰型保险企业，既看不到保险环境的变化，又不注重企业核心竞争力的培育。

进化型保险企业可以实现“基业长青”，可以赢得变革红利；生存型保险企业光“埋头拉车”，不“抬头看路”，可能会因判断失误而葬身大海；机会型保险企业可能会因“力所不能及”而错失机会；淘汰型保险企业终究会被淘汰，只是时间问题。在过去保险市场存在大量红利的时代，各种类型的保险企业都有生存空间，但在当今这个时代，只有进化型保险企业才能看见未来，并拥有未来。

保险企业要成为进化型企业，首先需要进化企业生存法则。正如《读懂未来中国保险》一书指出，中国保险从“小绵羊时代”走向“大象时代”，其生存法则也需要随之变化，需要发挥融合信心、公平、腐败和欺诈、货币幻觉、故事等元素的“动物精神”。基于“动物精神”和企业进化论，进化型保险企业的关键是实现可持续的自适应发展（SAD），需要进行再生自适应设计（Regenerative-Adaptive Design，RAD）。

保险企业的再生自适应设计，即基于利益一致（Unity of Interests）、自适应（Self-adaptive）和长期主义（Long-termism）等原则，以一种整体的、综合的、融洽的方法来设计和规划保险路径，重新建立保险企业与保险业的整体性，并考虑不断变化的环境所引起的保险企业周期性波动和系统脆弱性。可见，保险企业的再生自适应设计，其背后的理论支撑是金融脆弱理论、金融周期理论等，目的是通过“再定位、再规划、再出发”来实现保险企业的再造并超越再造。

超级不确定性时代，不确定性可以自我进化，人们在解决不确定性的过程中，不确定性很可能不是减缓而是加剧……保险业何以解忧？唯有自我进化！正如德国哲学家马克斯·舍勒所说，“不适者生存，适者灭亡。”适者，通常是那些故步自封，不愿意接受新鲜事物和改变的人。唯有不适者（自我进化），才会为了生存而战。超级不确定性时代，自我进化者胜！

互联网是转型利器而非神器

一、互联网之于保险企业

互联网是保险企业发展的新引擎，更是保险企业竞争的新高地。过去十多年间，互联网之于保险企业更多是形式上的“体验”与“交流”，从另一层面看，它还承担着“看见”与“相信”的使命——它正让越来越多人，看见保险的魅力所在，相信未来保险的美好所在。面对一浪赶一浪的新技术革命，保险企业如何因势而谋、应势而动、顺势而为？

互联网的出现既没有改变商业的本质，也没有改写经济的规律，如同蒸汽机、电力和电脑一样，互联网不过是工业革命以来层出不穷的新技术中的一项，保险要充分利用这项技术进行商业模式和管理方法的创新，而不能本末倒置地盲目相信“互联网思维”的神话。

互联网自诞生以来，日益成为影响和改变社会、经济、文化等领域一种重要的活跃力量，保险业对互联网技术的应用也处在不断地体验和探索之中。与各种体验和探索相对应的是，我们对互联网保险的认识也在不断地变化和深化。笔者在《互联网保险：框架与实践》一书中指出，我们关于互联网保险的认知经历了多次迭代：互联网保险业务（Online Insurance）、互联网保险（Internet Insurance）和保险互联网（Internet of Insurance，InsurNet）。

保险互联网，是指在新一代数字科技和智能科技的支撑和引领下，以数据为关键要素，以价值释放为核心，以数据赋能为主线，对保险产业链上下游的全要素进行数字化升级、数据化转型和智能化再造的过程。

互联网与保险相结合的“保险互联网”，是未来金融网（Internet of Finance，FinNet）的一部分，可称为新保险或未来保险，它不仅是传统保险的一次技术升级，更是一种新的参与形式。在参与过程中，我们需要更关注交易结构、交易协议内容的变化，以及保险权力契约结构的改变，而不应只局限于交易技术的升级。

保险互联网不是简单的“互联网技术的保险”，而应是“基于互联网思想的保险”。更长远一点来说，从行为主体和参与形式的角度来理解，甚至以保险权力去中心化的角度来思考和前瞻，保险互联网将具有更丰富的内涵，能展现出更多的普惠保险、民主保险意义，远远超过技术层面。当前，互联网保险业务已经完成了向互联网保险的升级，但是向保险互联网的变迁还处于概念阶段。

二、互联网之光

互联网被人们称为“第五空间”，也常被视作“最大变量”。当前，中国拥有全球规模最大的数字社会，网民规模已超 11 亿人。关于互联网这个“最大变量”，首先是数字社会的到来，其次是网络安全的挑战，最后是化“变量”为“增量”，从“最大变量”变成“最大增量”。

可见，保险业应用互联网的潜力很大，关键看怎么去做，能不能找到一套行之有效的方法，降低信息获取和分析的成本，以较低的成本判断被保险人的风险状况，控制承保质量，为投保人和保险人双方创造价值。互联网不可能改写保险的规律，但可以提高保险的效率。为此，保险业需要思考互联网保险的研究态（认知—假说—理论）、科技派（科技—知识—文明）、数据观（引爆点—连接线—智能面）、未来体（陷阱—突围—思考），并基于此探索互联网保险新风口、洞悉互联网保险新风向、鉴观互联网保险新风色、掀起互联网保险新风暴，进而借助这股新风势推动互联网保险迈向保险互联网。

保险互联网是基于互联网技术和生态，对保险产业链和内部价值链进行重塑和改造，从而形成的保险互联网生态和形态。保险互联网是一种新的经济形态，利用信息技术与互联网平台，充分发挥互联网在保险要素配置中的优化和集成作用，实现互联网与传统保险深度融合，将互联网的创新应用成果嵌入保险的各个环节，最终提升保险的韧性。

相较于互联网保险，保险互联网的特征更体现在其所具备的保险洞察、资源整合、生态赋能、技术实现和运营管理等核心能力上。

（1）保险洞察能力。保险互联网的关键是对保险和互联网的深层理解，包括对保险产业链上下游的痛点、价值诉求、利益诉求、运作规则的理解，从而可以有效地选择切入点。

（2）资源整合能力。资源整合能力是保险互联网优于互联网保险的关键，互联网产业中的龙头企业发展保险互联网更容易成功，因为其在互联网产业中的地位使其有更好的资源掌控和整合能力。

（3）生态赋能能力。保险互联网要为所有参与主体赋能，其核心就是让参与主体在这个生态上获得能力提升；而赋能的基础是保险大数据的沉淀、保险相关知识库的积累、保险价值链流程的优化再造、保险人才的培养等。

（4）技术实现能力。保险互联网的落地有赖于互联网技术的真正落地，怎么把互联网与保险进行深度融合，是保险互联网的核心。

（5）运营管理能力。保险互联网实现了互联网与保险的深度融合，会以更低的成本、更高的效率和更优的保障落实到保险产业链的各个环节中，包括产品品质保证、产品销售便捷、客户服务体验等。对于保险企业来说，关键是如何利用互联网降低运营成本，开发新的保险产品和服务。

综上所述，保险互联网的主要作用是如何利用互联网来创造价值，而不再是做多少互联网保险业务。互联网成为保险企业转型的工具，而不是“神器”。当前，我们正处在科学技术成为第一生产力、科学思想成为重要的精神力量以及高技术产业在世界范围兴起的时代。网络正在把个人、组织、地域、国家和世界连成一体，机器的智能化、生物化和人性化使人和机器实现融合，地球的可持续发展要求人与自然、人与人的关系由“物竞天择”向“天人合一”“协同进化”转化。而在这变动频繁、快速演化的环境中，保险业的挑战和机遇是并存的。

从互联网保险业务到互联网保险，再到保险互联网，这取决于我们对互联网的最终认知。无论是否做足了准备，保险互联网的时代已经到来，其背后的核心思想和基本逻辑正悄无声息地改变着保险业，保险企业必须面向互联网进行转型。

互联网之“光”，是一道什么“光”？正如莎士比亚所言，“一千个人眼中有一千个哈姆雷特”，同样地，一千个人眼中有一千个互联网保险，但属于当前时间线的互联网保险的未来只有一个——保险互联网。从互联网保险走向保险互联网，这是一座陌生的迷雾森林，没有人是土生土长的向导。众人都试图极目远眺，寻找穹顶的北极星，并确定前进的方向。

数字化是转型方向而非工具

一、数字化之于保险企业

“互联网之光”照亮数字未来。1994 年 4 月 20 日，中国实现了与互联网的全功能连接，5 月 15 日推出中国第一套网页，开始融入全球数字经济发展浪潮。2000 ~ 2002 年，互联网泡沫在美国破灭，给欧美互联网行业造成沉重打击。与此同时，中国互联网企业兴起，经过 20 多年的努力，中国在数字经济领域成功赶超部分先发国家，成为规模位居全球第二的数字经济领先国家（如图 3-8 所示）。中国的数字经济发展大致经历了技术孕育阶段（1994 ~ 2004 年）、爆发增长阶段（2005 ~ 2015 年），当前正处于深化应用、规范发展、普惠共享的融合协同阶段（2016 年至今）。

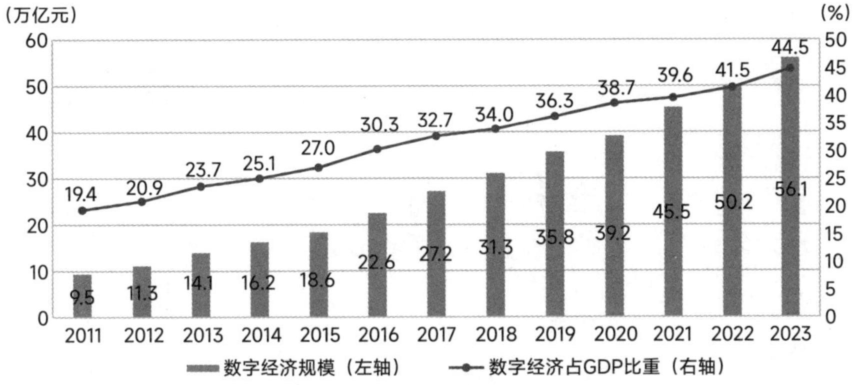

图 3-8　中国数字经济的发展

2016 年，在中国主导下，二十国集团（G20）首次通过《G20 数字经济发展与合作倡议》，明确了数字经济的内涵，提出合作中的一些共识、原则和关键领域，明确数字经济具有高创新性、强渗透性、广覆盖性，是继农业经济、工业经济之后的主要经济形态。中国提出，数据要素是数字经济深化发展的核心引擎，强调构建数据基础制度以更好地发挥数据要素作用。党的二十大报告指出："加快发展数字经济，促进数字经济和实体经济深度融合，打造具有国际竞争力的数字产业集群。"政府积极探索数字经济治理体系建设，密集出台相关法律法规，对数字经济发展作出专项规划。2021 年国务院印发《"十四五"数字经济发展规划》（国发〔2021〕29 号），从顶层设计上明确了我国数字经济发展的总体思路、发展目标、重点任务和重大举措；2022 年中国银保监会办公厅发布《关于银行业保险业数字化转型的指导意见》（银保监办发〔2022〕2 号），要求银行保险机构加强顶层设计和统筹规划，科学制定数字化转型战略。

根据中国信通院发布的《中国数字经济发展白皮书（2020）》，数字经济可以分为四部分：数字产业化、产业数字化、数据价值化、数字化治理，即数字经济"四化"框架（如图 3-9 所示）。

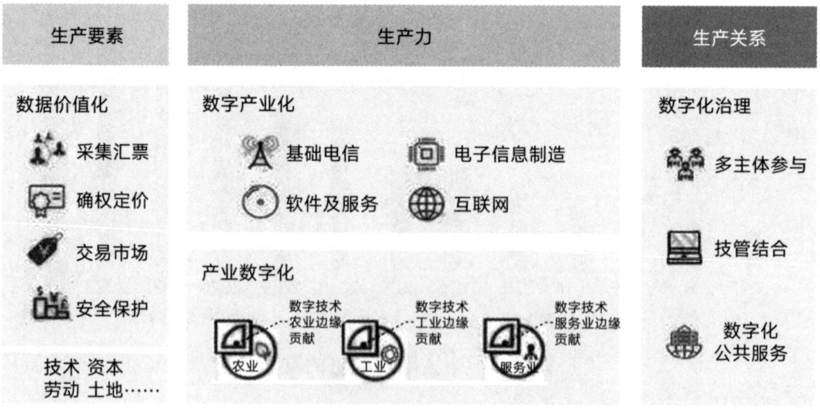

图 3-9　中国数字经济"四化"框架

2023 年，我国数字经济规模达到 56.1 万亿元，占 GDP 的比重为 44.5%。其中，数字产业化规模为 12.0 万亿元，占比为 21.4%；产业数字化规模为 44.1 万亿元，占比为 78.6%（如图 3-10 所示）。

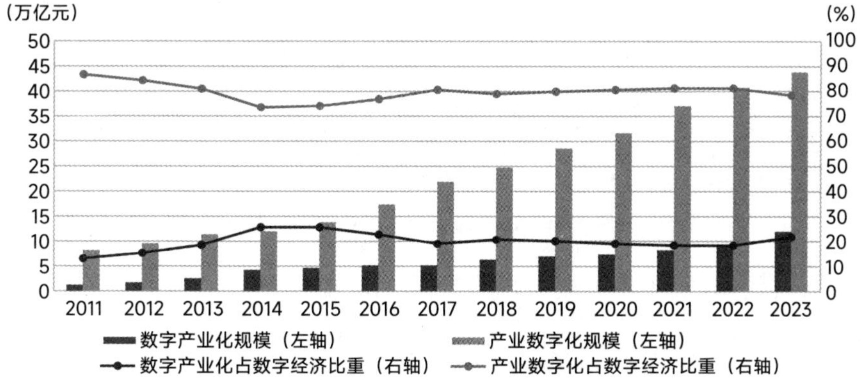

图 3-10　中国数字经济的构成情况

根据中国数字经济“四化”框架，数字保险可分数字产业保险（Digital Industry Insurance，DII）和数字生活保险（Digital Life Insurance，DLI），其中数字产业保险又可分为数字产业化保险（Digital Industrialization Insurance，DII-D）和产业数字化保险（Industrial Digitization Insurance，DII-I），数字生活保险类似于与数字生活生态相关的互联网保险。数字产业保险既包括传统财产保险，也包括新兴风险保险，如网络安全保险、数据资产保险等；数字生活保险包括财产损失保险和侵权责任保险，主要是互联网财产保险，未来其将发展为元宇宙保险（Metaverse Insurance）。

基于 2011 ~ 2023 年中国数字经济占 GDP 的变化情况及数字产业化和产业数字化规模的变动数据，笔者测算了 2011 ~ 2023 年数字产业保险的规模变动情况（如图 3-11 所示）。可见，2023 年数字产业保险规模预计为 7000 亿元，其中数字产业化保险预计为 1500 亿元，产业数字化保险预计为 5500 亿元。

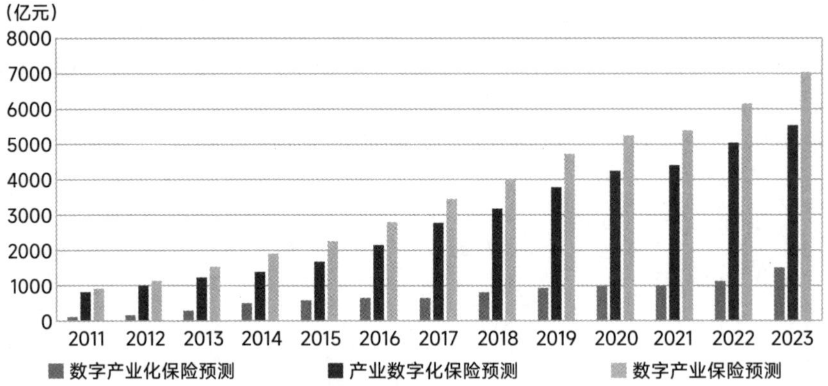

图 3-11　中国数字产业保险规模预测

另外，根据众安保险年报披露的数据，2022 年，与数字生活生态相关的保险总保费为 88.7 亿元，占比为 37.5%；2023 年，与数字生活生态相关的保险总保费为 125.6 亿元，占比为 42.6%。基于 2011 ~ 2023 年数字经济 GDP 占比的变化及众安保险近年来的财务数据，笔者测算了 2011 ~ 2023 年数字生活保险的规模变动情况（如图 3-12 所示）；其中，2023 年数字生活保险规模预计为 460 亿元。

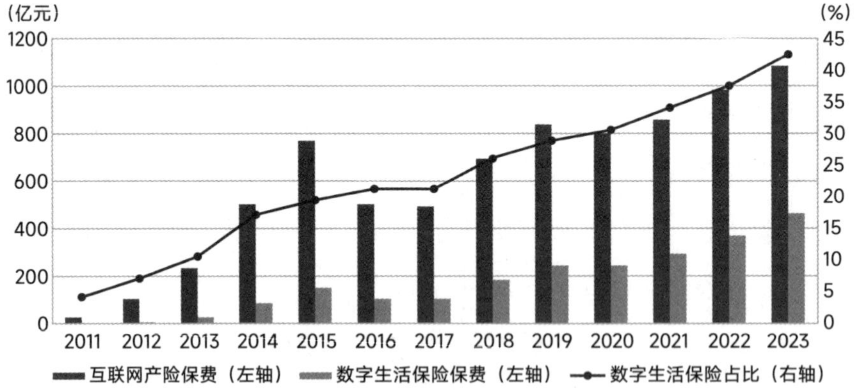

图 3-12　中国数字生活保险规模预测

基于图 3-11 和图 3-12 的预测结果，可得出 2011 ~ 2023 年数字保险的规模变动情况（如图 3-13 所示），其中，2023 年数字保险规模预计为 7460 亿元，约占 2023 年财产保险业保费规模的 47.4%。

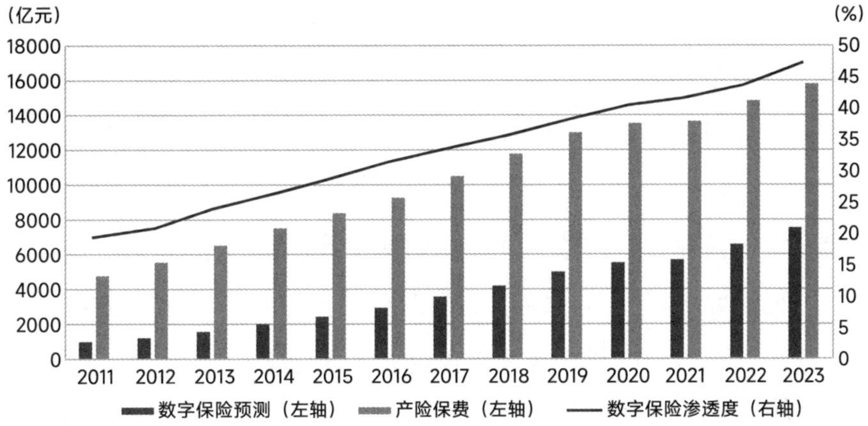

图 3-13　中国数字保险规模及渗透度预测

由此可见，随着互联网、大数据、云计算、人工智能、区块链等新兴技术应用于保险领域，我国保险业迈入全新的数字化时代，保险服务经济社会的广度得以拓宽、深度得以提升。从理论维度来看，数字经济发展有助于发挥资源配置效应和创新效应，推动保险业高质量可持续发展；从实践维度来看，数字经济发展通过提升传统保险业务服务经济社会的能力，为推动保险业高质量可持续发展创造了客观现实条件。未来我国保险业应积极深入推进保险业数字化发展，为推动保险业可持续的自适应发展提供重要动能。

二、数字化之路

数字经济是全球经济和中国经济发展的重要动力源泉，正成为拓展经济场景、加速经济增长的核心赛道。在数字经济的催化下，新业态、新模式和新产业层出不穷，为保险业发展提供了新空间，注入了新动能。我国保险业正处于从高速增长转向高质量发展的阶段，是转换增长动能、优化产业结构、转变增长方式的关键期。我国保险业发展面临着新的问题与挑战，站在数字经济时代与我国加快转变保险增长方式、推动保险高质量发展的历史交汇期，“如何理顺保险发展内在逻辑和把握保险增长关键抓手”是我国在保险发展新时期的必答题。为此，我们需要按照“提出问题—剖析问题—机制分析—模型构建—解决问题—提出建议”的路径展开研究，研究数字经济背景下保险业发展路径转型问题。

数字经济的浪潮已经来临，显然我国保险业还没有做好充足准备。为此，保险业一方面需要积极拥抱数字经济的发展，另一方面需要积极进行数字化变革，即基于“资本市场机制 + 产业整合效率”建立数字保险产业主导权（如图 3-14 所示）。

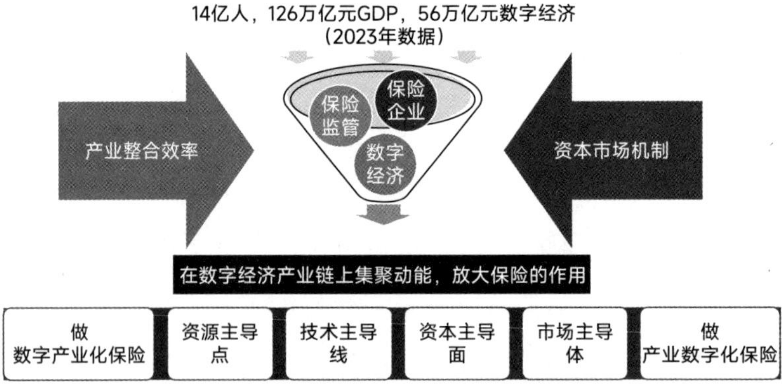

图 3-14 数字保险产业主导权的构建路径

数字保险产业主导权的内涵可从以下三个层面去理解：从宏观层面来看，数字保险产业主导权是指一国保险业对本国数字保险产业发展具有自由的产业规制能力、对世界数字保险规则的制定与执行具有话语权；从中观层面来看，一国数字保险产业（如数字产业化保险、产业数字化保险）具有免受外来干扰威胁、保持可持续发展的能力；从微观层面来看，数字保险产业内的相关保险企业能凭借其对产业高级要素（技术、人才、品牌、渠道、组织等）的掌控来控制数字保险产业链的顶端并取得所属价值网的领导地位。

通过对数字保险产业主导权的掌控，保险业能更有效地优化我国数字保险的产业结构，引导保险企业良好的市场行为，保障数字保险业的独立与安全，不断促进数字保险业的发展；扩大我国保险产品在全球范围内的定价权和市场份额，控制世界范围内数字保险产业的规则变化，保持其在数字保险产业内的可持续竞争力。

为此，保险业要建立数字保险产业主导权。第一，保险企业要大力推进业务经营管理数字化转型，积极发展数字保险，推进保险服务数字化转型，加强保险市场业务的数字化建设，全面深入推进数字化场景运营体系建设，构建安全高效、合作共赢的保险服务生态，强化数字化风控能力建设；第二，保险企业要从健全数据治理体系、增强数据管理能力、加强数据质量控制、提高数据应用能力四个方面提升数据治理与应用能力；第三，保险企业要加强自身科技能力建设，加大数据中心基础设施弹性供给，提高科技架构支撑能力，推动科技管理敏捷转型，提高新技术应用和自主可控能力。

数字经济是必由之路，是打开新经济、新保险的钥匙，数字保险将会何去何从，我们拭目以待。风好正是扬帆时，站在新的时点上，中国保险业数字化转型正在深入推进，一幅中国数字保险建设的宏伟画卷正徐徐展开。

保险企业陷入了“叙事陷阱”

一、叙事陷阱

你会讲故事吗？你相信故事吗？故事的强大力量可能超出了我们的想象。尤瓦尔·赫拉利（Yuval Harari）在《人类简史：从动物到上帝》一书中指出，虚构故事可以让人类“一起”想象，从而集结人力、灵活合作实现前所未有的进步，也正是这种能力——创造并且相信“虚构的故事”，使人类最终成为地球的主宰。故事的好处显而易见，它可以简化问题、创造吸引力、凝聚共识、鼓舞人心，用一种更易于感知和理解的方式，使人们理解复杂的问题，接受崇高的思想。但我们也要警惕，故事里可能蕴含着陷阱。

罗伯特·席勒（Robert Shiller）在《叙事经济学》一书中写道，“故事，是承载意义最有力量的载体……有些故事可以像病毒一样传播，这些故事就是‘叙事’。叙事通过影响人类行为，进而影响经济生活的方方面面”。在席勒看来，叙事等于事实加上主观反应，因而叙事对于真实世界的认识绝非完全基于客观事实，同样也基于这些叙述产生的复杂的心理反应。如果某个叙事基于叙事者对客观事实的扭曲或者出于某些偏狭甚至邪恶的动机，开始像病毒一样传播（“观点病毒”），进而成为经济社会在某一特定时期占主导地位的公共信念，对人们心理和行为产生负面影响，给经济社会和人们的生活带来实质性伤害，这就构成了“叙事陷阱”（Narrative Traps）。

叙事陷阱，是一种由讲述者围绕特定目标、特定目的（通常是希望听者自发认同其某一标准），来定义并输出的靶向性叙述。人类历史上充斥着这样的“叙事陷阱”。17 世纪的荷兰郁金香泡沫、20 世纪 90 年代的日本房地产泡沫、21 世纪初的互联网泡沫等都源于形形色色的“叙事陷阱”所带来的大大小小的反智主义思潮以及接踵而至的非理性狂热。过去 20 多年，中国保险企业，特别是民营保险企业，基本都陷入了形形色色的“叙事陷阱”，梦想着成就保险帝国。

当前，中国保险还没有从“叙事陷阱”走出就又陷入了“宏观叙事陷阱”。如今，自上而下只注重对保险企业群体的建构而忽略了对保险企业个体的关注，过度强调保险企业的共性而忽略了保险企业的个性。

如何对抗“叙事陷阱”？如何对抗“宏观叙事陷阱”？“咬定青山不放松，立根原在破岩中。千磨万击还坚劲，任尔东西南北风。”战略定力是最强有力的武器，战略定力[①]包含两个层面的含义：一是战略构建能力，这要求保险企业具有整体观、大局观，善于把握保险发展总体趋势和方向，能够制定具有决定性意义的战略规划；二是战略执行定力，“敌军围困万千重，我自岿然不动”，这需要坚定、稳重、执着的力量，坚持长期主义的使命和梦想以及公司的价值取向，不随波逐流、患得患失、摇摆不定。战略定力并不意味着一成不变，而是要在战略坚定的基础上，可进可退，可快可慢。常言道，“进可攻，退可守，方能立于不败之地。”

如何对抗“叙事陷阱”？如何对抗“宏观叙事陷阱”？关键是不要落入“叙事陷阱”，在当前“小作文”泛滥的时代，中国保险要特别关注两个问题：一是经济下行中的保险“长期主义”；二是金融落潮下的保险“务实”。

---

① 战略定力，是指在错综复杂形势下为实现战略意图和战略目标所具有的战略自信、意志和毅力。

二、经济下行中的保险“长期主义”

全球经济下行时期，对于保险业最难的事情是什么？一是资产配置，二是资本管理，二者是相辅相成的关系。从资金来源（保费收入伴随资本需求）到资金运用，再到资产配置，最后回归资本管理，这些构成了保险经营逻辑，可见良好的资本管理和资产配置能力是保险机构的核心竞争力。

“一个成功的投资者，85% 归功于正确的资产配置，10% 来自选择投资目标的功力，5% 必须靠上天的保佑。”诺贝尔经济学奖得主威廉·夏普（William Sharpe）的这句话道出了资产配置的重要性。综观全球市场，金融环境波动、经济增速减缓、利率长期下行……种种不确定性搅动着投资者的情绪，也带来了资产配置逻辑的变化，唯有用长期主义，方能对抗不确定性。在此逻辑下，资产配置要遵循三大原则：资产选择、分散投资和长期主义。

资产配置逻辑和原则的变化，保险业要调动资本力量，就要强调长期主义，目的是要寻找耐心资本。耐心资本，也就是长期投资资本，泛指对风险有较高承受力且对资本回报有着较长期限展望的资金。耐心资本具备三个特征：首先，要坚持长期投资；其次，要坚持价值投资；最后，要坚持责任投资。从目前资本市场状况来看，保险资金好像具备耐心资本的所有特征。保险业同样需要“耐心资本”，或者说更需要“耐心资本”。2021 年，中国银保监会发布《银行保险机构大股东行为监管办法（试行）》（银保监发〔2021〕43 号），目的就是为保险企业寻找耐心资本。

“种长期主义的因，越经济下行的谷”，未雨绸缪，我们要坚持长期主义，要对中国经济和中国保险的未来有所期待并充满信心。万里山川日月新，毅行大道天地阔。

三、金融落潮下的保险“务实”

金融市场也有潮起潮落。在当前经济下行压力较大的环境下，金融市场表面看来风平浪静，但各种金融潜在风险却暗流涌动，一旦处理失当，就会汇成一股巨流，产生所谓的金融“潮汐效应”，保险业需要高度警惕这种可能的市场效应。

事实上，金融“潮汐效应”及其危害，我们在2008年美国由次贷危机转化为金融危机的过程中就已充分领略。经济上行或“涨潮”时，证券化、信用衍生产品等金融创新工具层出不穷，保险资金运用也可以产生巨额收益。然而，当经济下行或“落潮”及金融政策逆转时，就会使风险从房地产市场、实体经济迅速传导到保险机构，并且通过不同参与主体间的分散和转移，打破保险业与金融市场的传统界限，导致整个保险体系混乱，进而引发系统性金融风险。

另外，金融“潮汐效应”还可能会引发资产负债表衰退。2023年6月，野村证券研究所（Nomura Research Institute）首席经济学家辜朝明（Richard Koo）在东吴证券香港策略研究会上用资产负债表衰退理论解释日本“失去的三十年”，并认为中国面临资产负债表衰退风险。一石激起千层浪，资产负债表衰退理论再度成为国内研究热点。

资产负债表衰退是指在资产价格泡沫暴跌后，私人部门因资产负债表受损而抑制消费和投资，并加速偿债，进而导致国民经济陷入持久衰退（如图3-15所示）。相较于一般经济周期波动，资产负债表衰退影响范围更广、破坏程度更大、持续时间更长。

1929～1933年的美国大萧条与20世纪90年代的日本经济衰退均为资产负债表衰退的典型案例。大萧条期间，美国GDP总量比危机前缩减了近1/3，投资规模更是下降了 90%[①]。日本则在泡沫经济破灭后陷入"失去的三十年"。

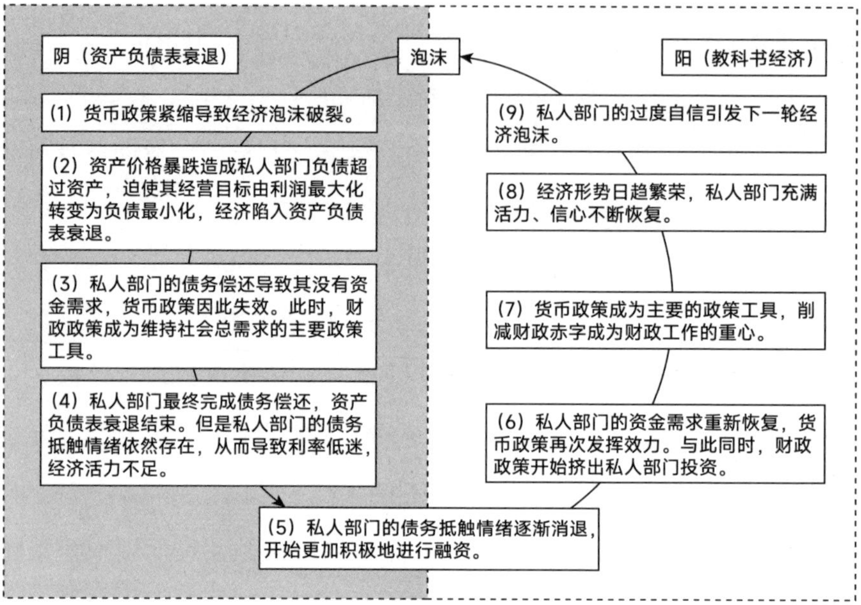

图 3-15　资产负债表衰退过程

资料来源：Richard C. Koo，*The Escape from Balance Sheet Recession and the QE Trap*。

总而言之，全球金融市场的"洋流"规律已经变得紊乱，想重寻一张清晰的"潮汐表"并不容易。中国保险发展到今天，想重寻全球金融市场的"潮汐表"，不靠"务实"是没有出路的，"务实"比以往任何时候都更为紧迫。近期各方面的指标都清楚地表明，中国保险正在滑入衰退时期。历经多年的高速增长后，保险业内部所积累的质量性问题、结构性问题已经捂不住了，一定会以某种方式表现出来，宏观层面上表现为保险增长速度放缓；微观层面上，则是保险企业经营越来越困难。

历经风雨洗礼，穿过岁月波涛，还是巴鲁赫·斯宾诺莎（Baruch Spinoza）

---

① 张明，刘展廷 . 资产负债表衰退：理论脉络、日本经验与中国挑战 [J]. 经济社会体制比较，2024（3）：99-106.

的那句话：认识到了这个世界的必然性，就不会再为此受苦。“天不言而四时行，地不语而百物生。”中国保险业在全球经济下行大势面前是渺小的，在金融落潮的周期规律面前也是渺小的。既然如此，倒不如把握现在，“务实”地活着。

压死骆驼的最后一根稻草

一、保险企业的今天不是偶然的

中国金融业从来都不缺话题。自 2016 年新一轮金融大整顿开始，对金融业的声讨和修理日盛一日。除此之外，保险还被打上了“万能型”标签，承受了“不能承受之重”。

阿拉伯寓言中有一则《压死骆驼的最后一根稻草》的故事，故事的大致内容如下：

一个主人有一匹老骆驼，它一天到晚任劳任怨地干活，有一次，主人想看看这个老骆驼到底还能拉多少货物，于是不断地加、不断地加，但是老骆驼依然没有倒下，最后主人想，是不是已经到了极限呢？于是轻轻地投了一根稻草在它背上，没想到就是这一根稻草使老骆驼轰然倒下。

其实，压死骆驼的并不是最后一根稻草，而是之前的每一根稻草……事情发展到临界点，再增加任何一点因素就会使之崩溃。同样，中国保险企业的今天也不是偶然的，而是具有历史的必然性。那么，压倒中国保险这匹“骆驼”的最后一根稻草是什么？不是保险业的增幅放缓，也不是保险企业的破产，而是资本。一旦资本对中国保险失去了兴趣或者说看不懂中国保险，就会把“骆驼”压倒。所以，只有资本保持对中国保险的热情或者说狂热，才能把“骆驼”撑起来。

资本是一种神奇的力量，也是一种洪荒之力。资源、资产、资金一旦转变为资本的形态，就能使价值发生质的变化，价值创造就会呈现指数级增长，成为生产力发展的核动力，一种主导保险发展的推动力。

第一，资本的确是保险业重要的生产要素。所谓生产要素，是指社会生产中不可缺少的因素或条件。在保险市场中，生产要素包括劳动力、资本、技术、信息、数据等。以生产资料和货币等物质形态存在的资本，是保险经营不可缺少的重要因素或条件，即“生产要素”。正如吴晓求在博鳌亚洲论坛 2018 年年会上所言，“中国的金融改革需要靠资本市场的推动，没有一个发达的资本市场，中国金融的竞争力会严重受到损害。”

第二，资本既是生产要素更是生产关系，两者是现象与本质的关系。如果说金融是国民经济的血脉，而保险业作为经济减震器和社会稳定器，其更像是人体免疫系统，是覆盖经济社会的“防卫网络”。这表明保险服务经济社会发展，保险发展也离不开经济社会。保险作为国民经济的免疫系统，其提升“防卫网络”能力的关键是资本。所以说，资本是实现保险业与经济社会良性发展的重要纽带。

第三，资本是保险机构抵御风险的最后一道防线。余永定在《最后的屏障：资本项目自由化与人民币国际化之辩》一书中提出：“在发生金融危机的发展中经济体中，几乎没有例外，资本外逃都是‘压死骆驼的最后一根稻草’。”

第四，“资本有序运行”与“资本无序扩张”是相对的。资本有三个基本定义：其一，资本是逐利的，是追求利润和利益的。资本不逐利，就不能称为资本；其二，资本是人格化的，如国有资本、民营资本等；其三，资本在追逐利润的过程中，既可能与国家的宏观政策相吻合，也可能与之相对立，或者说二者是不协调的。与国家宏观政策相吻合即“资本有序运行”；反之，当这种不协调达到一定程度的时候，就可以称为“资本无序扩张”。所以，判断资本运行是有序的还是无序的，主要指标就是国家宏观经济政策。

政策是火焰，现实却是海水。资本为何“冷淡”保险业？资本为什么不愿意投入保险业，而是一窝蜂地选择挂牌出售保险资本？是保险业利润太薄或负担过重，还是进入保险业的门槛过高，其背后的深层次原因无非有二：第一，近年来，保险业出现了严重的“规模报酬递减”现象，落入“叙事陷阱”；第二，当前保险业出现了严重的“不能承受之重”现象，落入“宏观叙事陷阱”。这既是现状也是规律。明白了这些规律之后，我们也就明白了资本为何“冷淡”保险业。这两大现象导致资本读不懂中国保险，只能选择“隔岸观火”，等待“潮起潮落”，因为“只有潮水退去，才知道是谁在裸泳”。

等待，对于企业和资本来说都是一种煎熬。等待中，资本对中国保险企业的故事已经慢慢失去兴趣。根据在香港联合交易所（HKEX）上市的中国内地保险公司股价，我们可以一探究竟，资本看不懂中国保险，便选择了“用脚投票”。

二、保险企业的明天也不是必然的

通过中国保险企业所落入的“叙事陷阱”和“宏观叙事陷阱”，可见保险故事的宏阔和壮丽。“宏阔”代表体量，无论从需求侧还是供给侧，一些保险故事已经发生，一些保险故事还在路上。“壮丽”代表高度，代表对世界保险业的贡献，特别是创新方面的贡献，这些保险故事已经上路，抑或是未来保险企业（进化型保险企业）的主旋律。

未来企业最受资本青睐。未来企业通过技术创新、市场前景、政策支持、全球化视野以及人才资源等方面的优势，成为资本市场的宠儿。这些企业不仅能为资本（投资者）带来丰厚回报，还是推动经济社会发展的重要力量。如何成就未来保险企业，关键是“进化”，因为“进化”是保险企业最大的生存法则。

未来保险企业将呈现出经营数字化、运营智能化、产品生态化、服务平台化、变革敏捷化等特征，同时注重企业社会责任与可持续发展。未来保险企业，其核心是聚焦、专业、创新、整合（包括融合、连接等），从整体与个体、现在与未来之间找到新的价值源与创造方式。笔者创作《读懂中国保险》《读懂未来中国保险》两本书的初衷是读懂中国保险、读懂中国金融、读懂中国经济、读懂中国，如此方能远望中国保险、远望中国金融、远望中国经济、远望中国，从而解决中国保险业中“看不见、看不起、看不懂、来不及”的问题，并以此推动中国保险企业的“进化”。

长期以来，人们都生活在“必然性 / 确定性”的神话中，不自觉地选择了漠视“偶然性 / 不确定性”。正如伊恩·哈金（Ian Hacking）在《驯服偶然》一书中所指出的：“贯穿整个理性时代，偶然一直被称为平庸之辈的迷信。偶然、迷信、庸俗、愚蠢是一回事。有理性的人对这些东西是不屑一顾的，因为他们有能力用各种无情的定律将混乱掩盖起来。他们坚称，世界或许常常是偶然的和随意的，但那只是因为我们不了解其内部工作的必然机制。”

随着科学技术的发展和哲学思想的丰富，“必然性 / 确定性”的神话开始崩溃。耗散结构理论的创建者伊利亚·普里高津（Ilya Prigogine）在《确定性的终结》一书中指出：“人类正处于一个转折点上，正处于一种新理性的开端。在这种新理性中，科学不再等同于确定性，概率不再等同于无知。”他认为，伽利略·伽利雷（Galileo Galilei）和艾萨克·牛顿（Isaac Newton）通过传统物理学理论展示出来的“时间可逆的确定性宇宙图景”已经千疮百孔，偶然性、不确定性、时间的不可逆性才是宇宙的本质。

沃纳·海森堡（Werner Heisenberg）和约翰·加尔布雷思（John Galbraith），两人虽相隔半个世纪，却分别从量子力学原理、经济思想史及其背后经济史的角度提出了“不确定性”问题，启发人们用“不确定性”的思维方式去思考自然界和经济社会。

法国生物学家雅克·莫诺（Jacques Monod）说："只有偶然性才是生物界中每一种革新和所有创造的源泉。"法国另一位生物学家阿兰·巴维（Alain Bavi）说："如果没有偶然性，我们今天所知道的生命形式也许根本不会存在。除了偶然性作用，根本不存在其他任何能够造成生物多样化的自然进程。"无论是基因突变、基因流动还是遗传漂变，都是偶然的、随机的。这些变化是生物进化的基础，为生物进化的发生提供了可能。

所有这些启示我们，世界是充满不确定性的，日常生活是充满意外和风险的。如果人们对哲学和科学发展中所昭示的这一真理缺乏足够认识，他们就有可能在现实生活中遭受巨大挫折。同样，保险企业所处的世界是"必然性/确定性"的神话已经崩塌，而应对"偶然性/不确定性"世界的方法论还需要构建。在当前经济下行、金融落潮的双重压力下，通过短期的刺激，能够遏制中国保险的衰退，但这种刺激从长期来看，并不能推动中国保险真正的繁荣。"进化"是保险企业生存法则，唯有通过"进化"成为未来型保险企业，才能获得资本的青睐。保险企业进化过程中的"偶然性/不确定性"是主导法则，"必然性/确定性"是次要法则。也就是说，一系列的偶然导致了必然失败或者成功，不存在一系列的必然导致偶然的失败或者成功。

因此，保险企业的进化过程是偶然的，保险企业的成功或失败是在一系列偶然中逐步形成了必然的失败或者成功的基因。拥抱偶然性才能找到进化的路径，或者说才能有幸碰到正确的进化路径。在保险企业发展过程中，哪个关键人物会出现、哪个关键资源能得到、哪个产品会有市场，这些都不是必然的。所以，一旦以"偶然性"为基调、以"不确定性"为出发点，就会增加保险企业"进化"或者说"活下去"的"必然性/确定性"。必然性是"孕育"出来的，是每一次对偶然情况正确应对后，产生的化学反应及变化，看起来是必然的，但实际上是“进化”而来的。

“问菩萨为何倒坐，叹众生不肯回头。”① 中国保险企业的“进化”之路都在这，回头看看就有了，可绝大多数企业“只埋头拉车，不抬头看路”。既要“埋头拉车”更要“抬头看路”，因为保险企业不仅要活在今天，更要活在明天、后天。保险企业应该“务实”地面对“进化”这些事，不要自己骗自己，明天会更好，后天会更好，明年会更好。要想明年会更好，就要弄清楚过去发生了什么，用什么方式解决，解决这个问题需要多长时间，需要什么能力，这才是保险企业需要思考的“第一性问题”。

历史告诉未来，中国保险企业唯有“进化”才能成就“未来企业”。未来企业最受资本青睐，保险企业在“资本加持”下，还要心系家国，心系创新，心系未来，这样中国保险故事才会澎湃不息，下半场才会更加精彩。

① 这句话出自南京鸡鸣寺内的楹联，说的是寺内观音与众不同，为一尊倒坐观音菩萨像（面朝北而望）；因众生迷惑颠倒，故菩萨现颠倒相告诫众生转身即是正道。

坚守初心

一、中国特色金融发展之路

著名历史学家史景迁（Jonathan Spence）曾在《大汗之国：西方眼中的中国》中这样叙述："一个国家之所以伟大，条件之一就是既能够吸引别人的注意力，又能够持续保有这种吸引力。当西方刚刚接触中国时，中国就明显表现出这种能力；几个世纪以来，流行风潮的无常，政治情势的改变，也许曾使中国的光彩暂且蒙尘，但是中国的吸引力却从未完全消失过。无论是中国在西方引起的强烈情感，一波又一波尝试描述并分析这个国家及其人民的企图，还是西方人对有关中国消息的强烈兴趣，都明确道出了这个国家所散发的魅力。"一个国家的现代化进程，必然充满各种挑战和不确定性，但一旦创造一种新的历史可能性剧本，就已经注定这个国家走向的是一条不凡而伟大的路。

中国特色金融发展之路，正是回答时代之问的一次开拓创新。金融是"国之大者"，是国民经济的血脉，是国家核心竞争力的重要组成部分。党的十八大以来，国家积极探索新时代金融发展规律，不断加深对中国特色社会主义金融本质的认识，不断推进金融实践创新、理论创新、制度创新，积累了宝贵经验，取得了重要的实践成果、理论成果，逐步走出一条中国特色金融发展之路。在 2019 年 2 月中央政治局举行的集体学习会议上，习近平总书记首次提出了"立足中国实际，走出中国特色金融发展之路"这一重大命题；在 2023 年 10 月底召开的中央金融工作会议上，习近平总书记集中阐释了中国特色金融发展之路“八个坚持”的基本要义，即坚持党中央对金融工作的集中统一领导、坚持以人民为中心的价值取向、坚持把金融服务实体经济作为根本宗旨、坚持把防控风险作为金融工作的永恒主题、坚持在市场化法治化轨道上推进金融创新发展、坚持深化金融供给侧结构性改革、坚持统筹金融开放和安全、坚持稳中求进工作总基调；习近平总书记在 2024 年 1 月 16 日省部级主要领导干部推动金融高质量发展专题研讨班开班式的重要讲话中，对中国特色金融发展之路进行了进一步的深刻揭示，强调“八个坚持”。他说，“这几条明确了新时代新征程金融工作怎么看、怎么干，是体现中国特色金融发展之路基本立场、观点、方法的有机整体。”同时指出，“金融强国应当基于强大的经济基础，具有领先世界的经济实力、科技实力和综合国力，同时具备一系列关键核心金融要素，即拥有强大的货币、强大的中央银行、强大的金融机构、强大的国际金融中心、强大的金融监管、强大的金融人才队伍。”“建设金融强国需要长期努力，久久为功。必须加快构建中国特色现代金融体系，建立健全科学稳健的金融调控体系、结构合理的金融市场体系、分工协作的金融机构体系、完备有效的金融监管体系、多样化专业性的金融产品和服务体系、自主可控安全高效的金融基础设施体系。”

总体来看，“中国特色金融发展之路”这一重大要求和命题，是新时代我国金融工作的一般性、规律性认识，保险业要正确理解和全面把握中国特色金融发展之路的丰富内涵，坚定不移地沿着这条道路走下去。为走好这条路，走好这条必由之路，我们要明白中国金融的“第一性原理”、中国保险的“第一性原理”，如此才能好上加好。

二、中国金融的“第一性原理”

2016 年开始的新一轮金融大整顿，有的学者认为“这是对十年前金融自由化浪潮的一次纠正”，有的学者认为“这是为实现金融业高质量发展所进行的大整顿、大改革”，最终都是为了坚定不移走中国特色金融发展之路，推动我国金融高质量发展。然而，我们需要认识到中国金融乱象的根源，也就是中国金融的“第一性原理”①。

赵建在《金融大整顿与高质量发展》一文中指出，作为一个发展中经济体，一个半积累半消费型国家，中国的金融不可避免地要为财政服务。一个正向的发展方向是货币财政化，财政金融化。这意味着货币的发行要取之于民、用之于民（财政化），用财政集中动员的手段借助金融市场的杠杆调动更多的资源（金融化），比如债券市场为国债、地方债融资服务，股票市场为国有企业、国有银行补充资本金服务等。所以当我们谈论中国的金融，首先要看到它快速发展的背后，是国家财政的需要。现在倡导的金融服务实体经济，其中主要就是服务国家财政、国家战略。这可以说是中国金融发展的“第一性原理”。

如果财政和金融的方向反了，金融财政化—财政债务化—债务货币化，金融被彻底束缚，金融部门都退化为财政部门，财政失去了动员资源的金融工具，那么财政赤字靠债务融资，债务问题靠货币超发解决，势必会造成国家信用受损、汇率贬值与通货膨胀。可以对比同样施行现代货币理论（Modern Monetary Theory，MMT）的国家，美、英、日等发达国家印钞并没有引发恶性通货膨胀，其主要原因除了货币的国际化能力较强之外，就是这些国家拥有强大的金融系统，是真正的金融强国。特别是这些国家都有强大的资本市场，而资本市场的神奇之处就是可以将超发的货币转化为资本，产生创新和效率提升，从而带来经济增长效应。但是如果一个国家对金融加以约束，没有一个将货币转化为资本的资本市场，那么货币就只能转化为过剩的流动性，造成

① 第一性原理（First Principle Thinking），是指回归事物最基本的条件，将其拆分成各要素进行解构分析，从而找到实现目标最优路径的方法。

通货膨胀和泡沫。相比之下，MMT 在拉丁美洲国家试验的失败，就是一个很好的例证。

三、中国保险的“第一性原理”

2016 年开始的新一轮金融大整顿，导火索好像是保险业的“野蛮人”“妖精”“害人精”“大鳄”等概念，但背后真正的原因是中国金融的“第一性原理”演变为“第一性问题”（First-order Issues）。除了中国金融的“第一性原理”之外，中国保险的“第一性原理”还包含什么呢？

“第一性原理”是由古希腊哲学家亚里士多德（Aristotle）于 2300 多年前提出的，其指出：“在每个系统探索中，存在‘第一性原理’，这是基本的命题或假设，不能被省略和删除，也不能被违反。”

“第一性原理”的思维框架正是亚里士多德所构建的形而上学[①]。在更早的远古时代，人们都是以神话和传说来解释世界，这在本质上是一种类比和隐喻式的思维。古希腊开启了从“讲故事”到“讲道理”的思维方式演变，人们用逻辑、概念化的模型和理论来解释宇宙，萌发了科学的种子，亚里士多德则系统地总结了“第一性”智慧。

正如前文所述，中国保险企业落入了“叙事陷阱”和“宏观叙事陷阱”，即中国保险企业的思维方式停留在“讲故事”阶段，还没有向“讲道理”阶段演变，还没有用模式、逻辑、路径和学理来解释中国保险。我们不妨来看看亚里士多德是如何解释“第一性原理”的，其主要有三个特点：

第一，回归最本质、最基础的无法改变的条件，以此作为出发点，把不可随意增加现有经验作为条件。这说明保险企业需要回归保险本质，即“保险是

---

① 形而上学，是指对世界本质的研究，即研究一切存在者，一切现象（尤其指抽象概念）的原因及本源。行而上学，又被称为“第一哲学”“第一科学”。

风险管理者、风险承担者和投资者的统一体”；并坚守保险初心，即“保险的职能是风险治理、价值创造和资源配置等”；除此之外，我们不可随意改变保险的本质和职能，不能把保险变成“万金油”。

第二，计算推演过程需要有严密的逻辑关系，尽量少引入估计。现代保险逻辑包括风险逻辑和货币逻辑，其中风险逻辑的理论支撑是精算科学，货币逻辑的理论支撑是现代金融学，二者之间具有严密的逻辑关系，我们不可无视保险经营的一般性、规律性常识，不能把保险变成“伪科学”。

第三，过程中不可与现有同类横向比较，要尊重客观推演结果。中国保险的路径在于“大”和“小”的选择，因为“规模法则”的存在，只能选择“从小到伟大”或“从大到伟大”；除此之外，我们不可能再创造出第三条路，不能把保险变成“四不像”。

亚里士多德在2300多年前所构建的“第一哲学”“第一科学”已经回答了中国保险企业转型与创新的“第一性问题”，保险企业要实现可持续的自适应发展，思维方式一定要从“讲故事”向“讲道理”演变。

《读懂中国保险》提出了“中国保险发展之谜”，指出摆在中国保险业面前的不是“好保险与坏保险”的问题，而是如何甄别影响中国保险业成为“好保险”的第一性问题。《我们热爱的金融：重塑我们这个时代的中国金融》指出，影响中国金融成为好金融的十大断裂点：低投资资本收益率、收入分配不平等、人口老龄化、城市人口布局不合理、高杠杆及隐身其后的“金融过度发展”、衰退的企业资产负债表、金融资源的低效配置、金融抑制背景下金融机构的道德风险、缺乏给资产定价的“锚”、宏观政策边际效应的不断弱化。保险作为金融业的重要组成部分，这十大断裂点同样也是保险的十大断裂点。除此之外，中国保险业还面临特有的十大断裂点：保险的国情问题、保险的使命问题、保险的立场问题、保险的异化问题、保险的进化问题、保险的治理问题、保险的融合问题、保险的包容问题、保险的创新问题、保险的理论问题。

《读懂未来中国保险》指出，中国保险业如何实现可持续的自适应发展？在保险产业变迁中，中国保险企业应该抓住哪些机会？我们无法给出一个“确定性”的答案来回答这些“不确定性”的问题，因为中国保险模式、保险逻辑、保险路径不是固定不变的概念或思维框架，而是随时间推移而不断变化的思维探索和实践探索集成。中国保险模式的普适性不在于提供所有问题的答案，而在于以开放的精神、实事求是的态度，直面发展中的“第一性问题”，并不断探求以现实可行（务实）的方法去破解这些问题。

“桃花依旧笑春风，一个时代的逝去留下的并不仅仅是一曲悲歌。未来经年，以科学理性精神勇于面对发展中第一性的问题，以乐观和不放弃的精神捕捉那些‘破裂世界里透过缝隙照进来的光’，那么穿山越岭，我们或会迎接一个新的、更伟大的时代的到来！”未来岁月里，中国保险要专注于识别并解决那些必须但又难以改进的“第一性问题”，运用“第一性原理”解决中国保险的“第一性问题”，这是形成超越思想的前提，也是探寻中国特色保险发展之路的关键。

第四辑

学理：常识与洞见

雄关漫道真如铁，而今迈步从头越。

——《忆秦娥 · 娄山关》（近现代 · 毛泽东）

如果一个想法在一开始不是荒谬的，那它就是没有希望的。

——阿尔伯特 · 爱因斯坦

在时间的大钟上，只有两个字：现在。

——威廉 · 莎士比亚

世界之变、时代之变、历史之变，正以前所未有的叙事方式展开。在此背景下，中国保险学理的探究，似乎比以往更加重要，更显珍贵。面向未来，保险理论的重构是一个不能回避的问题，需要进行深入的思考、研究与探索。

电影《美丽心灵》改编自西尔维娅·娜萨（Sylvia Nasar）撰写的关于 20 世纪伟大数学家约翰·纳什（John Nash）的同名传记，讲述了患有精神分裂症的数学家约翰·纳什在博弈论和微分几何学领域潜心研究，最终获得诺贝尔经济学奖的故事。从非艺术性角度去理解该片，我们发现直觉的重要性。在笔者 20 多年的保险求学与职业生涯里，一个挥之不去的直观感受是：保险理论与实践之间始终存在一道难以逾越的鸿沟。当然，笔者在教学的时候，会按教科书并结合真实的保险世界给学生讲解；在从事保险研究及提供政策建议时，就会按政策原则及规则经验提供操作建议。但是，慢慢地，笔者发现自己变得“精神分裂”，在 2020 年策划“中国与世界保险观察书系”时，笔者下决心用 10 年左右的时间来弥合理论与现实之间的鸿沟。

随之而来的问题是，假如理论与现实之间真的存在鸿沟，那么，是理论错了，还是我们对现实的理解有误？这就涉及认识论层次的讨论。一方面，无论对错，笔者一直坚信理论只能是对现实世界的主观理解。或者说，现实不存在对错问题，仅是客观事实。因此，理论若无法反映事实，那么有待修正的只能是理论。另一方面，无论对错，笔者同样一直坚信理论的解释力是具有时间和空间局限性的，这个不足之处会促使人思考。

诺贝尔经济学家芬恩·基德兰德（Finn Kydland）和爱德华·普雷斯科特（Edward Prescott）在《计算实验：一种计量经济学工具》（*The Computational Experiment：An Econometric Tool*）一文中写道，“检验理论的方法就是看看这个理论构建的模型经济是否能够模拟真实世界的某些方面。也许对一条理论而言，最大的考验是它的预测是否能被现实证明——也就是说，当选择了某项政策时，真实的经济是否会像模型经济当中所预测的那样？”这也许就是笔者探索“基于真实世界的中国保险学”的动因，毕竟缺乏历史观的保险学家是缺乏远见的，缺乏现实解释力的理论是不具备生命力的。仅此而已。

两个中国保险学说

一、引言

《读懂未来中国保险》一书指出，长久以来，人们习惯接受关于中国保险的“常识判断”（Conventional Wisdom），而不是“基于真实世界的保险学”。霍华德·马克斯（Howard Marks）曾言：“当今世界的高度不确定性，是我生平仅见。你必须要知道世界上正在发生什么，也必须要知道这件事件将导致什么结果。”

当前，我们正面临百年未有之大变局，我们正处于一个变幻莫测的“乌卡时代”（VUCA）。波动性（Volatility）、不确定性（Uncertainty）、复杂性（Complexity）和模糊性（Ambiguity）正在不断挑战我们赖以生存的理性和智慧。急剧变化之下，我们对事物内在逻辑的认知遭到破坏，传统的秩序和规则受到冲击，我们变得慌张、焦虑、愤世嫉俗，开始对一般性或普适性的规律，甚至对科学理性精神本身产生了怀疑。

同时，在这个亟须我们去反思技术、反思文明进程、反思发展模式的重要历史节点，当我们赖以生存的智慧和习以为常的秩序受到诸多挑战时，中国保险业需要去直面各种问题和挑战，去展现“定义美好保险”的能力和“重塑美好保险”的愿力。

站在历史的十字路口，在“破”与“立”之间，我们该如何调整自己的认知体系，从而与保险多年发展沉淀形成的底层逻辑、颠覆式变化的世界、卧虎藏龙的内心和平共处呢?

二、什么是保险学

保险学（Insurance Studies，IS），是一门研究保险及保险相关事物运动规律的经济学科。保险涉及的领域是多元化的，包括金融学、法学、医学、数学、经济学以及自然科学等内容。

保险学的产生与发展，是一个不断变化、不断升华的过程。从保险法学到保险数学，从综合保险学到微观保险学、宏观保险学，保险学逐渐成为一门相对独立的学科。目前，保险学的体系结构尚未形成统一的标准和格式。有的学者将保险学分为原理和实务，也有学者将保险学分为总论与分论，还有学者将保险学分为保险经济学与保险经营学，各种划分方法及内容不尽相同。之所以出现这种状况，其原因在于：一方面，人们在主观上对一门学科的认知要有从不成熟到比较成熟的过程；另一方面，人们受到认识客观事物的能力和水平的限制，难以达到对客观事物完全正确认知的程度。因此，随着保险这一客观事物的发展和变化，保险学及其体系结构也在不断发展与完善，目前主流的“保险学”内容体系主要包括以下四部分内容。

（1）保险基础理论。主要论述保险与风险的关系，风险的定义与分类，风险管理；保险的性质，商业保险与类似制度的比较，保险的职能与作用；保险合同及其特征、要素，保险合同的签订与履行，保险合同的变更；保险的基本原则及其在保险经营实务中的应用等。

（2）保险实务。主要论述保险形态及其分类，财产保险、责任保险、人身保险、再保险等经营实务，包括各种保险的特征、内容及相关条款等。

（3）保险经营。主要论述保险经营的特征、原则、环节，以及保险单设计、保险精算原理、保险营销方式、保险资金运用和保险经营效益评价分析、保险经营风险及其防范等。

（4）保险市场。主要论述保险市场的结构与运作，保险市场的监管等。

三、什么是中国保险学

现代商业保险是从1000多年前的海上"冒险借贷"这一金融行为蜕变而来，逐渐演化成相对独立的固定形态，形成有别于银行的概念、理论体系和实务操作规范，以及特有的保险商品经济活动价值链。现代商业保险于1805年传入中国，距今已有200多年。中国民族保险于1865年诞生，距今已超过150年。新中国保险于1949年诞生，距今已有75年。然而，当代中国保险业的全面快速发展，则是改革开放后最近45年来的事情，特别是2001年加入WTO后。尽管新中国保险业发展历史较短，但随着保险产品的商品化和金融化，保险公司和保险中介等市场主体的企业化、多元化、社会化和国际化，从业人员的专业化，保险监管的法律制度化等方面的变革和发展，迅速崛起的中国保险业与社会经济发展和人民生活需要的联系日益紧密，保险在社会经济保障体系中的作用和地位日益增强，保险已成为社会经济发展、和谐社会构建与人的生命质量提高所不可或缺的重要金融内容。

在中国保险业快速发展的同时，保险结构与质量却没有得到同步优化和提升，保险发展中积累的一系列结构性问题严重地制约了保险功能的发挥和保险效率的提升，已成为中国保险业当前的主要矛盾和可持续的自适应发展的关键制约因素。因此，在保险实践中出现的矛盾与冲突必然会反映在学科体系形成与内容构成中，反映在保险结构优化的实践中，进而揭示保险学科结构演化的趋势，也将成为保险学科专业发展创新的重要方向。

2016年5月17日，习近平总书记在哲学社会科学工作座谈会上的讲话指出，"要按照立足中国、借鉴国外，挖掘历史、把握当代，关怀人类、面向未来的思路，着力构建中国特色哲学社会科学，在指导思想、学科体系、学术体系、话语体系等方面充分体现中国特色、中国风格、中国气派。”①

2020年10月，国家教育部网站发布了《关于政协十三届全国委员会第三次会议第1221号（教育类103号）提案答复的函》（以下简称《答复函》），公布了教育部答复政协十三届全国委员会第三次会议《关于编写中国经济学教科书的提案》的具体内容。《答复函》指出，“您所提提案对于推进高校经济学教材建设具有重要意义，有益于构建中国特色的哲学社会科学教材体系，已经采纳，正在按计划分步有序解决。”教育部在《答复函》中指出，推进中国经济学教材建设具有重要意义。这是总结中国经济实践取得巨大成就的迫切需要，通过总结，把中国经济发展的成功实践和在实践中取得的成功经验，凝练体现在中国经济学教材中。这是提升中国经济学理论建设水平的迫切需要，立足新时代，亟须以中国经济学教材为载体，进一步深化中国经济学理论研究。这是以中国自己的经济学理论指导新的伟大实践的迫切需要。建设社会主义现代化强国，实现中华民族伟大复兴的中国梦，必须有与之相适应的我们自己的经济学理论，必须用我们自己的经济学理论指导实践。通过撰写系列中国经济学教材，总结中国从站起来、富起来到强起来的发展之路，有利于用中国理论解读中国实践，用中国话语阐述中国发展，为构建中国特色哲学社会科学教材体系作出有益探索、形成可推广的宝贵经验。

2020年12月，国家教育部发布《国家教材委员会办公室关于开展首批中国经济学教材申报工作的通知》（国教材办〔2020〕5号），决定启动首批中国经济学教材申报工作。其中提到，要突破“用原有理论解释中国经济问题”或“原有课程＋中国案例（数据）”的编写形式，立足新时代，系统总结新中国成立70

① 习近平：在哲学社会科学工作座谈会上的讲话［EB/OL］.（2016-05-17）［2024-08-16］. http：//www.xinhuanet.com/politics/2016-05/18/c_1118891128.htm.

多年来尤其是改革开放 40 多年来中国经济建设发展的丰富实践，提炼具有原创性、解释力、标识性的新概念、新范畴、新表述，推动形成中国经济学理论体系，并用来指导新的伟大实践，为构建中国经济学教材体系奠定坚实理论基础。

2021 年 10 月，国家教育部发布《国家教材委员会办公室关于公布首批中国经济学教材编写入选学校及团队的通知》（国教材办函〔2021〕20 号），首批中国经济学教材包括中国特色社会主义政治经济学、中国宏观经济学、中国微观经济学、中国发展经济学、中国开放型经济学、中国金融学、中国财政学、中国区域经济学、中华人民共和国经济史（1949—1978 年）等。

另外，目前中国大学的保险学教育，无论是教学计划、教学大纲、师资力量、教材选用、课程设置、科研课题、学报期刊，还是学术思想、理论范式、智库智囊、话语权等，都是建立在西方保险学（Western Insurance Studies，WIS）基础之上的。基于中国保险经验的保险学在学界、业界尚待得到确认和立足，随着“中国经济学”“中国金融学”等概念的相继提出，“中国保险学”（China's Insurance Studies，CIS）也必将破茧而出。

从保险学到中国保险学，两个中国保险学说基本形成，一个是西方保险学（WIS），一个是中国保险学（CIS）。中国保险学既反映了一般保险规律，又反映了中国保险的特殊规律，同时也有效解释了中国保险现象，指导中国保险发展，是走中国特色金融发展之路的保险学理论体系。

四、如何重建中国保险学

（一）中国保险学的构建基础

如何重建中国保险学？保险学作为一个应用性经济学科，要用中国特色社会主义理论引领贯穿中国保险学学科的知识体系，推动建立中国保险学理论体系。中国保险业要依据“中国特色社会主义理论引领贯穿中国保险学学科的知识体系研究”这个话题来思考，从中国保险学学科体系、学术体系、话语体系、发展体系和市场体系等方面来思考中国保险的变革与发展，形成中国风险观和保险学的“说明书”，建立中国风险观与保险学的“解释学”，为世界提供研究中国风险观和保险学的“方法论”，成为让世界认识中国保险创新与发展的“实践课”。

如何重建中国保险学？关键是全方位建设中国特色风格气派的保险学学科体系。随着保险实践发展及理论研究的更迭创新，以问题为导向，突破历史局限，跨学科、全方位建设具有中国特色、中国风格、中国气派的保险学学科体系和学术共同体，才能更有效地助力解决我国经济社会中的重大战略和实践问题，贡献中国保险智慧[①]。

（1）认识论基础。从国际环境来看，国际形势错综复杂，机遇与挑战并存；从国内环境来看，经济结构加快调整，转型发展力度加大；从风险变化来看，中国已步入风险社会，风险治理对保险业提出新要求；从科技发展来看，信息科技革命日新月异，保险科技大有可为；从保险业来看，改革发展持续加速，行业增长空间广阔。因此，我们需要重新认识环境、认识风险、认识科技、认识保险。

（2）思想论基础。其主要包括指导思想和基本原则。

指导思想：坚持以习近平新时代中国特色社会主义思想为指导，深入贯彻落实习近平经济思想，深入贯彻党的二十大及二十届历次全会精神，认真落实中央金融工作会议精神和中央经济工作会议精神，紧密结合改革开放和社会主义现代化建设实践，不断汲取中华优秀传统经济思想精华，同时吸收借鉴现代西方保险学的有益成果。坚持问题导向，体现中国特色，以更好地解释中国保

① 卓志．扎根中国大地创新保险理论——写在《保险研究》创刊四十周年 [J]. 保险研究，2020（10）：3-19.

险发展的伟大成就与关键性问题为原则，系统梳理中国保险理论的独创性贡献，讲好中国保险故事、传播好中国保险声音、提升中国保险话语国际影响力，增强中国保险学的解释力和生命力。

基本原则：中国保险学是对中国特色保险理论与实践的全面系统总结，要运用马克思主义的立场观点和方法，有机融入习近平经济思想；要坚持正确的价值导向，立足新时代中国立场和中国价值，处理好中国实践、中国案例、中国方法和中国经验。科学构建中国保险学理论体系，要坚持以下几项原则。

①要突出中国保险学的原创性。中国保险学是马克思主义相关理论在中国保险业发展道路上的具体体现，要阐释好习近平经济思想和金融（保险）领域的道路自信、制度自信，要结合中国独特的保险实践，形成中国特色的保险理论。

②要突出中国保险学的科学性。要本着对历史负责的态度，严守学者的道德底线，使中国保险学内容体系经得起历史的检验。

③要突出中国保险学的世界性。要基于中国现实，扎根中国大地，形成中国理论、中国流派，提升中国保险学在世界保险学术界的话语权。

④要突出中国保险学的系统性。要从保险学学科发展的角度来研究，并处理好中国保险学与保险学的衔接问题，按照“一学科、两体系”的定位，用中国故事讲好保险的一般原理和规律，弘扬中国优秀的保险思想传统，总结提炼中国保险发展的成功经验，吸收人类文明和保险智慧的优秀成果，从而建立中国特色社会主义市场经济的保险理论体系，培养适应新时代社会主义建设需求的保险人才。

（3）方法论基础。保险作为风险管理者、风险承担者和投资者的统一体，其关键在于厘清风险与保险的关系（如图 4-1 所示），并基于此实现风险治理、价值创造和资源配置等职能的平衡（如图 4-2 所示）。为此，需要创新中国保

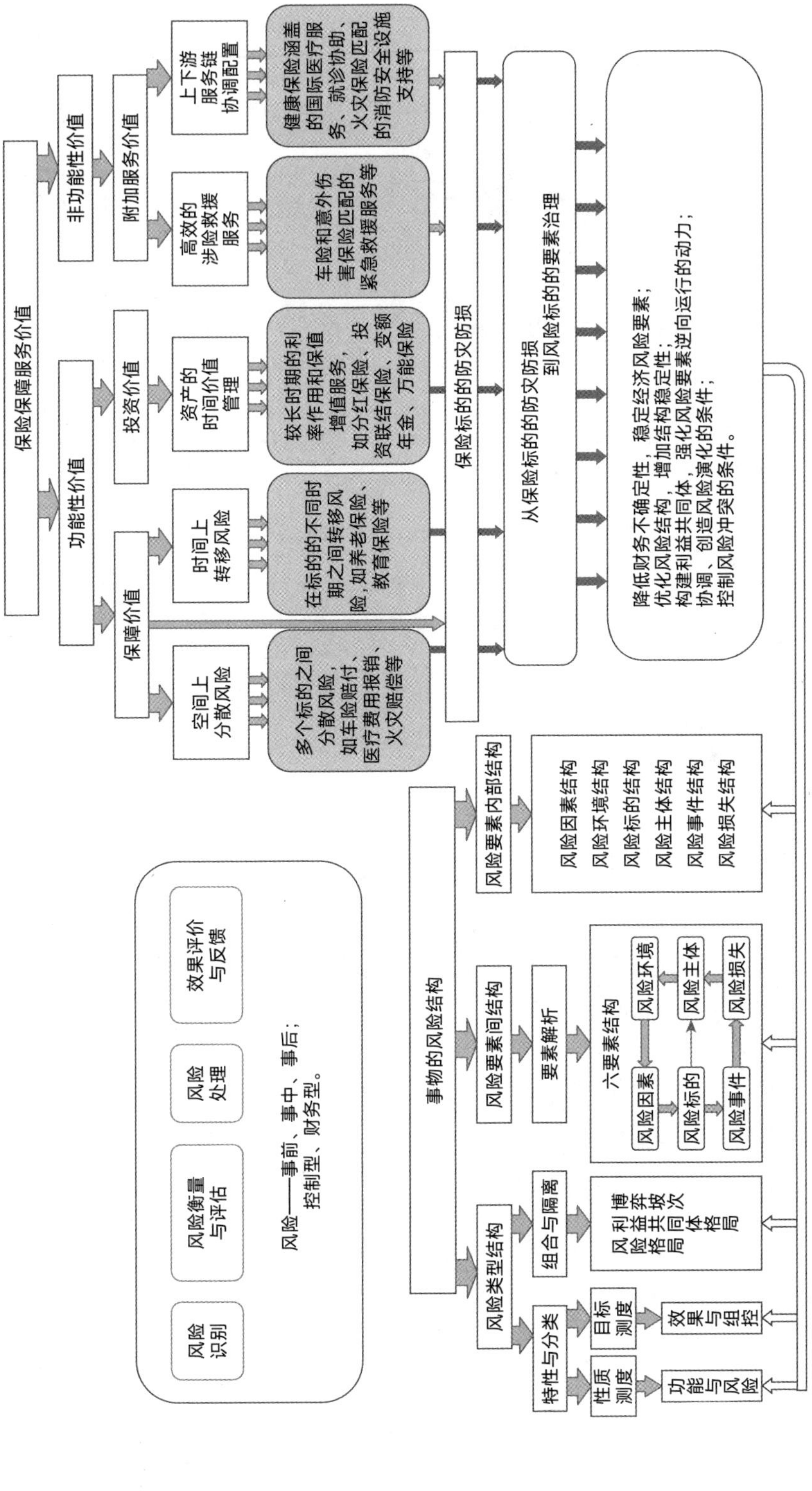

图 4-1　风险与保险的关系

险学的方法论，包括树立全方位的系统性研究视角、坚持跨学科的研究分析方法、采用多样化的研究分析范式、加强对基础理论的持续研究。

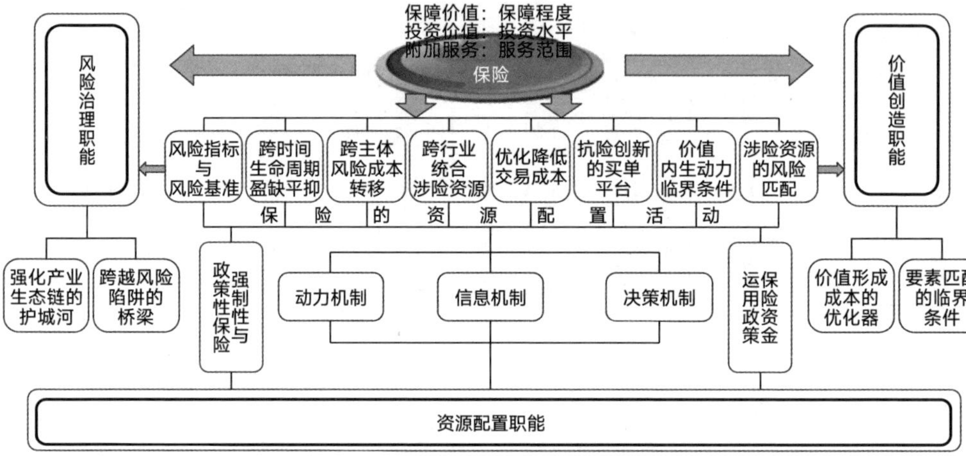

图 4-2 保险的主要职能

（4）价值论基础。保险业需要在重新认识环境、重新认识风险、重新认识科技、重新认识保险的基础上，顺应保险实践和保险学科发展趋势，推动保险理论与实践创新，促进保险从“保险保障、资金融通和社会管理”的传统功能向“风险治理、价值创造和资源配置”的现代功能转变（如图 4-2 所示），推进保险业变革与发展，使保险成为经济增长的“助推器”、社会发展的“稳定器”，成为国家经济社会高质量、强韧性、可持续发展的重要金融工具。为此，需要创新“中国保险学”的价值论，包括创新保险理论研究的理论意义、创新开展保险理论研究的实践价值等。

（二）中国保险学的学科体系

保险学学科体系的具体构成内容形成了有特色的保险学学科结构，保险学学科结构是保险学学科体系构成要素的排列和组合方式。保险学学科体系大致可以分成风险科学学科群、保险学学科群、精算科学学科群、劳动与社会保障学科群、相关支撑学科群等，每个学科群由一系列的理论体系与技术体系构成。

改革开放以来，中国保险业发展取得了巨大成就，走出了一条独具特色的发展道路，形成了一系列中国保险经验。中国保险业发展道路和发展经验，理应在学术上得到总结和确认，在话语上得到反映。但是，当前我们还未建立起与中国保险业发展水平相称的话语体系。从中国哲学社会科学研究的现状来看，很多方面还在学习和引用西方话语，对中国保险业现实特别是改革开放以来的实践进行系统总结的理论成果还有待丰富。

中国保险经验是中国保险业在改革开放过程中逐渐发展起来的发展战略和治理模式，其特点包括：在处理稳定、改革和发展三者的关系方面，中国找到了平衡点；在坚持稳定的前提下，大力推动改革开放和经济发展；求真务实，集中精力满足人民最迫切的保险需求；不断地试验、总结和吸取自己及别人的经验教训，同时进行大胆而谨慎的制度创新；推行系统的、全面的、渐进的改革，确立正确的优先顺序等。

中国保险学的目的是要系统总结中国保险经验，并作为解决保险与人民、保险与国家、保险与人类等现代性问题的一种有效方法和合理立场推广到全世界。因此，中国保险学既包括世界保险问题的中国经验，也包括中国保险问题的世界经验。中国保险学不是故步自封的地方性、行业性知识，应具有世界性或普适性意义。

中国保险学要在以下几个方面下功夫：第一，打造融通中外的保险新概念、新范畴、新表述。第二，传承中国保险发展道路的继承性，以及中国保险发展道路的历史、文化和现实基础。第三，构建中国保险理论的学术概念和逻辑体系。第四，总结中国保险发展道路的优势和经验。概况来讲，就是要立足中国保险行业改革发展的基本实践，围绕影响中国保险行业改革发展的重大问题，学习借鉴国际保险研究经验和其他学科研究分析范式，持续开展基础理论研究和重大实践问题研究，总结归纳保险业发展中的客观基本规律，为中国保险业持续健康发展打好理论基础，服务中国保险业高质量发展。

（三）中国保险学的学术体系

中国保险学，要引领中国保险学术体系向未来进化，不仅需要认知全球保险业的新变局，更要了解中国保险业的新作为。这是一个生机勃勃、万物生长的伟大时代。中国保险业本身就是一个有无穷生命力的有机体。如果能够善待它，与时俱进，那么中国保险业就有很大的发展和想象空间。所谓大道至简，回归商业本质，回归保险的本源，中国保险学需要拥有能够驾驭未来的智慧。

一是聚焦当前世界形势和热点问题，加快构建中国保险学学科的学术体系和话语体系，推动国际保险学术理论中国化、中国保险发展经验学理化、中国保险学话语国际化，努力产出具有中国特色、世界水准的原创性科研成果，服务新时代经济建设。

二是聚焦重大现实问题，提出中国方案。着眼国际国内经济社会发展中的重大问题，充分发挥保险发展基础，实施“现实需求引领计划”，聚焦现实问题并开展保险科学研究，提升保险服务国家社会经济发展的战略能力，致力于提出解决世界性问题和中国现实性问题的中国保险方案。

三是服务经济社会发展，贡献中国智慧。保险业要进一步发挥经济“减震器”和社会“稳定器”功能，围绕国家重大战略、人民美好生活需求，加快构建有效服务实体经济的体制机制，助推经济转型和结构调整。

四是提炼改革发展经验，发展中国学派。总结中国保险业发展经验，发布一批重要的原创性学术成果，提升中国保险学的学科实力，构建中国保险学术话语体系，打造中国保险学派。

《加快构建中国特色哲学社会科学学科体系、学术体系、话语体系》一文指出，“学术体系是加快构建中国特色哲学社会科学的核心，主要包括两个方面：一是思想、理念、原理、观点、理论、学说、知识、学术等；二是研究方法、材料和工具等。”

（四）中国保险学的话语体系

在全球化时代，中国保险业应该发挥不可替代的作用。增强保险硬实力和软实力、提升中国保险业影响力，这关系着我国在世界保险格局中的定位，关系着我国的国际地位和国际影响力，关系着中国保险业助力中华民族伟大复兴的中国梦的实现。我们要保持对中国保险业的自信、耐力、定力，通过构建中国保险学积极参与世界文明的对话和交流，进一步丰富人类文明色彩，让世界各国人民享受更富内涵的精神生活。

中国保险学要坚定中国特色社会主义道路自信、理论自信、制度自信、文化自信，加强顶层设计和统筹协调，创新内容形式和体制机制，拓展渠道平台，创新方法手段，增强中国保险业的亲和力、感染力、吸引力、竞争力，向世界阐释、推介更多具有中国特色、体现中国精神、蕴藏着中国智慧的中国保险业，提高中国保险业的硬实力和软实力。

中国保险学要围绕中国保险和世界保险发展面临的重大问题，着力提出能够体现中国立场、中国智慧、中国价值的理念、主张、方案。我们不仅要让世界知道“保费规模上的中国”，还要让它们知道“学术中的中国保险”“理论中的中国保险”“哲学社会科学中的中国保险”，更要让它们知道“发展中的中国保险”“开放中的中国保险”“为人类文明做贡献的中国保险”。

面向未来，中国保险业要加快构建中国话语和中国叙事体系，用中国保险理论阐释中国保险实践，用中国保险实践升华中国保险理论，打造融通中外的保险新概念、新范畴、新表述，更加充分、鲜明地展现中国保险故事及其背后的思想力量和精神力量。为此，中国保险业需要在组织领导、政策和策略等方面加大力度，推动构建中国保险学。正如习近平总书记指出的：“当今世界是开放的世界，当今中国是开放的中国。中国和世界的关系正在发生历史性变化，中国需要更好了解世界，世界需要更好了解中国。”① 让世界更好地了解中国保险、倾听中国保险声音，关键要运用中国保险话语体系，以丰富的信息资讯、鲜明的中国视角、独特的世界眼光，讲好中国保险故事，传播好中国保险声音，提升中国保险的国际影响力。

① 习近平致信祝贺中国国际电视台（中国环球电视网）开播［EB/OL］.（2016-12-31），［2024-08-13］. http：//www.xinhuanet.com//politics/2016-12/31/c_1120226953.htm.

真实世界的中国保险学

一、保险研究范式

理论，顾名思义是人类对事物的认识、理解与论述，是一种专业知识与智力成果，具有普遍适用性、指导性和稳定性。理论源于实践，没有实践，就没有理论。理论指导实践，离开了理论的实践，是盲目的实践。再者，理论不是一成不变的，随着时代进步、环境变化、能力提升和探索实践，理论面临着与时俱进乃至重构的挑战。同样地，保险理论也面临着基础环境变化带来的与时俱进的任务与挑战，需要在把握根本和联系实际的基础上，全面梳理、反思并重构①。

如今，我国乃至全球保险学的发展日益陷入深刻的理论危机之中，“坐井观天”的思维和心态与保险现实世界严重脱离，逐渐丢失了科学性、人文性、前瞻性，既无法解释保险理论现象，也不能解决保险现实问题。保险学应该是对真实保险世界的探究，而不是单纯的想象。保险不仅要研究人和物，更重要的是要研究环境（如新科技、新经济、新社会、新思想），只有立足真实世界的保险学研究成果，才能帮助人们理解保险发展问题背后真实而具体的原因。

真实世界的保险学是可行的。人们逐渐认识到，保险学需要范式

① 王和．保险理论重构的几点思考 [J]. 保险研究，2018（7）：3-6.

（Paradigm）[1]变革，并且正在积极开展各种行动以改变这一学科。具象到我国的保险研究，200 年来我们最大的研究范式就是“西学中用”，唯独缺少中国特色的保险研究范式。面向未来，我们需要重新思考中国保险业的研究范式并进行总结：一是中国保险业的哲学范式或元范式，即中国保险业的信念或者说形而上学的思辨；二是中国保险业的社会学范式，即中国保险业的科学习惯、学术传统、科学成就等；三是中国保险业的人工范式或构造范式，即中国保险业依靠本身成功示范的工具、解疑难的方法等。

二、真实世界的保险学是什么

真实世界的保险学是什么？如何构建基于真实世界的保险学？首先应该阐明我们的信条，即看待保险问题的世界观或基本假设。这意味着我们坚信，通过保险研究可以重塑美好保险，重塑我们这个时代的美好保险；我们也相信应该用实证研究方法而不是用象牙塔理论来进行经济分析。实证研究（而不是假设）应该是该保险学学科的重点所在，正如迪尔德丽·麦克洛斯基（Deirdre McCloskey）所言，“经济学应该是对真实世界的探究，而不是单纯的想象。”

换句话说，保险学应该减少对演绎逻辑和数学的依赖，可以更多地成为归纳学科。从传统保险逻辑转到现代保险逻辑之后，保险发展轨迹不能再通过几个变量的数学函数来准确描述。保险学不应该试图成为像统计学那样的数学学科。艾萨克·牛顿曾说：“我可以计算出恒星的运动轨迹，但不能计算出人类的疯狂。”同样，保险学早已演变为一门复杂性学科，成为一门复杂的应用经济学，正如布莱恩·阿瑟（Brian Arthur）所解释的，“复杂经济学假设经济不是一个完美平衡的机器，而是一个不断进化的复杂系统。经济中的行动者在

① 范式，该概念和理论由美国著名科学哲学家托马斯·库恩（Thomas Kuhn）提出并在《科学革命的结构》（*The Structure of Scientific Revolutions*）一书中进行了系统阐述。

决策时不必面对意义明确的问题或使用超人的理性。他们探索，试图寻找真正的意义所在，并对他们共同创造的结果做出反应和再反应。从这个角度看，经济不是停滞不前的，而是始终在形成、在进化……经济泡沫和经济崩溃的情况时有发生。市场可以被玩弄或利用，历史和公共机构在其中发挥了重要作用。以此种方式发展的经济虽精细复杂，却十分真实。”简言之，无论定理有多么精彩，数学算法看起来多么精致，我们都需要重新审视周围的真实世界，而不是接受“象牙塔”中构思出来的虚幻概念。

为了理解周围的保险世界，我们需要一种基于真实世界的保险学。周其仁在《真实世界的经济学》一书中提到，立足真实世界，揭示“公认”“与常理不合”的真实现象背后的逻辑。辜朝明所著的《大衰退年代：宏观经济学的另一半与全球化的宿命》一书指出，当今主流经济学家都迷恋数学模型，从而忽略了真实世界中人类行为的复杂性。尤其是当经济进入大萧条之后，数学根本无法解释人类行为的不连续性，比如大萧条过程中的企业主体，其经营目标从大萧条发生之前的追求利润，明显转向了债务最小化，而这就是今天“真实世界”的经济学所应该面对的问题。因此，真实世界的保险学是从保险学的角度阐述保险事实以及事实背后的逻辑，是可以向真实世界里的保险人诉说的保险学。

王和在《保险理论重构的几点思考》一文中指出，“科技重构保险”已经成为一个不争的事实和不容回避的现实。这种“重构”不仅是简单地重构保险业态，还将重构保险理论。面向未来，保险业应更多关注科技重构保险理论，包括风险认知、保险定义、可保利益、最大诚信、补偿原则、市场模式、定价技术、成本理论，乃至更基础和理论层面的一系列问题。

笔者在《保险思政课》一书中指出，保险作为风险管理者、风险承担者和投资者的统一体，要赋予中国保险学新的内涵。中国保险学要循着保险在行动、保险在倾听、保险在进化、保险在引领的思路展开。保险在行动，需要认知金融的力量（保险的力量），并见证保险的发展；保险在倾听，需要厘清保险与人民、保险与国家、保险与人类的关系和联系；保险在进化，需要认知保险的变革与发展，包括保险与中国观、保险与全球风险观、保险与新世界观等问题；保险在引领，需要通过中国保险学来升华保险理论，讲好中国保险故事，传播好中国保险声音，提升中国保险话语的国际影响力。

当然，“真实世界的保险学”（Real-World Insurance Studies，RIS）与“黑板保险学”（Blackboard Insurance Studies，BIS）并不是对立的①，保险学是在黑板上讲，在实践中用的，“井底之蛙”看问题虽未必全面、透彻，但也会“愚者千虑，必有一得”；同样，我们也不是为了批判那些徒有“科学”外表，其实是空无一物的“皇帝的新衣”；而是为了欢迎保险人来到真实世界的保险学，毕竟“最好的保险学理论应该是保险人都能看懂理解的理论”。

可见，真实世界的保险学是结合中国实践、体现中国特色、扎根中国大地的保险学，要遵循四项基本原则，包括理论联系实践的原则、立足中国国情的原则、遵循行业发展规律的原则、服务新时代发展的原则。而中国保险学所要构建的学科体系、学术体系、话语体系等也是基于真实世界的保险学，这需要我们重新理解中国保险，特别是关于真实世界的保险思考。

① 黑板保险学，是根据黑板经济学引申的一个概念。黑板经济学是指新古典（微观）经济学理论成立的前提条件过于抽象，不能解决实际经济（社会）问题。罗纳德·科斯（Ronald Coase）曾把20世纪初形成的主流经济学称为“黑板经济学”，这种经济学只注重抽象的演算，而忽视现实的经济现象，就如同闭门造车。行为经济学家正是在反思和革新“黑板经济学”的过程中发现了新的道路。

中国保险最缺少的是“常识”

一、保险的常识

（一）保险的常识

姚洋在《经济的常识》中指出：“经济学是建立在常识基础上的，所有经济学理论都可以还原到常识。”同样，保险业是建立在保险常识基础上的，所有保险学理论都可以还原到常识，所有的保险实践（保险业的变革与发展）也应该还原到保险常识。

保险常识是指民众（消费者）、保险业（保险机构）、国家（各级政府）如何合理地配置和利用有限的资源来实现保险风险治理、价值创造和资源配置职能的最大化。因此，保险常识是一个经济学问题，包括研究资源配置的微观经济学与研究资源利用的宏观经济学。另外，保险逻辑是风险逻辑、货币逻辑在保险演化发展到一定阶段的产物，因此，保险常识还是一个风险经济学、金融经济学问题。

保险常识并不是一成不变的。随着保险业的进步，新的规律（包括保险模式、保险逻辑、保险路径、保险学理）被不断发现，而旧的知识被改写甚至被抛弃。正如葛洪在《抱朴子·外篇·广譬》中所言：“常制不可以待变化，一途不可以应无方，刻船不可以索遗剑，胶柱不可以谐清音。故翠盖不设于晴朗，朱轮不施于涉川，味淡则加之以盐，沸溢则增水而减火。”

（二）“保险”一词的由来

“保险”作为一个词，首见于《三国志》。该书之《郑浑传》有云：“今当广开降路，宣喻恩信。而保险自守。此示弱也。”但这里的保险与今天的意义完全不同，乃是“据守险要”的意思。这一层意思在《隋书·刘元进传》中亦可见到，一直沿用到清人毕沅所作的《续资治通鉴》。至于现代表示“风险管理者、风险承担者和投资者统一体”意义的“保险”，完全是外来语“Insurance”的意译，只是采用了古汉语固有的旧躯壳而已①。

起初“Insurance”被译为保安、担保等词，也有音译为烟苏、燕梳等。1805 年，英国商人在广州成立谏当保安行（Canton Insurance Society），其中“谏当”即“Canton”（广州）的对音，“保安”即为“Insurance”的意译。西方派到中国的第一位基督新教传教士罗伯特·马礼逊（Robert Morrison）在 1815 ~ 1822 年编写了中国历史上第一部英汉字典《华英字典》，其中尚未出现有关“Insurance”的译语。该字典分三部分，其中第二部分“五车韵府”是分韵排列的汉英字典，包含了有保、保家、保商诸语，但并非“Insurance”的对译，第三部分英汉辞典也未收入“Insurance”一词。

鸦片战争后，中国对西方的保险制度有所了解，1847 年魏源在《海国图志》的第 51 卷《英吉利国广述》中介绍了西方的保险公司，也介绍了火险、水险和寿险，但未用“保险”一词，而是用担保来表示，因而有“宅担保”、“船担保”、“命担保”以及“担保会”这样的新词出现。魏源说：“中国以农立国，西洋以商立国，故心计之工如贾三倍。其国所立规则，以利上下者一曰银票，二曰银馆，三曰挽银票，四曰担保会。此三者中国皆有此例，唯担保会无之。其会有三，一曰船担保……”后来，在 1852 年百卷本的第 83 卷《夷情备采·贸易通史》中也有类似介绍。几乎在同时期，有佚姓之子卿其人著

① 周振鹤．“保险”一词的由来 [J]. 世纪，1998（4）：57.

有《华英通语》，将“Insurance”译为担保，对音为烟苏；译“Insurance Company”为担保会，对音为烟苏甘班尼（此书原本今已不存，赖日本启蒙学者福泽谕吉将其日译为《增订华英通语》而存其原貌）。

最先将“Insurance”译为保险的是德国传教士罗布存德（Wihelm Lobscheid），他在1866～1869年出版的《英华辞典》中，将“Insurance”译成行保险之事，将“Insure”译为俾稳、使稳（粤方言）、买保险、买燕梳、买保险单等。在“买燕梳”后面，还说明该词用于华南。看来当时南方用的是音译，而北方用的已是意译。《罗氏辞典》中还出现了保火险、保水险这样的词。由此可见，当时外商在中国已开展了一定数量的保险业务，故“保险”一词才渐渐成形。从1805年的谏当保安行开始，到保险这一译语的出现，历经了半个多世纪。保险的今义虽已产生，但“Insure”的音译或旧译依然照用不误。《罗氏辞典》不但如上文所示，将燕梳与保险并列，还将“Insurance Company”译成“保险会”“燕梳会”“担保会”“保险公司”等。1869年，日本山东一郎所编纂的《新塾日志》2号上载有《海上保证书译文及绪言》一文，提到“中国将海上担保取名为船担保或海上保险”，并有命担保、宅担保或火烛保险等语，也是新旧译并陈。

1873年，上海广方言馆出身的杨少坪写了一百首《别琴竹枝词》，登在《申报》上，这些竹枝词由洋泾浜英语的语词组成，其中第23首道：“保险洋行号燕梳，行中殷实有盈余。纷纷派送燕梳纸，岁底年年送历书。”可见当时“保险”一词已经被广泛使用，而“燕梳”则尚未退出历史舞台。大约到20世纪初，“保险”一词所表达的今义才完全立稳了脚跟，而“燕梳”一词则已为今人所不闻矣。

（三）“保险”一词的发展

保险可分为寿险和非寿险两大类，这两类保险虽有诸多相同特征，但本源和初心各不相同，并不能将其本源都归结为“保障”。非寿险，尤其是海上保险，初心是以提供资本的方式参与冒险，属于“有福同享，有难同当”。而寿险的本源和初心是为金钱做时间规划，为特定社会事业目标尤其是为养老事业筹集长期资金[①]。可见，关于“保险”一词目前尚无统一的定义，我们可以从中国保险的立法历程来反思和前瞻“保险”的演化。

中国保险立法，如以1911年《大清商律草案》为嚆矢，迄今已超110年。其间，虽然几经波折，但仍有两个繁荣兴盛的发展时期[②]。

第一个时期：以1917年拟定的《保险业法草案》为起点，1929年又拟定《保险契约法草案》，终在1937年完成立法程序，颁行《保险法》《保险业法》《保险业法实施法》，共经历了20年。

第二个时期：以1981年颁布的《中华人民共和国经济合同法》（其第25条为“财产保险合同”）为起点，经过1983年和1985年国务院颁行的《财产保险合同条例》和《保险企业管理暂行条例》的过渡，于1995年完成立法程序，颁行《中华人民共和国保险法》。其后在2002年、2009年、2014年、2015年进行了四次修订/正，迄今已经超过40年。

比较这两个时期的立法成果，我们不无遗憾地发现，《中华人民共和国保险法》的立法水平仍然未超越我国历史上已颁行的保险法的立法水平，尤其是关于保险合同的立法，可以说是今不如昔，此绝非妄言和虚断。

《中华人民共和国保险法》自1995年颁行以来，虽然三十年间历经四次修订/正，但在许多方面仍然无法适应当前保险业的发展，日渐丧失有效规范保险合同和保险监管的功能。尤其是其中有关保险合同的规定，无论是条文数量还是体系内容，抑或规范技术，都远不及1929年拟定的《保险契约法草案》

① 谢志刚. 关于保险概念的追根溯源[J]. 上海保险，2022（7）：19-25.

② 樊启荣. 中国保险立法之反思与前瞻——为纪念中国保险法制百年而作[J]. 法商研究，2011，28（6）：63-72.

及 1937 年颁布的《保险法》。因此，为导正保险之经营，健全保险业之发展，修订并完善《中华人民共和国保险法》仍是我国保险立法不可回避的问题。

关于“保险”的定义，1995 年《中华人民共和国保险法》(以下简称《保险法》)第二条规定：“本法所称保险，是指投保人根据合同约定，向保险人支付保险费，保险人对于合同约定的可能发生的事故因其发生所造成的财产损失承担赔偿保险金责任，或者当被保险人死亡、伤残、疾病或者达到合同约定的年龄、期限时承担给付保险金责任的商业保险行为。”2002 年《保险法》延续了该定义。2009 年《保险法》第二条规定：“本法所称保险，是指投保人根据合同约定，向保险人支付保险费，保险人对于合同约定的可能发生的事故因其发生所造成的财产损失承担赔偿保险金责任，或者当被保险人死亡、伤残、疾病或者达到合同约定的年龄、期限等条件时承担给付保险金责任的商业保险行为。”相比 1995 年《保险法》没有实质性的修改，2014 年、2015 年《保险法》也未修改“保险”定义。正如前文所述，《保险法》关于“保险”的定义还停留在狭义上的保险概念，其内涵和外延还需要补充完善。

那么，未来《中华人民共和国保险法》的修订，是仍与前四次修订/正一样，在现有法律框架下予以小修小改，还是突破现有法律框架之窠臼进行大修大改？这是首要问题。目前需要反思的问题，至少有以下四个重要方面：①在保险法的立法体例上，保险合同法与保险业监管法，究竟是“合”还是“分”？②在保险合同的立法分类上，“财产保险合同”与“人身保险合同”之“二分法”，是坚守还是扬弃？③保险合同所保障之对象，是投保人还是被保险人？④海上保险合同法与陆上保险合同法，是“分”还是“统”？鉴于此，可见“保险”一词的内涵还有很多需要重新定义的地方。唯有正本清源，反思现有保险定义之瑕疵，重构保险概念之法律规定，方能促进保险法之运转，推动保险制度之进步。

二、风险的逻辑

无论是中文的“风险”还是英文的 risk，都是一个舶来词，大致经历从古希腊语 ριζα 到拉丁语 resicum，再到意大利语 risco、法语 risque，最后到英语 risk 的演化史。古希腊词源 ριζα 指“根”或“石头”，而拉丁语指“悬崖”或“礁石”，最后引申为“大海上难避免之事”——恶海行舟，风来险生。现代语言对风险的定义，一般都是“出现损失或伤害的可能”。

人类历史是一部风险与管理的互动史，为了管理未来不确定的坏事，人类曾走过一条漫长的道路。从远古时代的狩猎采集到农业文明的兴起，再到工业文明和信息文明的发展，人类不断面对各种风险，同时也不断创造各种风险管理方法，具体做法就是将非数字的变成数字的，将不可量化的变成可量化的，将不能建模的建成模型，以各种理论与玄学对抗风险的飘忽不定，以期盼水晶球的预言能与未来的现实一拍即合。诸如：

从古代的骰子赌局，到吉罗拉莫·卡尔达诺（Girolamo Cardano）的《论赌博游戏》，开创了现代概率论；从布莱士·帕斯卡（Blaise Pascal）与皮埃尔·德·费马（Pierre de Fermat）的鸿雁传书萌芽的概率理论，到贝叶斯（Thomas Bayes）提出的已知条件下的概率理论，再到皮埃尔—西蒙·拉普拉斯（Pierre-Simon marquis de Laplace）、约翰·卡尔·弗里德里希·高斯（Johann Carl Friedrich Gauss）、安德雷·安德耶维齐·马尔可夫（Andrei Andreyevich Markov），概率论最终衍生为人类管理风险、管理未来的工具。

从雅各布·伯努利（Jakob Bernoulli）钻研大数定律或大数法则，到爱德华·墨菲（Edward A. Murphy）提出的墨菲定律：“任何可能出错的事情最终都会出错。”；从埃德蒙·哈雷（Edmond Halley）受英国皇家学会之托研究人口死亡与期望寿命所形成的哈雷生命表（Halley's Table），到亚伯拉罕·棣莫弗（Abraham De Moivre）出版《生存者年金》，再到伦敦爱德华·劳埃德（Edward Lloyd）所经营的一家咖啡馆发展起来的保险人组织——劳合社（Lloyd's），大数定律衍生出了保险业。

从另一个伯努利（雅各布·伯努利的侄子）——丹尼尔·伯努利（Daniel Bernoulli）将人性效用加入数学模型，到另一个丹尼尔——丹尼尔·卡尼曼（Daniel Kahneman）把心理学研究与经济学研究结合在一起，对人性的探索衍生出了行为金融学（或行为经济学）。

从中世纪的威尼斯商人分散“舱位”，到商品衍生品交易，再到哈里·马科维茨（Harry M. Markowitz）的现代资产组合理论（Modern Portfolio Theory，MPT）、默顿·米勒（Merton Miller）和弗兰克·莫迪格莱尼（Franco Modigliani）提出的“M-M 定理”以及随后提出的资本资产定价模型（Capital Asset Pricing Model，CAPM）、套利定价理论（Arbitrage Pricing Theory，APT）和期权定价公式（Black-Scholes Option Pricing Model，OPM）等，这些构成了现代金融的理论框架。

纵观人类风险管理史，理论的发展是一个不断更迭的、耗散的、非线性的过程，研究理论的变化发展可以使我们更好地把握未来风险减量服务的方向。一路走来，人类所有的创造旨在让我们的生活变得更好，使未来具有更大的“可管理性”。我们对于未来，虽仍怀敬畏，但不再惧怕。恶海行舟，大船破浪[①]。

三、货币的逻辑

货币（Money），是充当一切商品等价物的特殊商品。货币是价值的一般代表。关于货币的本质，学术界仍存在大量的争论。经济学中的“货币”概念

① 本部分内容根据彼得·L. 伯恩斯坦（Peter Bernstein）所著的《与天为敌：一部人类风险探索史》整理。

五花八门，最初是以货币的职能下定义，后来又形成了作为一种经济变量或政策变量的货币定义，专业术语为通货（Currency）[①]，主指“流通中的货币”。

谈到货币逻辑，就绕不开约翰·凯恩斯，他在1923年出版了《货币改革论》，1930年出版了《货币论》，1936年出版了《就业、利息和货币通论》。这三部著作存在着巨大的变化和差异，也间接反映了凯恩斯经济学学说的不断演变。

除此之外，关于货币逻辑还绕不开米尔顿·弗里德曼（Milton Friedman）的《资本主义与自由》《美国货币历史》等，本杰明·弗里德曼（Benjamin Friedman）的《货币经济学手册》，兰德尔·雷（Randall Wray）的《现代货币理论》，以及陆磊、刘学所著的中国版《货币论》。中国版《货币论》第一卷《货币论：货币与货币循环》试图解释货币如何流通，第二卷《货币论：货币政策与中央银行》试图解释货币政策如何发挥效应以及货币政策规则应如何被修订，第三卷《货币论：数字时代的世界货币》试图为主权货币如何应对非主权数字资产和超主权货币的竞争出主意。

相较于“风险的逻辑”，笔者无法从这些文献中梳理出一个完整的“货币的逻辑”，正如陈思进、庞忠甲所著的《货币的逻辑》一书所言，货币从无到有，从实物货币到纸币再到电子货币，从一般等价物到金融投资再到掠夺大众财富和垄断控制的工具，不是在“进化”而是在“变异”。现代货币理论（Modern Monetary Theory，MMT）给我们提供了一个分析框架。MMT是后凯恩斯主义经济学的发展，建立在凯恩斯主义、国家货币理论、内生货币理论等基础上，重点讨论财政政策与央行的货币政策如何协调运作（如图4-3所示）。

① 通货，是度量价格的工具、购买货物的媒介、保存财富的手段，是财产的所有者与市场关于交换权的契约，本质上是所有者之间的约定。

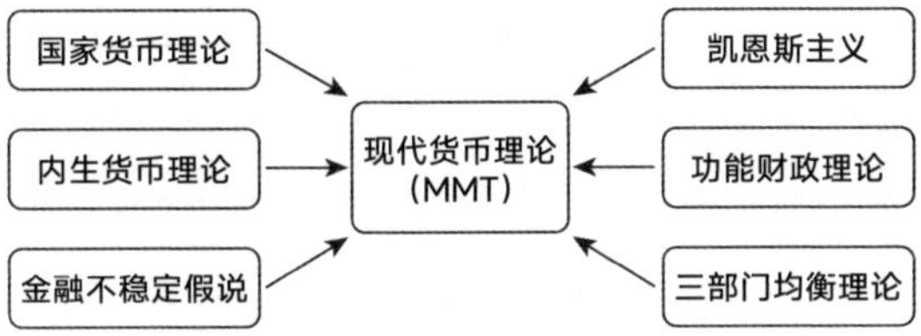

图 4-3　现代货币理论的理论基础

资料来源：根据兰德尔·雷所著的《现代货币理论：主权货币体系的宏观经济学》整理。

MMT 的核心思想是，只要市场尚未实现充分就业，货币和财政扩张就不会带来通胀的副作用，还可以有效刺激实体经济增长。MMT 的思想可以追溯到现代宏观经济学创始人约翰·凯恩斯。与凯恩斯主义相似，MMT 的推演逻辑源于“充分就业”假设，并认为在有效需求不足时，政府需采取扩张性政策。与传统凯恩斯思想不同的是，MMT 将货币和财政视为有机整体，并认为在政府的信用背书下，政府可以摆脱传统财政纪律束缚，极大拓宽扩张性政策的发挥空间。兰德尔·雷在《现代货币理论：主权货币体系的宏观经济学》一书中，从货币本质、货币主权、政策选择以及对外贸易等方面阐述了其主要观点（详见表 4-1）。

表 4-1　MMT 理论的核心观点

类型	项目
货币本质	1. 货币是一种债务凭证，现代政府通过创造一种记账货币使社会债务标准化
	2. 政府通过财政支出创造货币，政府征税的目的是推动货币的发行与流通
	3. 政府发行债券是一种调节利率的手段
货币主权	1. 中央政府选择记账货币
	2. 中央政府以记账货币为单位征税
	3. 中央政府接受以其发行的货币作为缴税工具
	4. 中央政府以本国货币作为计价单位进行举债和偿债
	5. 浮动汇率国家才拥有货币主权

续表

类型	项目
政策选择	1. 财政政策：政府财政不受收支平衡的约束，财政政策的目标是保障充分就业
	2. 货币政策：央行货币政策目标的实现必须依赖财政政策的配合
	3. 通胀政策：政府可以通过征税、举债等方式将市场中多余的货币收回，从而抑制通胀
	4. 社会保障：政府需要为没有工作的人建立“最终雇主”计划
对外贸易	1. 出口即成本，进口即收益
	2. 经常账户赤字不等于“失衡”

资料来源：笔者根据兰德尔·雷所著的《现代货币理论：主权货币体系的宏观经济学》整理。

第一，关于货币本质。①货币是一种债务凭证，现代政府通过创造一种记账货币使社会债务标准化，确保债务、资产、商品价格都可以本国记账货币为单位进行计价。②政府支出必须先于纳税：政府通过财政支出创造货币，供应私人部门用于缴税和债务清算，然后通过征税来回收释放的货币，因此，政府征税的目的是推动货币的发行与流通。③政府发行债券是一种调节利率的手段：政府通过将债券卖给商业银行 / 中央银行，使利率趋于上行 / 下行。

第二，关于货币主权。货币主权需要满足以下五个条件：①中央政府选择记账货币。②中央政府以记账货币为单位向国民征税。③中央政府发行货币，并且接受货币作为交税工具。④中央政府以本国货币作为计价单位举债，并且以本国货币作为偿还手段。⑤浮动汇率国家才能拥有货币主权。

第三，关于政策选择。①财政政策方面：发行主权货币的政府借入本币债务不会引发政府破产。因此，政府财政不受收支平衡的约束，财政政策的目标是保障充分就业。②货币政策方面：央行货币政策目标的实现必须靠财政当局的配合。因为政府通过贷记银行准备金进行支出，通过借记银行准备金进行征税。因此，中央银行的货币政策并不真正具有独立性。③通胀政策方面：当出现高通货膨胀时，政府可以通过征税、举债等方式将市场中多余的货币收回从而抑制通货膨胀。④社会保障方面：政府应该为那些想要获得工资和福利的人提供就业机会，建立政府作为“最终雇主”的就业计划。

第四，关于对外贸易。①出口即成本，进口即收益。当资源被应用于生产出口产品时，一方面，国内民众无法对该产出进行消费，或将其应用到进一步的生产中。国家承担生产成本，但并未得到好处。另一方面，进口国得到了产出却并不需要生产。因此，净出口意味着净成本，净进口意味着净收益。②经常账户赤字不等于“失衡”。因为国际收支账户始终是平衡的，经常账户逆差与资本账户顺差相对应。外资流入在资金属性上等价于货币宽松，可缓解财政融资和央行货币投放的压力。虽然资本账户顺差意味着外债积累，但只要债务以本币标价，外债与内债并无差别。

现代保险逻辑是建立在风险逻辑、货币逻辑之上的。除此之外，为了重新理解中国保险，保险的常识还可以沿着目标逻辑、历史逻辑、现实逻辑、未来逻辑的主线展开。

保险现代化的一个分析框架

一、保费价值比分析框架

如果说中国式现代化是可衡量、可感知的，那么，它到底是什么样的具体图景？有哪些具体的评价指标可供测量？要实现中国式现代化目标，又需要选择何种路径、作出哪些关键部署？同样，如果说保险服务中国式现代化是可度量、可设计的，那么中国式现代化保险体系的分析框架又是什么呢？

从金融业来看，在宏观审慎管理工具上，多年来处于探索阶段的“贷款价值比”（Loan to Value，LTV）与微观审慎监管的资本充足率一样，很可能陷入“软约束”悖论：如果资产价格被货币不断推高，贷款当然可以更高；如果人为限定资产价格，那将导致定价陷入缺乏凭据的窘境。与此类似，金融机构在资产膨胀阶段，大概率会补充资本金而不会削减资产。

从保险业来看，也有类似的问题。“保费资本比”（Premium to Capital，PTC）与偿付能力充足率也陷入了“软约束”悖论。保费资本比仅适用于财产保险公司[①]，而偿付能力充足率却陷入了“高杠杆陷阱”。这一切的原因在于“管资本”离不开“管资产”，而“管资产”必然要求“管企业”，这三者是同一件事的三个层次，并不是非此即彼的关系。

中国式现代化保险体系的分析框架，其基本原则要遵循制度体系的一致

① 《中华人民共和国保险法》第一百零二条规定：“经营财产保险业务的保险公司当年自留保险费，不得超过其实有资本金加公积金总和的四倍。”

性、监管体系的科学性、市场体系的自适应等，避免陷入“软约束”悖论和“硬约束”悖论，正如路德维希·维特根斯坦（Ludwig Wittgenstein）所说的：“不要讨论一件事物的本质是什么，而是要观察人们究竟拿它去做什么，在什么场合，怎么使用它。”

为解决保险业的“软约束”悖论，我们不妨构建一个新的评价指标——保费价值比（Premium to Value，PTV）。保费价值比，不同于资产净值溢价（Premium to Net Asset Value，PTNAV）①，是指保险企业的保费存量和市场价值的比例，用于衡量保险企业的财务健康状况和市场竞争力。其中，保费存量（Premium Stock）是指保险企业累计的保险责任准备金总额，反映了保险企业历年保费收入规模和结构；市场价值（Market Value）是指保险企业的市值（适用于上市企业或参照上市企业评估的保险公司）或评估价值与其他价值之和（适用于所有保险公司）②，这些指标共同构成了保险企业财务状况的全面画像。

根据所构建的保费价值比指标，笔者基于 2008 ~ 2023 年保险监管部门及保险企业披露的数据，评估了保险业历年累计的保险责任准备金总额，并计算累计责任准备金与总资产比、累计责任准备金与总负债比等指标。截至 2024 年 6 月 30 日，在中国 A 股上市的保险企业分别为中国人寿（601628.SH，市值 8776.19 亿元）、中国平安（601318.SH，市值 7531.75 亿元）、中国人保（601319.SH，市值 2277.54 亿元）、中国太保（601601.SH，市值 2680.23 亿元）和新华保险（601336.SH，市值 936.80 亿元），根据这五家上市公司的经营情况，笔者选取中国平安和中国太保历年的市净率（PB）平均值和市盈率

① 资产净值溢价，是指金融资产的价值高于底层净资产价值所产生的溢价情况。

② 市场价值（MV）= 评估价值（AV）+ 其他价值（OV）；评估价值（AV）= 内含价值（EV）+ 新业务价值（NBV）；内含价值（EV）= 调整后净资产（ANA）+ 有效业务价值（VIFB）。

（PE）平均值用于评估保险业的市场价值，并取 PB 法和 PE 法的平均值作为中国保险业的市场价值预测值；最后，基于上述预测值测算得到了中国保险业历年的保费价值比（如图 4-4 所示）。

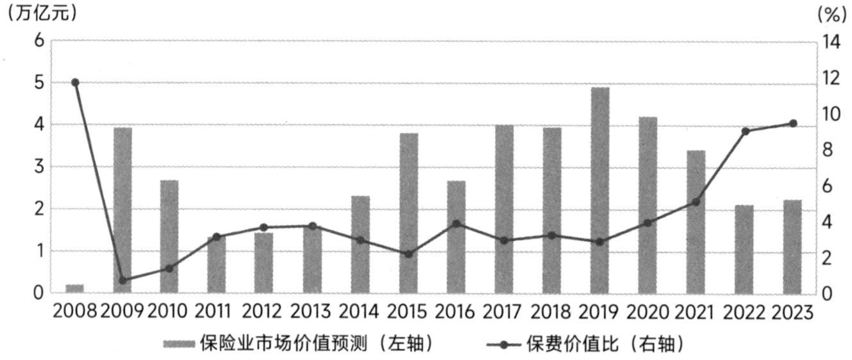

图 4-4　中国保险业的市场价值预测及保费价值比

2008 年国际金融危机之后，保费价值比急剧下降，主要是因为中国保险业躲过了国际金融危机的冲击，给资本市场发出一个良好预期。同期，上市保险公司的市净率和市盈率也都处于历史高位，保险业的市场价值预测值在 2019 年达到历史高点。但我们也发现，保费价值比也在逐年上升，2023 年已接近 2008 年国际金融危机时的水平，这进一步验证了前文所论述的偿付能力陷入“高杠杆陷阱”的问题。

保费价值比，更多地反映了市场对保险公司价值的认可，即用市场一致性评估方法来评估保险公司的价值和风险（保险责任准备金所对应的给付义务[①]）。保险公司战略定位的关键是实现收益、价值和风险三者之间的动态平衡，而保费价值比正好提供了这样的一个分析框架（如图 4-5 所示），毕竟价

① 给付义务包括主给付义务和从给付义务。主给付义务，又简称为主义务，是指保险所固有、必备的，也决定保险类型的基本义务；从给付义务，又简称为从义务，是指不具有独立的意义，仅具有补助给付义务的功能，其存在目的不在于保险类型而在于确保被保险人的保险利益及服务能够获得最大的、最能满足的义务。

值创造与风险管控构成了保险战略的基础。

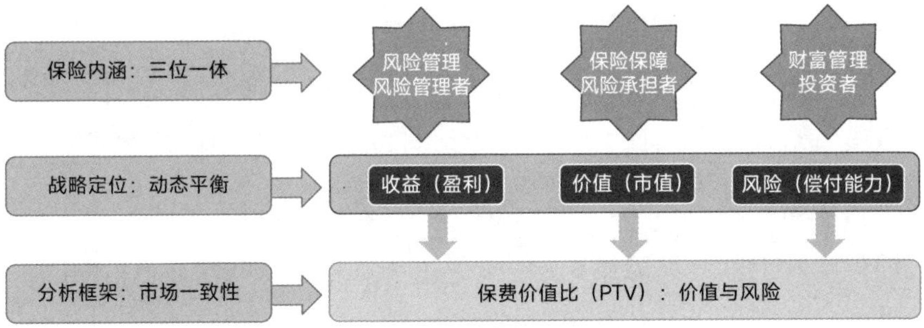

图 4-5　保险现代化的一个分析框架

二、可持续的自适应发展框架

当前，我国正处于实现“两个一百年”奋斗目标的历史交汇期，中国保险也处于一个大转型、大升级的阶段，增长速度、风险性质、结构特征都处于变革的关键期。这就意味着中国保险模式、保险逻辑、保险路径、保险学理的内涵会发生根本性转变。比如，增长速度的变化，会使宏观的无风险基准收益发生变异，收益出现下降；又如，中国支柱产业的转型、增长动能的转换、经济结构的变异，意味着风险特性发生了变化，风险逻辑也相应发生了改变。这些变化都是考验保险的关键点，也是整个保险体系是否具备应对内生风险、外生风险、非传统风险的根本点。在这样的大环境下，如何实现可持续的自适应发展成为中国保险业的重中之重。

如前文所述，可持续的自适应发展是一个不断逼近短期目标（高质量发展）和长期目标（可持续发展）的过程，其背后的理论基础正是基于保费价值比所构造的战略模型（如图 4-6 所示）。保险高质量发展的实质是保险内在结构优化和保险外在服务运行效率的提高，具体表现为保险结构层次的高度化和保险结构布局的合理化。保险结构优化不是保险结构的“帕累托最优”

（Pareto Optimality）而是保险结构的“帕累托趋近”（谋求使帕累托曲线趋近帕累托边界）。保险结构的变化并不是保险发展，只有推动保险结构层次提升与经济结构相协调的保险结构优化才是保险发展。调整保险结构更多地体现在对扭曲保险结构的“纠偏”上；而优化保险结构更多地体现在对滞后保险结构层次的“升级”上。因此，保险高质量发展在本质上就是保险结构调整和优化的过程，实质上就是保险结构层次的高度化和保险结构布局合理化的共同推进，是促进保险结构趋近帕累托最优的过程。

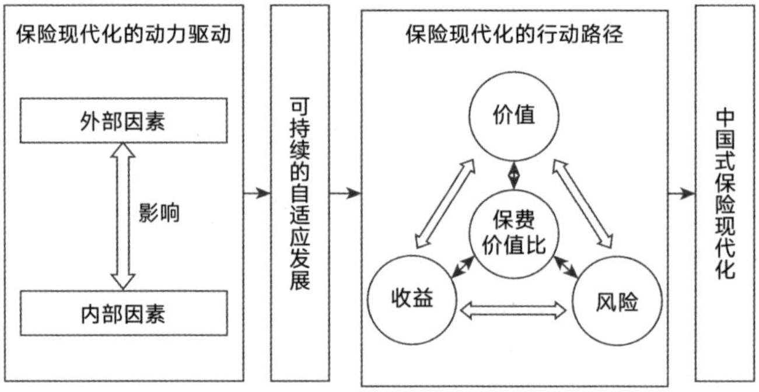

图 4-6　基于保费价值比的保险现代化分析框架

中国保险业高质量发展是一项系统工程，要在可持续的自适应发展基础上，加快推进中国式现代化体系建设，促进中国式保险现代化建设，为经济转轨、社会转型乃至国家战略服务。为此，中国保险必须坚持自适应性原则、市场性原则、开放性原则和前瞻性原则；必须明确一个目标，把握两条主线，抓住三个重点，实现四个转变。

（1）一个目标：调整保险结构现存的缺陷，促进保险结构层次高度化与保险结构布局合理化协调一致，能够充分发挥保险的风险治理、价值创造和资源配置功能，提高保险运行效率，加快促进现代保险服务业高质量发展，为深化经济体制改革和经济持续发展提供强有力的保险支持，并开创保险服务中国式现代化的新局面。

（2）两条主线：保险结构层次高度化和保险结构布局合理化。

（3）三个重点：保险产业结构、保险市场结构和保险产品结构。

（4）四个转变：按照能够很好满足人民日益增长的美好生活需要的要求，努力实现发展方式的四个转变：一是从主要着眼于现有业务领域，分割已有的市场"蛋糕"，着眼于经济社会发展对保险业的广泛需求，不断开发新的业务领域，培育新的业务增长点转变；二是从主要依靠铺设机构、增加人员、扩大投入等跑马圈地的外延式发展，向主要依靠增强自主创新能力、提升从业人员素质、改善经营管理的内涵式发展转变；三是从不重视诚信、追求短期利益、对保险资源实行破坏性开发，向注重公司和行业的可持续发展，合理有效开发保险资源，为消费者提供诚信、优质和高附加值的保险服务转变；四是从"强金融弱保险"向保险业高质量发展与在社会经济发展中的保险保障地位与作用不断提升转变。

保险现代化由传统保险中产生，其目标和结果是现代保险，传统和现代都是中国式现代化保险体系构建、中国式保险现代化建设需要关注的焦点。中国保险的现代化面临二重性问题：一方面，中国保险必须对外开放，积极融入世界保险现代化进程，汲取欧美保险现代化经验；另一方面，中国保险必须在探索服务中国式现代化进程中有所坚持和取舍，实现传统与现代，本来、外来与未来的有机结合。因此，我们需要进行保险现代化的学理思考，包括保险现代化的概念、理论和框架：一是中国保险现代化探索的大历史观，时间上从1805年起，空间上考虑国内保险和国际保险的互动，行动上整体思考上述时空范围内的中国保险的近现代历史和改革开放史；二是大学习观，充分学习、吸收、思考中国近现代保险的发展及理论探索，以及世界保险发展历史及理论创新；三是大世界观，即从世界保险历史视野看中国保险改革开放45年来的经验，在全球视野下审视中国保险经验，在全球视野下解读中国保险道路。

保险现代性的一个分析框架

一、国家保险整体价值分析框架

在人类社会发展的历史进程中，现代性和现代化是一对相互伴生、相互影响的重要概念，两者构成了描述和阐释人类社会从传统走向现代的属性、模式和特征，并成为塑造一个现代性国家的主导逻辑。现代化是人类社会发展的一种普遍性趋势，现代性是现代化进程中的本质属性及其表现形态的集中表达。从概念来看，现代化（Modernization）是一个描述人类社会从传统向现代演变和转型的总体性概念；现代性（Modernity）是指在世界现代化运动进程中形成的阶段性成果所构成的现代社会的基本特征，它是一种能够将传统和现代区分开来的诸多属性化特质。

从保险现代化整体性视角来看，保险现代化与保险现代性之间是一种手段和属性、过程和结果的关系。保险现代性是保险现代化的本质属性和内在要求，支配着保险现代化的方向和路径。保险现代化是塑造保险现代性的路径和方式，从而探索不同国家多元化、专业化、规模化、技术化、生态化的保险现代化实践路径和模式，丰富和拓展了保险现代性的时代内涵和实践形态。

从全球保险现代化到现代性的转换来看，保险“叙事指标”经历了三次转换：一是围绕保费收入展开，包括保险密度（ID）和保险深度（IP）；二是围绕保险价值展开，包括经济增加值（EVA）、内含价值（EV）、市场一致性内涵价值（MCEV）等；三是围绕全球可持续发展展开，包括经济效益（EB）和社会价值（SV）。

回到中国保险的“叙事指标”，近年来，开始从“保费收入”切换到“公司价值”，尚未跃迁到“社会价值”。基于此，笔者在《读懂未来中国保险》一书中提出了“国家保险整体价值”（National Insurance Complete Value，NICV）的概念，用于作为保险政策锚定的宏观指标并构建相应的政策空间变量[①]。

“国家保险整体价值”理论体系，其出发点是把“有利于国家保险整体价值提升”作为保险政策出发点和重要目标，这是中国特色金融（保险）发展之路在政策制定框架体系上的一个突破。理想情况下，我们应该构建一个反映中国保险整体实力和未来发展潜力的“充分统计量”（Sufficient statistics）来衡量国家保险整体价值。受现有保险统计数据限制，我们很难提供这样一个度量，只能通过关键指标来近似处理。基于此，初步规划了“三横三纵三交叉/融合”的指标体系，类似于“3×3×3”的三阶魔方，可以称为“森”模型（Forest Model）。

（1）保险发展指标（D），用于横向比较，反映保险自身的发展状况和市场空间，主要包括：保险密度（ID），是指一个国家或地区的人均保费支出；保险深度（IP），是指一个国家或地区的保费收入占 GDP 的比重；保险贡献度（IC），是指一个国家或地区的保险业增加值（IAV）占 GDP 的比重。

（2）保险服务指标（S），用于纵向比较，反映保险服务中国多层次灾害治理体系、多层次养老保障体系、多层次医疗保障体系的能力，主要包括：保险灾害比（IDR），是指一个国家或地区的保险赔偿占灾害损失的比重；保险医疗比（IMR），是指一个国家或地区保险承担的医疗费用占医疗总费用的比重；保险养老比（IAR），是指一个国家或地区的养老保险资产占家庭总资产的

① 刘俏，刘洪林 . 为什么中国应该实施积极的宏观政策？——一个基于“国家整体价值—政策空间”假说的政策框架 [J]. 经济管理学刊，2022，1（1）：35-54.

比重。

（3）保险协同指标（C），用于交叉验证，反映保险发展与服务国家战略的协同性，主要包括：保险资产比（IFR），是指一个国家或地区的保险业资产占金融总资产的比重；保险可持续发展比（ISR），是指一个国家或地区的保险业对可持续金融的贡献，包括可持续保险的间接贡献和负责任投资的直接贡献；保险金融强国贡献比（IER），是指一个国家或地区的保险业对金融强国假设的贡献，包括保险业发展对金融业发展和经济增长的直接贡献和间接贡献。

鉴于国家保险整体价值面临的挑战，笔者从横向比较、纵向比较及交叉验证三大目标的角度进行了指标设计，"横"看清保险现实，"纵"解码保险战略，"交叉"回应社会关切，目的是灵活运用范围（Scope）、度量（Measurement），以及权重（Weight）这三件"法宝"来评估国家保险整体价值。

整体来看，国家保险整体价值在研究方法上的创新源自研究目标的创新，主要包括三个方面：一是最大限度选用极具普遍性的方法论，使得该评价指标适用于不同场景，拓展其横向延展性；二是基于保险可持续的自适应发展路径研究得出保险服务中国式现代化的切入点、着力点，达成纵向比较功能；三是从客观和主观两个角度分析"从保险大国迈向保险强国"的各驱动因子的重要性，实现交叉验证及差异性分析的功能。可见，国家保险整体价值正好构成了保险现代性的一个分析框架（如图 4-7 所示）。

根据国家保险整体价值模型，首先使用与刘俏和刘洪林（2022）类似的方法，利用夜间灯光平均亮度数据构建反映一个国家经济表现的存量指标，作为对传统 GDP 的修正。具体而言，用来衡量国家整体价值（Complete Value，CV）的变量是来自夜间灯光平均亮度预测的 GDP 拟合值，具体回归模型如下：

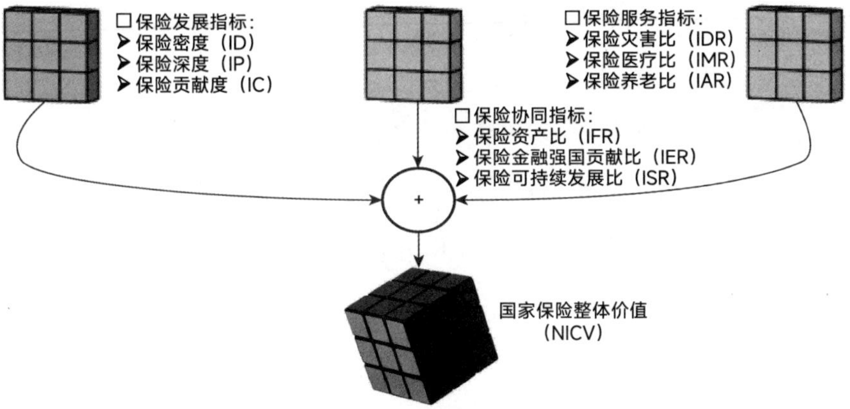

图 4-7　保险现代性的一个分析框架

$$GDP_{it} = \gamma_1 NTL_{it} + \gamma_2 NTL_{it}^2 + u_i + \delta_t + \varepsilon_{it} \quad (4.1)$$

式中，NTL_{it} 是一个国家或地区 i 第 t 年的按照面积加权的夜间灯光强度，夜间灯光强度数据的卫星图像来自 NOAA 官方网站；另外，u_i 是一个国家或地区的固定效应，δ_t 是年份固定效应，ε_{it} 是按国家或地区聚类的误差项。

我们把根据式（4.1）得到的 GDP 拟合值作为国家整体价值的衡量，即 $CV_{it} = GDP_{it}$。另外，根据一个国家或地区历年的保险直接贡献率 α_{it}（保险业增加值占 GDP 的比重），可以得到国家保险整体价值 $NICV_{it}$：

$$NICV_{it} = CV_{it} \times \alpha_{it} \quad (4.2)$$

《读懂未来中国保险》一书中，笔者在分析保险发展对经济增长作用机理的基础上，实证研究了保险发展对经济增长的直接贡献率和间接贡献率，保险业对经济增长的直接贡献率约为 0.8%，间接贡献率约为直接贡献率的 1.5 倍，对经济增长中的总贡献率约为 2%。因此，根据一个国家或地区历年的保险直接贡献率 α_{it} 和间接贡献率 β_{it}，可以得到国家保险整体价值 $NICV_{it}$：

$$NICV_{it} = CV_{it} \times (\alpha_{it} + \beta_{it}) \quad (4.3)$$

根据上述计算公式及保险业增加值（IAV）的历年数据，我们可以计算得到国家保险整体价值的直接贡献（NICV-DC）、间接贡献（NICV-IDC）和总贡献（NICV-TC），测算结果如图 4-8 所示。以 2023 年为例，国家保险整体价值的直接贡献、间接贡献和总贡献分别为 5688 亿元、8531 亿元和 14219 亿元，分别占 2023 年 GDP 的 0.45%、0.68% 和 1.13%。可见，保险业对于经济增长的总贡献远大于保险业增加值。

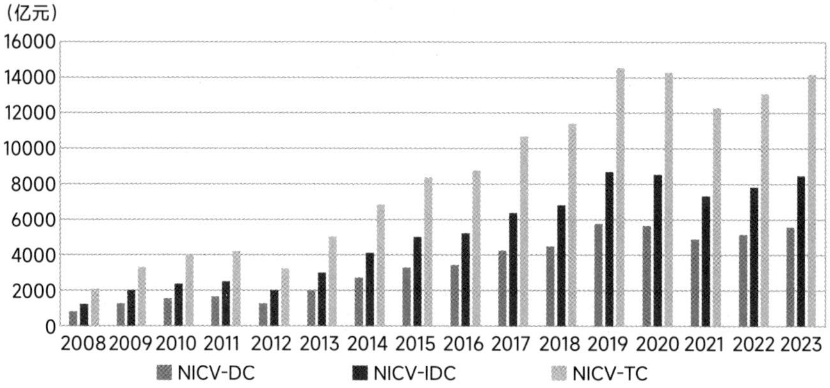

图 4-8　中国保险业的国家保险整体价值

二、国家保险整体价值的应用

国家保险整体价值可以作为保险政策锚定的宏观指标，并可基于其构建相应的政策空间变量。我们需要构成基于国家保险整体价值的宏观政策框架，并列出具体政策举措，助力中国保险回归稳健增长的轨道上，推动中国式保险现代化建设，完善中国现代化保险体系。

（1）国家保险整体价值的价值构成。

威廉·夏普在《资本资产定价：风险条件下的市场均衡理论》[①] 一文中提

① Sharpe，William F. Capital Asset Prices：A Theory of Market Equilibrium under Conditions of Risk［J］. The Journal of Finance，1964，19（3）：425–42.

出，资产收益可以分解为阿尔法收益（α）和贝塔收益（β），基于该理论框架和式（4.3），国家保险整体价值与国家整体价值的比（$NICV/CV$）也可以分解为两部分：

$$NICV-TC_{it}=NICV_{it}/CV_{it}=\alpha_{it}+\beta_{it}+\varepsilon_{it} \tag{4.4}$$

式中，$NICV-TC_{it}$表示一个国家或地区的国家保险整体价值的总贡献度；α_{it}表示一个国家或地区的保险业作为独立产业对于经济增长的贡献；β_{it}表示一个国家或地区的保险业伴随经济增长而衍生的贡献；ε_{it}是按国家或地区聚类的误差项。

（2）国家保险整体价值的单位风险报酬。

威廉·夏普于 1966 年提出了夏普比率（Sharpe Ratio），目的是计算投资组合每承受一单位的总风险，会产生多少的超额报酬。同样，我们可以计算国家保险整体价值的夏普比率：

$$SR_{NICV_i}=(ENICV_{it}-IAV_i)/\sigma NICV_{it} \tag{4.5}$$

式中，SR_{NICV_i}表示一个国家或地区的国家保险整体价值的夏普比率；$ENICV_{it}$表示一个国家或地区的国家保险整体价值的预期值；IAV_i表示一个国家或地区的保险业增加值；$\sigma NICV_{it}$表示一个国家或地区的国家保险整体价值的标准差。

（3）国家保险整体价值的保险政策空间。

基于国家保险整体价值这个概念的引入，我们将关键变量政策空间（Policy Space，PS）定义为保险监管部门可以使用政策工具来做逆周期保险调控操作的空间，具体表述为：

$$PS_{NICV_i}=\frac{P_i}{GDP_i}-\frac{P_i}{CV_i} \tag{4.6}$$

式中，PS_{NICV_i}表示一个国家或地区的保险政策空间；P_i、GDP_i和CV_i分别表示一个国家或地区的保费收入、GDP 和国家整体价值。如上所述，国家整体价值大于 GDP 的国家或地区有实施积极保险政策的巨大空间。我们提出如下假说，以此讨论一个国家或地区实施积极保险政策的可能性和前提条件。

H1：对于一个国家整体价值远大于 GDP 的国家或地区而言，即使其保费扩张速度和资产增长速度上升很快，它未来爆发系统性风险的概率也不大。

如果上述假说成立，我们预期国家保险整体价值和政策空间的作用对于保险经营效率更高的保险企业更显著。

H2：全要素生产率增速较高（保险经营效率较高）的保险企业，积极的保险政策对其经营效果更显著。

（4）国家保险整体价值的影响因子。

根据国家保险整体价值的“森”模型，国家保险整体价值的影响因子共有九个，可以表示为：

$$
\begin{aligned}
\ln NICV_{it} &= \alpha_{it}\ln D_{it} + \beta_{it}\ln S_{it} + \delta_{it}\ln C_{it} + \varepsilon_{it} \\
\ln D_{it} &= \alpha_{it}^{1}\ln ID_{it} + \alpha_{it}^{2}IP_{it} + \alpha_{it}^{3}IC_{it} + \varepsilon_{it}^{D} \\
\ln S_{it} &= \beta_{it}^{1}IDR_{it} + \beta_{it}^{2}IMR_{it} + \beta_{it}^{3}IAR_{it} + \varepsilon_{it}^{S} \\
\ln C_{it} &= \delta_{it}^{1}IFR_{it} + \delta_{it}^{2}IER_{it} + \delta_{it}^{3}ISR_{it} + \varepsilon_{it}^{C}
\end{aligned}
\tag{4.7}
$$

根据上述公式，国家保险整体价值是保险发展（D）、保险服务（S）和保险协调（C）的函数，其可以表示“C-D 生产函数”：

$$NICV_{it} = D_{it}^{\alpha_{it}} S_{it}^{\beta_{it}} C_{it}^{\delta_{it}} \mu \tag{4.8}$$

另外，根据式（2.1）可知，国家保险整体价值包含在 C-D 生产函数的式（2.1）中为 $A(t)$ 之中，是全要素生产率的一部分，即保险在经济发展中承担了“发展服务协调员”（Development Services Coordinator，DSC）的职能。

保险发展（D）体现的是保险产业的“内生性”（Endogeneity），保险服务（S）体现的是保险产业的“外生性”（Exogeneity），保险协调（C）体现的是保险产业的“嵌入性”（Embeddedness）。内生性、外生性和嵌入性共同构成了保险与对经济社会发展的相互关系和作用机制（如图 4-9 所示），发挥了保险作为“发展服务协调员”的职能。

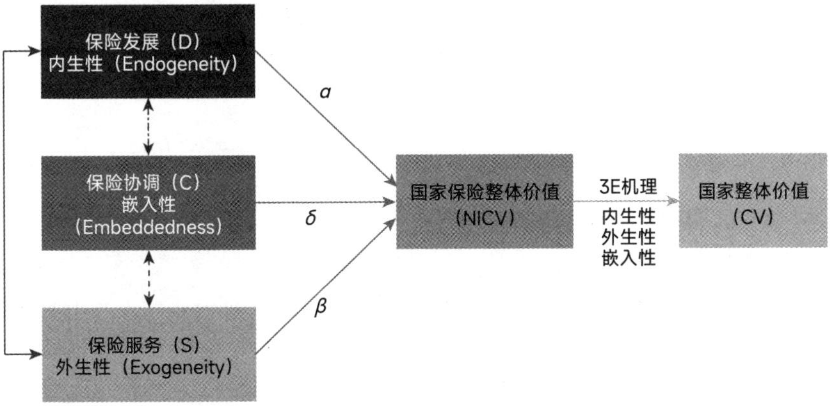

图 4-9　保险“发展服务协调员”的形成机理

三、超越保费收入，跃升国家保险整体价值

保险在经济增长中的作用历来是保险学中最古老也是最重要的问题，大批学者都对此进行了深入的探讨，分别从行业层面、企业层面，运用时间序列方法、面板计量方法、历史变迁方法、案例分析方法等来研究保险对经济发展的影响。通过大量研究发现，保险对经济发展至关重要。

长期以来，保险收入增长是中国保险政策的重要目标和政策制定时锚定的最重要的保险变量。然而，保费收入难以衡量保险对经济社会的贡献和增长质量，忽略负的外部性问题，无法反映一个国家保险的整体实力、风险治理能力、价值创造能力、资源配置能力、体制机制方面的优势，更无法满足人民群众对美好生活需求的能力。为实现保险业可持续的自适应发展，除了基于保费价值比的保险现代化分析框架（如图 4-6 所示）之外，我们还需要构建基于国家整体保险价值的保险现代性分析框架（如图 4-10 所示）。

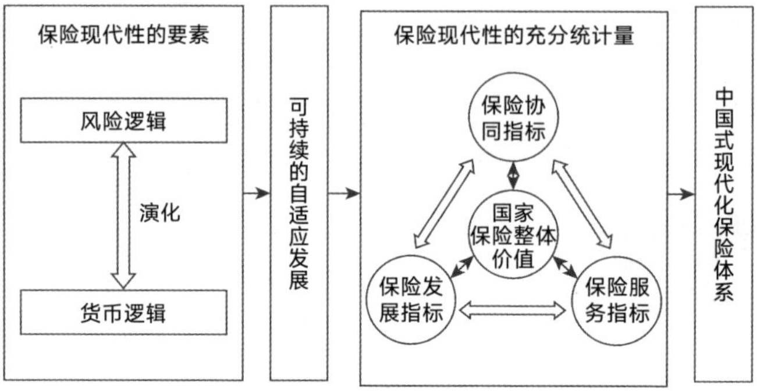

图 4-10　基于国家整体保险价值的保险现代性分析框架

基于国家整体保险价值的保险现代性分析框架，为更好发挥“发展服务协调员”作用，中国保险需要解决内生性矛盾（Endogenous Contradiction）、外生性冲突（Exogenous Conflict）和嵌入性摩擦（Embedded Friction）三个问题。

（1）内生性矛盾。中国保险的内生性矛盾主要是因信息不对称导致的保险发展无序性、盲目性和重复性，导致了“非理性繁荣”“规模报酬递减”等现象发生。卡尔·马克思（Karl Marx）曾言：“个体企业内部生产的有组织性和整个社会生产的无序状态之间的矛盾是资本主义内生性矛盾。”中国保险恰好相反，整个保险业发展的有组织性和个体保险企业发展的无序状态之间的矛盾是中国保险的内生性矛盾。

信息不对称这一现象早在 20 世纪 70 年代便受到三位诺贝尔经济学奖得主乔治·阿克尔罗夫（George Akerlof）、迈克尔·斯彭斯（Michael Spence）和约瑟夫·斯蒂格利茨（Joseph Stiglitz）的关注和研究，这为市场经济提供了一个新的视角。信息不对称理论（Asymmetric Information Theory），是指在市场经济活动中，各类人员对有关信息的了解是有差异的：掌握信息比较充分的人员，往往处于比较有利的地位，而信息贫乏的人员，则处于较不利的地位。

根据信息不对称理论，保险业要充分认识新科技、新经济、新风险及新环境的特点，高度重视信息对未来保险可持续的自适应发展的重大影响；保险监管部门在政府职能转变过程中，应注意监管部门对保险运行发挥作用的方式、方法研究；保险企业要重视信息资源的开发利用工作，加大对信息的处理和利用。

（2）外生性冲突。中国保险的外生性冲突主要是因社会结构和外部环境变化引起的行为冲突，导致内生性增长与外生性冲击出现了顾此失彼的现象。内生性增长（Endogenous Growth），也称“吸收性增长”，指基于自身资源和能力发展出来的增长，是经济增长中可持续发展的关键，具有稳定、可控的特点，以知识、技术和创新能力为核心驱动力，实现了经济增长的可持续性；外生性冲击（Exogenous Shock）则相反，是指从外部环境中来的冲击，难以预测和控制，对经济增长产生了巨大的不确定性。

内生性增长可以通过创新、技术进步和提高生产力等途径实现。内生性增长理论大致可分为两个方向：一是保罗·罗默（Paul Romer）、罗伯特·卢卡斯（Robert Lucas）、罗伯特·巴罗（Robert Barro）等经济学家用全经济范围的收益递增、技术外部性解释了经济增长的思路，代表性模型有罗默的知识溢出模型（1986）、卢卡斯的人力资本模型（1988）、巴罗的巴罗模型（1994）等；二是塞尔吉奥·雷贝洛（Sérgio Rebelo）、拉里·琼斯（Larry Jones）和真野惠里（Rodolfo Manuelli）等用资本持续积累解释经济内生增长的思路，代表性模型有雷贝洛模型（1991）、琼斯和真野惠里模型（1994）等。对于保险业来说，由于内生性增长是基于一个国家的本身资源和能力驱动而来的，所以其增长速度是有限的。随着外部环境的变化、内部资源和能力的瓶颈制约，内生性增长的增长速度在某种程度上会变慢，这时就需要依靠外生性冲击来提高保险增长率。

外生性冲击是指从外部环境中来的，无法预测和控制的因素，例如自然灾害、国际金融危机和经济社会变革等。这些冲击对经济增长产生了重大影响，会改变一个国家的经济、政治和社会环境，它们会迅速从一个国家传播到另一个国家，从而形成全球性影响。

内生性增长和外生性冲击是影响保险发展的两个重要因素，它们的不同特点决定了对保险发展的影响是不同的。在内生性增长方面，保险业应着重加强创新、技术进步和提高保险经营效率等方面的措施建设，提高保险增长率和竞争力。在外生性冲击方面，保险业应当注重建立更为完善的应对机制，加快全球化进程，促进保险市场的自由化，以适应不同的经济环境。

因此，保险业在实际应对保险发展方面，需要内外兼顾。内生性增长是保险发展的可持续基础，是保障保险繁荣发展的重要因素，其提高的效果可以长久地促进保险发展。外生性冲击则需要因时而变，在行业发展、企业转型等方面加强引导，促进保险业的恢复性发展。

（3）嵌入性摩擦。中国保险的嵌入性摩擦主要是因结构嵌入性与关系嵌入性、业务嵌入性与技术嵌入性框架的不一致性导致的，最终造成结构、认知、文化和制度等出现嵌入性问题。卡尔·波兰尼（Karl Polanyi）在《大变革》一书中将“嵌入性”概念用于经济理论分析，并指出：“人类经济嵌入并缠结于经济与非经济的制度之中，将非经济的制度包括在内是极其重要的”“经济作为一个制度过程，是嵌入在经济和非经济制度之中的。”马克·格兰诺维特（Mark Granovetter）在《经济生活中的社会学》一书中指出，“伴随现代化出现了对嵌入性观念的突破。”

保险活动是由市场价格决定的，人们在保险市场上按照收益最大化、风险最小化的方式行事，此时的保险体制是“去嵌入”（De-embedding），即不再受社会和文化结构的影响。显然，这与建设中国特色金融发展之路的要求是相悖的。嵌入性理论强调的是“社会行为需要镶嵌于社会链接网络之中”，为普惠保险、互助型养老保险等产品提供了重要的理论借鉴。为此，保险业要以嵌入性理论为背景，通过认知嵌入、关系嵌入、制度嵌入、结构嵌入探讨普惠保险、互助型养老保险的可及性，破解普惠保险、互助型养老保险发展瓶颈，进而提出普惠保险、互助型养老保险发展的新思路。

保费收入、国家保险整体价值分别体现了中国保险的背景路径和替代路径。自 2008 年以来，背景路径就已显示出从一个发展高峰开始走下坡路的迹象，替代路径是完全借助“价值创造”的理论思路和解释框架来研究保险问题，是保险学研究市场问题的努力方向，其意义在于，这不仅能增进我们对复杂保险问题的理解，还有可能颠覆保险学并开创中国保险学乃至真实世界的中国保险学。为此，我们要放弃“保费收入”，将掌声送给“国家保险整体价值”。

推动保险观念的现代化

一、为什么要推动保险观念的现代化

现代化的本质是人的现代化，思想观念现代化是人的现代化的灵魂，也是中国式现代化的内在要求。人的思想观念现代化蕴含着思维方式、思想意识和精神风貌的现代化，其中思维方式现代化是逻辑前提，思想意识现代化是核心要素，精神风貌现代化是外在彰显①。在构筑中国式现代化保险体系、建设中国式保险现代化的进程中，必须高度重视、大力推动保险人的思想观念现代化。实现保险人的思想观念现代化，积极吸收借鉴世界保险先进经验是必然选择，加快推进保险研究教育是根本途径，加强宣传保险思想文化是重要依托。

党的二十届三中全会指出，中国面临严峻复杂的国际环境和艰巨繁重的国内改革发展稳定任务。为什么自改革开放以来，我们从未有过像现在这样的危机感？因为社会由经济、制度和观念三个子系统组成，三者相互协调、相互支持，社会才能平稳运行。经过 45 年的改革开放，经济子系统发生了重大的变化，而保险制度、观念还没完全跟上。

姚洋在《制度与经济增长》一书中说，“世界太复杂了，一个人无法直接了解它是如何运作的。”这本书主要围绕诺贝尔经济学奖获得者道格拉斯・诺

① 李潘，林伯海 . 中国式现代化与人的思想观念现代化探赜 [J]. 思想理论教育，2024（3）：52-59.

斯（Douglass North）的著名论断——“制度是经济增长的根本原因”来展开的。如果想要真正地弄懂经济是什么？就一定要了解制度是怎么产生的、制度的本源是什么、对制度有什么影响等。

例如，秦始皇嬴政（公元前259～前210年）统一六国，建立了中国历史上第一个中央集权制国家，其建立的各种制度和经济社会体系的最终受益者就是皇帝一个人，这导致秦朝迅速为项羽所灭。刘邦战胜项羽建立了汉朝，汉朝延续了秦朝的中央集权制，但开始注重维护百姓的权利。这背后是观念导致的制度不同，所以才有汉朝存在四百多年的历史。

由此可见保险制度只有能够维护被保险人利益、促进保险增长、服务国家战略才能被贯彻下去；如果保险制度损害的是大部分人的利益，那么这个制度就会摇摇欲坠。

如何保证制度的有效性和稳定性呢？关键在于观念，正所谓“因念行制”（Institutions with Intentions）[①]。根据《观念史大辞典》中对“观念”词条的解释，从该词的希腊文词源上来看，与两个动词相关，“看见”（To See）和“知道”（To Know），由此可知，其表示的是通过经验感知而对外在世界产生的“理解”（To Understand）。

观念对于制度究竟有多么重要呢？回答这个问题之前，我们先看看下面这幅图（见图4-11），第一眼看到的是什么呢？

① 方钦 . 观念与制度 [M]. 北京：商务印书馆，2019.

图 4-11　一幅多义的肖像画

一位年轻漂亮的女子，一位老态龙钟的妇人，还是二者皆有？此图是心理学界流传甚广的一幅画像，有多个版本，最早的来源可追溯至 19 世纪。在一些版本中，这幅图还有一个幽默的名字："我的妻子和岳母同框"。

笔者在此想探讨的并非心理学问题，只是想借此图来说明观念的潜在影响。我们每个人面对同一事实，经由各自的大脑处理相应信息后，得出的看法是完全不同的；或者是，即便同一个人面对同一事实，在不同时间，也会得出不同看法。这说明什么？反过来思考这一问题，完全不同的两个或两组行为人，面对不同的事实却能产生相同或相似看法，这又说明什么？

一直以来，我们似乎更加关注保险业有形的政策、制度层面的改革，对于保险人无形的精神、观念上的变革的关注，相对而言没有那么多。柏拉图（Plato）说："这个世界最真实的存在是什么？是精神。"彼得·德鲁克（Peter Drucker）曾言："动荡时代最大的危险不是动荡本身，而是延续过去的逻辑做事。"中国保险又该如何推进观念上的变革，如何理性看待种种纷繁芜杂的观念争议呢？

二、如何推动保险观念的现代化

思想观念是行动和实践的先导，也是推动变革的精神力量。在实现中国式保险现代化的进程中，首先要推动思想观念现代化。实现思想观念从传统保险向现代保险转化，从保险历史向保险未来转变，这涉及两个中国保险模式、两个中国保险逻辑、两个中国保险路径、两个中国保险学说等诸多方面。

当前，保险业在中国式现代化建设中的地位更加重要，作用越发凸显，特别是"织密社会安全风险防控网"，这就决定了推进保险人思想观念现代化是保险业的一项重要目标和任务。唯有不断解放思想，更新观念，才能引领中国保险现代化阔步前行。

如何推动保险观念的现代化？世界上"没有两个社会以同一种方式实现现代化"。同样，每一个国家或地区的保险业走向现代化的进程和方式不尽相同，各个国家或地区保险人的思想观念现代化的实现路径也不尽相同。比如，"始于科技，成于资本"是全球技术创新的突出特征，历史上任何重大的科技革命都离不开金融资本的支持；相反，"始于资本，变于保险"是全球保险业发展的重要特征，保险业历史上的每一次重大变革都是因资本而起。中国保险业应当坚持国际视野，同时立足中国式现代化战略部署，不断推动保险人的思想观念现代化，包括在吸收借鉴世界保险先进经验中实现保险人的思想观念现代化；在加快推进保险研究教育现代化中实现保险人的思想观念现代化；在加强宣传保险思想文化工作中实现保险人的思想观念现代化。

如何推动保险观念的现代化？保险实践活动与发展需要理论指导。实践是理论研究和创新的重要土壤和基础，特定的社会背景和历史条件下往往会形成特殊的理论。新中国成立初期，保险为百废待兴的国家建设作出了贡献，但随着高度集中的计划经济发展和"文革"发生，国内业务一度停办。1980 年国内保险业恢复以来，保险业为各类风险提供保障和经济补偿给付，为经济发展社会稳定等作出了积极贡献，跃居全球第二大保险市场。但中国保险业仍然处于中初级发展阶段，并处在逐步迈入现代保险强国的新征程中。保险是"舶来品"，在中国的实践活动和改革发展中，必然会遇到学习借鉴和根植大地生长和发展的有机对接问题，不能简单拿来、盲目照搬，于是针对保险实践，需要总结归纳，需要摸索探索，需要寻求解决答案，更需要开创适合中国特色的保险理论。实践的发展会不断提出新的拷问，同时也对保险理论研究中国化不断提出了新要求，凡此种种，自然催生了研究和知识的学习、生产以及理论的产生、丰富与进步①。

如何推动保险观念的现代化？保险理论本身需要丰富发展与创新。理论是人类对事物的认识、理解与论述，是一种专业知识与智力成果，具有普遍适用性、指导性和稳定性。只有揭示了真理，具有普适性的学说才被称为理论。保险理论是在对保险对象及其派生所表现出的过程与发展及规律的研究、探索后，所形成的一种前后一致的概念、论述和相互不矛盾的观点或命题的完整体系。保险理论一方面来自实践，在实践中归纳总结长期验证形成理论；另一方

① 卓志．扎根中国大地创新保险理论——写在《保险研究》创刊四十周年 [J]. 保险研究，2020（10）：3-19.

面，抓住和围绕事物矛盾的特殊性，基于先验经验和公理惯例等，遵循演绎规则，产生新知识和理论。由于环境动态性、个体主观性、空间差异性和时代变迁性等原因，实践中形成的理论需要不断健全、完善、升华，甚至可能失去理论的光辉，被实践活动颠覆。比如，伴随现代信息技术出现的大数据、区块链和人工智能等新兴交叉技术和方法，正在改变传统的新古典经济学和制度经济学以及保险学的一些理论和内容等，使得现有的部分理论缺乏解释力、指导力，甚至一些理论的生命力正在受到挑战。此外，来自思维构建演绎的理论，其先验的知识和观点也不可避免会遭遇新情况、新问题的质疑或挑战。凡此种种说明，理论并非万能的，没有理论的发展也是万万不能的。想要理论之树常青，就必须确保理论要不断丰富完善，健全发展，常创常新。

如何推动保险观念的现代化？用简单的模型说明复杂的问题，而不是用复杂的模型解释简单的问题。保险学家们常常借助模型来呈现和检验保险学理论。保险学的模型大体可分为两种，一种是理论模型（Theoretical Model），另一种是实证模型（Empirical Model）。模型是对现实的抽象，但模型最终还是要为现实提供指导。保险学并不是精算数学、应用数学，虽然数学在理论研究中占据着重要地位，但它只是一种工具。求解模型本身并不是目的，真正的目的在于发现模型背后的保险理论思考和保险理论含义，从而为保险业实践中出现的问题提供新的思考和新的方案，例如政策建议等。保险学家们从现实中抽象出模型，再将模型的结果应用到现实中去。如果一味地追求模型和数学工具的复杂性，那就本末倒置了。

如何推动保险观念的现代化？保险学还适用于中国保险吗？中国保险学该如何发展？这些问题直接关乎保险业何去何从，也许只有回到经济学乃至哲学，回到经济学的基本原理，回到哲学的基本思想，我们才能找到答案。正如罗纳德·科斯（Ronald Coase）的立场，使用标准的经济理论去分析观念与制度的关联。笔者在《闲叙保险》一书中论述了保险的十大属性及其背后的十大空间，并用经济学对中国保险发展面临的二十条关系进行思辨，包括经济人与行动人、主观价值与客观价值、唯理主义与无知性、信息与知识、计算与发现、均衡与过程、集体主义与个体主义、最大化效率与协调效率、分配与创造、刺激需求与创造供给、历史与理论、实证与理解、数量与意义、目标与原则、权宜与原则、设计与自发、人为与演变、直觉与逻辑、数学与经济学、十维空间与十维思考等。在思辨的过程中，我们了解了中国保险发展的时与势、形与型、近与远、破与立和变与不变，了解了真实世界的保险学对中国保险的重要性。

约翰·凯恩斯（John Keynes）和弗里德里希·哈耶克（Friedrich Hayek）是死对头，但他们都认识到观念的力量。凯恩斯说，“讲求实际的人自以为不受任何理论的影响，其实他们是某个已故经济学家的俘虏”“危险的东西不是既得利益，而是思想”。哈耶克曾说，“长远而言，是观念，因而也是传播观念的人主宰着历史发展进程。”

未来简单的链接和映射可以交给人工智能（AI），但复杂和深度的链接和映射一定是经由人们的深度思考完成的。同样，每个保险企业、保险人所处情境下的思维方式决定了其未来的前景，这正是笔者所论的“推动保险观念现代化”的意义所在：真正决定你能走多远的，是你深度思考的能力。

厘清中国保险的大逻辑

一、市场化的结果而非政策工具

从统计数据来看，中国保险业似乎呈现回暖态势，但风险挑战依然存在，尤其保险资金运用收益率下行但风险上扬更是主要矛盾。怎么办？第一，需要我们静下来，全面检视和梳理，搞清问题的内在诱因；第二，抓到“纲”，纲举才能目张。

党的二十届三中全会指出，高水平社会主义市场经济体制是中国式现代化的重要保障。必须更好发挥市场机制作用，创造更加公平、更有活力的市场环境，实现资源配置效率最优化和效益最大化，既“放得活”又“管得住”，更好维护市场秩序、弥补市场失灵，畅通国民经济循环，激发全社会内生动力和创新活力。

社会主义市场经济体制是我国社会主义基本经济制度的重要组成部分，是中国特色社会主义的重大理论和实践创新。回顾历史，从 1993 年党的十四届三中全会提出建立社会主义市场经济体制，到 2003 年党的十六大提出完善社会主义市场经济体制，到 2022 年党的二十大提出构建高水平社会主义市场经济体制，再到现在对“构建高水平社会主义市场经济体制”进行战略部署，过去 30 年，我国一直是在走社会主义市场经济道路，现在要向高水平方向迈进，因为高水平是中国式现代化的重要保障。

由此可见，中国保险业的发展是市场化选择的结果，而非保险政策的工具。这就是中国保险的“纲”，是中国保险的原则，是中国保险的方向，其他都是“目”。因此，中国保险需要围绕“构建高水平社会主义市场经济体制”进行保险政策的设计、执行与评估。

第一，保险体制要符合“高水平社会主义市场经济体制”的要求。为此，要进一步推进保险市场化改革，建立中国保险的“市场优化模式”，充分发挥市场在保险资源配置中的决定性作用。同时，保险监管部门应通过法治化手段和良好的政策环境，引导保险市场有序运行。

第二，保险体制要服务“高水平社会主义市场经济体制”的构建。高水平的社会主义市场经济体制，其核心在于市场在资源配置中的决定性作用。保险的核心职能是风险治理、价值创造和资源配置，为此保险业要进一步发挥资源配置功能，通过风险治理和价值创造优化资源配置的机制、模式和路径。

第三，保险体制要能激发各类保险企业的活力。无论是大型、中小型保险企业，还是国有、民营、外资保险企业，都是保险业发挥“保险力量”的载体。为此，要深化保险企业发展的政策和制度环境，要优化保险企业的准入退出机制，要进一步扩大保险制度型开放，促进各类型保险企业发展，激发和保护企业家精神，从而提振保险市场信心，使保险经营主体更加充满活力。

第四，保险体制要能契合国家宏观经济治理体制。随着中国保险业“由大到强”，其受宏观调控的影响越来越大，同时对宏观调控制度体系的影响也越来越大。为此，要从根本上理顺保险业发展的风险逻辑、货币逻辑，并契合稳定政策、增长政策和结构政策三大类宏观政策操作的整体逻辑，使保险政策操作与宏观政策操作形成合力，从而确保“增强宏观政策取向一致性”的调控理念落到实处，切实提升宏观政策的整体调控效果，顺利推进中国式现代化。

二、正确处理政府和市场的关系

《决定》提出：“经济体制改革是全面深化改革的重点，核心问题是处理好政府和市场的关系。”处理好政府和市场关系，是一道经济学上的世界性难题。据世界银行研究，1960 年全世界共有 101 个中等收入经济体，到 2008 年只有 13 个进入高收入经济体行列。一些经济体之所以落入“中等收入陷阱”（Middle-income Trap），一个重要原因就在于未能处理好政府和市场的关系。我国从计划经济体制到社会主义市场经济体制的转变过程，始终是围绕着正确处理政府和市场关系这个核心问题展开的。深刻认识《决定》提出的“使市场在资源配置中起决定性作用和更好发挥政府作用”的重要意义和作用，有利于构建高水平社会主义市场经济体制，推动有效市场和有为政府更好结合。

对于保险业来说，使市场在资源配置中起决定性作用，实质就是要让价值规律、竞争和供求规律等市场机制在资源配置中起决定性作用，进一步解除对保险发展的束缚。在保险发展中，更好发挥政府作用，不是要弱化或取代市场作用，而是要弥补市场失灵，并为市场有效配置资源和经济有序运行创造良好环境。处理好政府和市场关系，具体可以从以下几个方面来理解。

第一，要有利于激发我国保险业各类主体活力。保险企业是保险市场的细胞，是保险市场创新的主体，是保险业充满生机活力和蓬勃发展的基础。处理好政府和市场关系，有利于构建中国保险的“市场优化模式”，包括平等的保险市场准入、公平的保险竞争条件和市场化、法治化、国际化的营商环境，这是保险企业保持生机活力的根本保证。

第二，要有利于加快我国保险业的转型升级。当前，我国保险运行中的主要矛盾是结构性、周期性的，矛盾的主要方面在于保险资金运用收益率下行但风险却上扬。处理好政府和市场关系，有利于优化中国保险的“市场优化模式”，进而推动保险发展增强其平衡性、协调性、可持续性，迈上更高质量、更有效率、更加公平、更可持续、更为安全的发展之路。

第三，要有利于加快我国保险业的对外开放。改革和开放相辅相成、相互促进。扩大对外开放不仅使我国保险业能够充分利用国内国际两个市场、两种资源来推动发展，而且为中国保险改革提供了进一步发展社会主义市场经济的经验、规则等，成为推动保险改革的重要动力源泉。处理好政府和市场关系，有利于升级中国保险的“市场优化模式”，更好地适应国际保险市场竞争的新特征、新要求，提升中国保险在全球保险中的话语权。

第四，要有利于发挥保险在服务型政府中的作用。《决定》提出：“严格落实安全生产责任，完善自然灾害特别是洪涝灾害监测、防控措施，织密社会安全风险防控网，切实维护社会稳定。”近年来，社会安全风险呈现出风险破坏性和影响性增强、风险隐匿突发性增强、风险快速扩散性增强、不同社会安全风险之间互动性增强等一系列新特点。“保险业要在大有可为的时代大有作为”，应从推进中国式现代化建设全局出发，织密社会安全风险防控网，切实发挥经济减震器和社会稳定器作用。

三、正确理解深化金融体制改革

《决定》提出“深化金融体制改革”。近年来，我国金融业增加值占比不断提升，金融在支持实体经济、防范化解金融风险等方面取得重要阶段性成果。但与金融强国和中国式现代化建设的目标要求相比，金融服务实体经济的质效不高，金融行业“资金空转”“关联套利”等现象不同程度地存在着，金融领域风险隐患仍然较多。推进金融体制改革向纵深发展，既是推动我国金融业转型升级的突破口和着力点，也是解决当前我国金融领域突出问题的重要路径，是推动经济高质量发展的重要保障，事关中国式现代化建设的全局和根本。

中国人民银行在传达学习党的二十届三中全会精神时指出，金融领域改革是我国全面深化改革的重要组成部分。为此，一是坚定落实党中央对金融工作的集中统一领导，把党的领导贯穿工作的各方面、全过程；二是立足服务高质量发展首要任务，加快完善中国特色现代货币政策框架；三是健全宏观审慎政策框架和系统性金融风险防范处置机制，守住不发生系统性金融风险的底线；四是持续深化金融供给侧结构性改革，健全具有高度适应性、竞争力、普惠性的现代金融体系；五是建设更高水平开放型金融新体制，积极参与全球经济金融治理。

金融监管总局在传达学习党的二十届三中全会精神时指出，金融业要为全面深化改革营造良好金融环境。为此，一是要深刻领会和把握进一步全面深化改革的主题，聚焦服务中国式现代化，不断提升金融服务能力和水平，畅通“资金—资本—资产”循环，为中国式现代化提供有力的金融保障；二是要深刻领会和把握进一步全面深化改革的重大原则，深入践行金融工作的政治性、人民性，切实强化“五大监管”，不断健全防范化解金融风险的体制机制，持续增强金融改革的系统性、整体性、协同性；三是要深刻领会和把握进一步全面深化改革的重大举措，坚定不移推进金融治理体系和治理能力现代化建设，提升金融业可持续发展能力，更好适应经济社会高质量发展需要；四是要深刻领会和把握进一步全面深化改革的根本保证，充分发挥全面从严治党的政治引领和政治保障作用，努力打造山清水秀的金融政治生态，激发广大干部干事创业的积极性、主动性，有力保障各项重大改革举措落地落实。

中国证监会在传达学习党的二十届三中全会精神时指出，资本市场是改革的产物，也是在改革中不断发展壮大的，要全面深化资本市场改革。为此，一是坚持用改革的办法破解制约资本市场平稳健康发展的深层次矛盾和问题，增强资本市场内在稳定性；二是进一步增强资本市场对科技创新的包容性、适配性，培育壮大耐心资本，做好金融“五篇大文章”，引导更多资源要素向新质生产力集聚；三是完善强监管、严监管的制度机制，加强上市公司全链条监管，大力加强投资者保护工作，强化监管问责；四是统筹发展和安全，落实对风险早识别、早预警、早暴露、早处置要求，完善债券违约、私募、交易场所等重点领域风险防范化解机制，维护资本市场基础设施运行安全；五是刀刃向内、自我革命，扎实做好中央巡视整改，深化党纪学习教育，坚定不移正风肃纪反腐，打造监管铁军。

中国人民银行、金融监管总局及中国证监会的表态，具象到中国保险业，可以总结出深化金融体制改革将有以下几个着力点：一是保险业要积极参与金融调控体系的构建；二是保险改革要以化解保险业的金融风险为重，并建立发展和监管并重的长效机制；三是要构建完备有效的保险监管体系，全面强化“五大监管”；四是形成结构合理的保险市场体系；五是强化分工协作的保险机构体系，发挥经济“减震器”和社会“稳定器”功能；六是完善多样化、专业性的保险产品和服务体系，围绕做好“五篇大文章”，强化保险产品和服务创新，优化保险资金运用结构；七是全面深化保险市场化改革，建立中国保险的“市场优化模式”；八是推动保险高水平双向开放，提高我国在国际保险规则标准制定中的话语权和影响力。

为什么要厘清中国保险的大逻辑？毋庸置疑，当下的中国保险说到底，关键在于保险资金运用收益率下行但风险却上扬的矛盾，这就需要我们厘清中国保险的大逻辑，推动保险观念的现代化，确保保险决策的科学化。因为所有保险决策都需要信息，但大部分保险决策所需要的信息是不完备的，存在缺失。特别是越是重大的、一次性的决策，信息缺失越严重；并且信息是分散的、主观的、个体化的。这就是弗里德里希·哈耶克所讲的“无知”（Ignorance）。无知使决策变得非常不容易，而更大的麻烦是，许多人不仅不知道自己的无知，甚至认为自己无所不知，结果就出现了“致命的自负”（Fatal Conceit）。“致命的自负”常常会导致灾难性的决策。

如何成就明日之伟业

一、保险的未来之未来

金融是国民经济的血脉，是国家重要的核心竞争力。全面建设社会主义现代化国家，金融是当之无愧的“国之大者”。同样，保险作为现代金融体系的重要组成部分，是“国之重器”，在中国式现代化建设全局中发挥着重要作用。关于中国保险的未来之未来，现阶段或许很难勾勒全部，但找到正确的问题和前进的方向同样重要。对未来中国保险的思考是一个没有终局的故事，面向未来，我们需要直面问题，聚焦中国保险核心竞争力的提升，并努力付之于行动、上下求索。

（一）谨防“无利润”经济陷阱

最近看到很多对金融业质疑的“小作文”，比如“金融的本质是什么？为什么不创造任何价值，却能远超实业的获利？”关于这个问题，我们不妨先看看当前我国所陷入的“无利润”经济陷阱[①]。

工业是商品价值之源，商业是商品利润之源。从历史来看，“工业利润 + 商业利润 + 服务利润”是全社会的所有利润来源，而商业利润是大头。但经济学有个重要定律，当商品信息足够透明时，商品利润将无限趋近于零。

毫无疑问，互联网提供的商品透明度带来了商品交易的极高效率，包括购物方便、价格低廉等。但同时它也带来一系列不容回避的经济和社会问题：第

① 钮文新 . 厘清中国经济大逻辑 [J]. 中国经济周刊，2023（18）：52-60.

一，恶性竞争导致商业企业营商环境日益恶化，商业利润大幅降低；第二，越发微薄的商业利润，使得原本最大的就业领域不断收缩，整体商业领域可容留的就业人员规模，以及可支撑的中产家庭数量越来越少；第三，大资本支持下的平台渠道走向垄断，“无效消费”暴增，消费者极易变成“剁手族”，而无论消费数量如何增长，多数商家依然无利可图；第四，飞奔的快递车辆车祸频发，包裹拥挤在城市社区门前，收件人排队取包裹成为城市景观；第五，优雅而随机的消费快乐消失，社会紧张感大增，幸福感递减；第六，退货、快递包装造成严重的资源浪费，与构建环境友好型社会存在矛盾。

这种商品市场景观背后是什么？

我们必须清醒地意识到，科技所带来的市场行为未必都呈现正效应。比如，个别公司依托“科技实力＋资本实力”快速形成垄断，使得大量公共服务渠道收窄；又如，购货退货频繁，占用大量快递资源，造成包装浪费严重等。所以，无论何时何地，政府都应该依据市场条件的变化，兴利除弊，让更多的劳动者在商业活动中获得收益。

所以，在构建全国统一大市场的过程中，政府应以“人民利益至上”为原则，大力推动中国商业经济重构。我们说，事物是在“否定之否定”中前进的。电子商务的出现部分“否定”了传统店铺式经营方式，其“否定之否定”阶段又该是怎样的模式？至少，我们需要认真研究与实践，尽快推动商业市场找到新的各方利益平衡点。更重要的是，我们需要破解传统商品市场“过卷”趋势，避免陷入“无利润”经济陷阱。

回头来看看中国保险，特别是当前的保险创新，很多尚处于忽视利润的模仿阶段，基本停留在以争夺市场份额为重点的初级阶段，忽视了成本收益核算，这个误区必须引起广大保险机构的重视。

这几年很火的“增额终身寿险”，其“预定利率”已成为保险业的热门话题，监管部门更是多次进行“窗口指导”，这表明保险公司对这些产品的风险与收益的测算至少是不明确的，而增额终身寿险的“创新”主要源于对同业产品简单、形式上的模仿，这种模仿有一定的可取之处，但由于缺乏对产品成本收益测算，风险较大。如果保险创新不从战略角度出发，不从利润出发，而是以提高知名度、抢占市场份额为主，这种创新必然技术含量低，容易被对手模仿，其利润增长也必定有限。

（二）织密社会安全风险“防控网”

面对严峻复杂的国际环境和艰巨繁重的国内改革发展稳定任务，社会安全风险已然成为中国式现代化进程中的重要风险因素，能否“织密社会安全风险防控网”成为中国式现代化行稳致远的关键前提之一。可见，“织密社会安全风险防控网”是新时代有效防范化解重大安全风险的重要战略部署，更是我国在新的战略机遇、新的战略任务、新的战略阶段、新的战略要求、新的战略环境下全面应对和战胜风险挑战的重要指导方针。

社会安全风险是指对威胁、破坏社会公共秩序和人民群众生命财产安全可能性的认知与判断。社会安全风险囊括了社会治安风险、自然灾害风险、公共卫生领域风险、教育就业风险、食品安全风险、社会保障风险、网络公共安全等社会生活领域出现的安全挑战。2024 年 6 月 19 日，国家金融监督管理总局局长李云泽在 2024 陆家嘴论坛上指出，保险业要“筑牢经济安全网”“筑牢社会保障网”“筑牢灾害防护网”。为此，保险业要深化社会治理相关的保险（包括安全生产责任保险、食品安全责任保险、环境污染责任保险、公共安全责任保险等）、巨灾保险、养老保险、健康保险等领域的改革，提升服务中国多层次社会风险治理体系、灾害治理体系、养老保障体系、医疗保障体系的能力，为广大人民群众更好地编织普惠性、基础性、兜底性的“社会安全风险网”，维护人民群众的人身安全、财产安全、食品安全、网络安全、环境安全、心理安全等。

第一，积极参与中国多层次社会风险治理体系建设。进入 21 世纪以来，随着全球化浪潮和信息化革命的不断推进，人类社会已逐渐步入了一个全球风险社会，风险对包括中国在内的所有国家治理和政府职能的冲击和挑战，正在成为一种新常态，这在客观上也提出了保险业如何参与国家风险治理体系建设的新课题。当前，风险已经发生了演变，从纯粹的危害演变为危害、脆弱性和敞口（风险 = 危害 × 脆弱性 × 敞口），这已超越传统保险的保障范围，因此保险业需要回归保险本源、初心，创新保险理念和工具，如开展风险减量服务，以助力中国经济持续健康发展和社会大局稳定。

第二，积极参与中国多层次灾害治理体系建设。多层次灾害治理体系，即多层次巨灾风险分散机制，是指构建包含巨灾保险、传统巨灾再保险、巨灾债券等特种风险分散机制在内的多层次、跨区域防灾减损治理体系。保险参与自然灾害治理是经济社会发展的必然趋势，“巨灾风险一国承保—巨灾风险区域分散—巨灾风险国际承保—巨灾风险全球分散”已经成为全球自然灾害风险治理的主要手段。除发挥保险的巨灾融资职能外，关键还要做好风险减量服务工作，特别是灾害风险减量和社区风险减量服务工作。

第三，积极参与中国多层次养老保障体系建设。我国进入老龄化社会已经 20 余年，近几年老龄化程度不断加深，因此必须尽快健全养老保险体系，不断夯实国民养老财富积累，保障人们晚年收入水平不断提升，共享经济发展成果，实现国家 2035 年远景目标。截至 2023 年底，我国 60 岁及以上老年人达到 2.97 亿人，占总人口的比重为 21.1%；65 岁及以上的老年人达 2.17 亿人，占总人口的比重为 15.4%。总体来看，我国的人口老龄化具有老年人口规模巨大、老龄化进程速度快、应对人口老龄化任务重三个显著特征。为此，中国保险业要着力健全保险类养老金融产品（养老保障）体系、养老服务体系、医疗服务（健康支撑、健康服务）体系，打造“保险类养老金融产品 + 养老服务 + 医疗服务”的中国养老保险“新模式”。

第四，积极参与中国多层次医疗保障体系建设。经过 20 余年的发展，我国医疗保障经历了制度从无到有、覆盖面从小到大、保障能力从低到高、管理服务从粗到精、改革路径从孤立到协同的发展历程，初步建成了以基本医疗保险为主体、医疗救助为托底、其他多种保障形式为补充的多层次医疗保障体系，在保障国民公平就医权方面发挥了重要作用。总体而言，由政府主导的“基本医疗保险 + 大病保险 + 医疗救助”三重保障制度建设已经比较完善，且制度间衔接相对系统。为此，一是要支持保险机构开发与基本医疗保险相衔接的商业健康保险产品（替代型 / 待遇补充型 / 渠道补充型），更好覆盖基本医保不予支付的费用；二是要找到“惠民保”在国家多层次医疗保障体系中的定位及突破点。

历史的如椽巨笔常常在重要节点上留下浓墨重彩的篇章。服务中国式现代化建设的中国保险需要对中国经济社会发展规律进行深刻思考，主动回应经济社会发展。要深刻理解中国保险面临的结构性、质量性挑战，识别第一性的重要问题，坚持目标导向、问题导向、结果导向，继往开来，为以中国式现代化全面推进强国建设、民族复兴伟业提供有力支撑。中国式现代化建设对保险业提出了更高要求，保险业要以更高站位、更高标准、更高水平开创保险服务中国式现代化新局面，织密社会风险“防控网”，筑牢社会安全“防火墙”。

（三）打通通向未来的“高速路”

打通通往未来保险的思路，是开启保险未来的必由之路。谈及保险业未来的发展方向，要继续推进深层次改革，解决目前保险业大而不强、供给质量不高、技术水平与服务质量欠佳、监管创新不足等问题；要继续高水平开放，鼓励保险机构引进境外专业投资者，同时也积极推动保险机构“走出去”以及全方位创新；要致力于从传统保险大国向现代保险强国迈进，从国际规则的跟随者向引领者迈进，从产品服务的提供者向开创者迈进。

从中国保险的现状或深化改革的任务来看，“大而不强”的问题比较突出。与美国等保险发达国家相比，我们仍然存在一定的差距。尽管经过 40 多年发展，中国保险市场已经位居世界第二，2022 年全球市场份额达 10.3%，是名副其实的保险大国，但与世界第一大保险市场——美国（同年全球市场份额高达 43.7%）相比还存在相当差距：我国保险密度（人均保费）和保险深度（保费占 GDP 比重）世界排名分别为第 42 位和第 38 位，大致相当于美国的 5.5% 和 33.1%、世界平均水平的 53.7% 和 57.4%，因此，我国还称不上保险强国。

党的二十大报告指出，高质量发展是全面建设社会主义现代化国家的首要任务。《决定》指出，“高质量发展是全面建设社会主义现代化国家的首要任务。必须以新发展理念引领改革，立足新发展阶段，深化供给侧结构性改革，完善推动高质量发展激励约束机制，塑造发展新动能新优势。”金融是国民经济的血脉，是国家核心竞争力的重要组成部分，因此高质量发展必然要求我国金融高质量发展。为此，保险业要紧紧围绕金融强国和中国式现代化建设任务，着力推动质量变革、效率变革、动力变革。

（1）始终坚持质量变革。发展是解决我国保险业一切问题的基础和关键。保险发展是质和量的有机统一，保险长期持续健康发展有利于促进发展质量变革。质量变革，包括通常所说的提高保险产品和服务质量，更重要的是全面提高保险业各险种、各层面的素质。这是一场从理念、目标、制度到具体领域工作细节的全方位变革，是高质量发展的应有之义。高质量发展意味着要顺应消费个性化、多样化发展的大趋势，坚持质量为先，夯实保险产品和服务创新的技术能力和基础，开发出符合市场需求、性价比合理、保障与投资性高的保险产品和服务，塑造具有影响力的中国品牌及品牌创造能力，满足人民日益增长的美好生活需要。

（2）精准推进效率变革。效率是保险发展的永恒追求。市场竞争，归根结底是投入产出比的竞争、效率高低的竞争。高质量发展涉及保险增长的全要素全过程，推动效率变革，就是要填平各种低效率洼地，提升生产要素的使用效率，并不断提升科技进步贡献率和全要素生产率，为高质量发展奠定一个稳固基础。同时还要推进高水平对外开放，在更大范围、更高水平参与国际竞争和合作，稳步提升我国保险业在全球保险市场中的地位。

（3）充分激发动力变革。动力变革既是保险业高质量发展的关键，也是实现质量变革、效率变革的重要条件。改革创新是高质量发展的动力源泉。一方面，高质量发展根本上是改革问题，必须坚定不移推进改革，着力破除制约保险业高质量发展的体制机制，建设高标准保险市场体系，不断扬优势、补短板、强弱项。另一方面，在新技术、新业态、新产品不断出现，国际经济竞争日益激烈的背景下，实现保险业高质量发展必须把创新作为引领发展的第一动力。这是推进保险转型升级的必由之路，是推动质量变革、效率变革的必由之路，是释放资源活力、激发增长新动力的必由之路。

二、走向未来金融世界

在当今不断变化和发展的全球经济环境下，人们对金融领域的关注日益增加。作为现代社会中至关重要的一部分，金融业已成为引领整个社会前行步伐的推动力量。然而，在这个快速发展、信息爆炸并充满挑战与机遇的时代，我们应该审视当前金融世界所呈现出来的新趋势，并思考如何利用这些趋势来更好地推动金融业的发展。

从 2019 年开始，中国人民银行先后印发《金融科技发展规划（2019—2021 年）》《金融科技发展规划（2022—2025 年）》；2021 年，《中华人民共和国国民经济和社会发展第十四个五年规划和 2035 年远景目标纲要》指出：“稳妥发展金融科技，加快金融机构数字化转型”；2022 年，中国银保监会办公厅印发《关于银行业保险业数字化转型的指导意见》。随着各种利好政策的发布，特别是以 ChatGPT 为标志的大模型技术出现，使金融与科技的协同效应、交互效应在近两年得到增强，预计未来将会得到进一步强化，这将推动金融科技的快速发展。

科幻小说作家是生活在未来的人，他们常常有一些疯狂的想法，看上去匪夷所思，然而这些想法却都有符合科学逻辑的推理过程，细思并非全是痴人说梦。回顾金融科技的发展，2019 年以来的设想，大多数已成为现实；其中最著名的就是虚拟数字人，基于人工智能框架从生物特征、性格特征、态度观点、创造力、知识、技能等维度构建的个性化、多样性的数字员工正在走进金融企业。

2023 年，部分大型金融机构相继成立“数智研究院”，还有部分大型金融机构搭建了数字员工平台，提供了丰富的、基于虚拟数字人的智能生产力工具，包括播报视频生成、交互内容搭建、虚拟直播管理、AIGC 艺术创作等，并且已经广泛应用于客服、销售、咨询等场景。数字员工的价值或者说数字员工的“人口红利”正在得以显现，其可应用于跨终端设备，服务于多样化场景；可整合知识库，提升智能推荐效率；可提升人机交互体验、客户服务效能、销售转化率等。

未来将会有更多、更智能的数字员工“入职”金融机构，包括虚拟客服、虚拟主播、虚拟销售、虚拟咨询、虚拟讲解、虚拟投顾……数字员工正在成为金融机构的一员。

比如虚拟金融咨询师，在企业官网页面中嵌入虚拟数字人，让每一位来访官网的顾客都能够得到热情专业的接待，交互过程中能够为顾客解答产品问题，并引导用户进行个人需求说明，即时生成金融服务方案，在交互过程中形成用户画像，进一步实现公域向私域、线上向线下的引流。

又如虚拟交互讲解员，在企业体验厅里能够为来访顾客介绍公司战略、历史、产品等内容，并能够跟来访顾客进行语音互动，人物形象跟真人完全一致，而且口型、表情自然。

再如虚拟电商主播，可以 7×24 小时在直播间为观众讲解金融产品并与观众进行留言互动，能够轻松讲解海量的金融产品，准确回答观众在留言区的问题，沉淀和提炼最佳运营实践。

除了数字员工、黑灯工厂、智能助手之外，我们还将看到各种取之不竭、用之不尽的通用型创新技术，使金融科技升维到一个完全陌生的未来金融世界——金融科技的未来之未来。

如果说 2023 年以前，金融科技只渗入金融业的边缘地带，到 2024 年金融科技已经开始进入金融业务的核心环节，改变我们过去一直以来对金融服务的认知和体验。从科技改变金融的维度来看，它与科技发展的维度逐步呈现一致性。可以想象，随着科技水平的进一步提升，科技改变金融将会向更高维度演变。比如时间维度，未来的金融科技或许可以带来时间上的改变，就像是现在的自己和未来的自己做金融交易，它在改变现在的同时，也改变了未来；又如空间维度，未来的金融科技或许藏在很小的层面，在一个点上就能完成整个金融交易。

金融的核心是跨时间、跨空间的价值交换，所有涉及价值或者收入且在不同时间、不同空间之间进行配置的交易都是金融交易。从时间和空间维度来看，金融科技解决了跨时间、跨空间的价值交换，可以实现金融效率与效用在时空维度的最大化，这也是金融“供需—矛盾—拐点”演化的重要助推器、加速器。

根据美国未来学家雷蒙德·库兹韦尔（Raymond Kurzwei）提出的“加速回报定律”，如果一项科技符合加速回报定律，那么就意味着这项科技越先进，它进展的速度就越快，在一段时间后就会实现指数级进步，这与“摩尔定律”极为相似，即出现重大技术进步的时间间隔在缩短。金融科技是技术推动的金融创新。如果上述观点是真实存在的，那么金融科技的发展也将会出现一个奇点，在一定的时间内有些金融科技一定会产生，并且在某个时间内加速爆发。也就是说，从发展的视角来看，金融与科技的融合、交互将成为金融创新的主要动力源，金融科技将不断改变金融形态、金融模式和金融效率，一些传统经济、金融、保险理论已经难以解释现代金融现象，推动金融科技理论创新迫在眉睫。

《金融科技发展规划（2019—2021 年）》指出，“金融科技的快速发展促使金融业务边界逐渐模糊，金融风险传导突破时空限制，给货币政策、金融市场、金融稳定、金融监管等方面带来新挑战。”金融科技实践发展出现的问题是金融科技学科需要解决的问题。另外，金融科技形态随着科技本身的发展在不断演进，其中的规律值得总结。金融科技形态与金融本身发展的关系，科技周期与金融科技创新周期的关系，金融科技未来的趋势等，这些基础理论问题需要深入研究，进行理论化梳理。

可见，“金融科技的未来之未来”关键不在于金融，也不在于科技，而在于我们对“金融科技”理论体系的认知。金融科技理论具有特殊性，因为它植根于科技发展与金融创新，需要两个领域的基础理论支撑。金融学的理论是否因科技发展改进金融模式、效率而发生变化？新型的金融科技形态，比如虚拟数字人会产生风险吗？数字员工会替代现有员工吗？又如数字人民币会带来货币理论的变化吗？这些基础性学术问题需要理论创新给出解释。金融科技领域的理论发展有很多亟须探讨的方向。

2023年中央金融工作会议明确，“做好科技金融、绿色金融、普惠金融、养老金融、数字金融五篇大文章”。金融科技要不忘初心，用科技力量让金融更好、更快地服务于实体经济，实现金融与实体经济的良性循环。这需要金融科技拥有开放的胸怀，具备开放的实力，以数据和技术为基础，为金融机构提供提高内生增长能力的服务，助力“金融强国”建设。

面向未来，面向“金融科技的未来之未来”，顺着“变革、模糊、规则、无限”的脉络，进程中的第四次工业革命（新时代）、岔路中的文明路径选择（新文明）、浮现中的未来星球（黑科技）、奇妙中的不确定性（引爆点）、思想中的未来旅程（大智慧）慢慢浮现在我们的眼前，我们会缓慢揭开金融科技的神秘面纱，会逐步理解金融科技重塑金融的力量，然后去描述无法预知的未来金融世界。

40亿年来，地球生物进化的准则始终没有改变，那就是物竞天择。不管你是一个蘑菇、一只长颈鹿，还是一个智人，我们所有的生命进化都由物竞天择来决定。但是，在接下来的一两百年，物竞天择的法则有可能被颠覆，我们不愿意再等几十万年去让自然来做选择。未来，智能可能会取代物竞天择，转化成进化的基础原则，我们会用各类云计算来决定我们的“智能设计”，而这些“智能设计”又将会控制我们未来的生命体，这些生命体有可能突破有机世界的限制，超越我们想象的极限。

人工智能为人类带来更智能的硬件、更智能的医疗、更智能的无人码头，甚至是更智能的保险精算师、保险顾问等。不可否认，科技正重新定义我们的未来，无人机、智能穿戴、智能家居、智能医疗、应用与安全和虚拟现实等前沿科技正在重新书写人类生活的未来。

同时，科技改变人类的逻辑思维能力和创新能力，思想定义未来，只有与未来发展趋势相契合的思想所带来的科技创新，才能够真正在未来立足甚至定义未来。对于保险而言，我们要做的就是突破思想的边界，深挖确定性并开拓可能性，真正地重新定义保险的未来。我们要确立这样一种思维模式：拒绝做保险创新的追随者，要另辟蹊径，做保险创新的重构者，哲学、艺术和科学地让保险趋向高深。关于保险的未来，正如阿尔伯特·爱因斯坦说的那样，“我从不去想未来，因为它来得已经够快的了。”

庙堂之高，江湖之远

一、九万里风鹏正举

范仲淹（北宋）在《岳阳楼记》中写道："不以物喜，不以己悲，居庙堂之高则忧其民，处江湖之远则忧其君。"作为一介书生，虽难以理解"居庙堂之高，处江湖之远"之意，但却深知"九万里风鹏正举，五千年云鹤长鸣"之理，毕竟"易简，而天下之理得矣；天下之理得，而成位乎其中矣"。

从 2013 年党的十八届三中全会到 2024 年党的二十届三中全会，历经十多年的全面深化改革和扩大开放的中国正成为"人类发展史上最激动人心的例子""世界最成功的发展样板"。党的二十大擘画了以中国式现代化全面推进中华民族伟大复兴的宏伟蓝图；党的二十届三中全会把进一步全面深化改革的战略部署转化为推进中国式现代化的强大力量。如今，中国式现代化建设如火如荼、波澜壮阔。

中国式现代化，是人口规模巨大的现代化，是全体人民共同富裕的现代化，是物质文明和精神文明相协调的现代化，是人与自然和谐共生的现代化，是走和平发展道路的现代化。实践证明，中国式现代化正是中国全面建成社会主义现代化强国、实现中华民族伟大复兴的康庄大道。

十多年来，来自中国的思想和实践，不仅改变着中国，也深刻影响着世界，影响着人类前行的方向。从脱贫攻坚到共建"一带一路"，从全球安全倡议（Global Security Initiative，GSI）、全球发展倡议（Global Development

Initiative，GDI）到全球文明倡议（Global Civilizations Initiative，GCI），中国不断为广大命运与共的发展中国家提供有益借鉴，不断为世界发展注入强劲动能、创造全新机遇，不断为解决人类面临的问题和挑战贡献出中国智慧和中国方案。

九万里风鹏正举。亿万中国人民正共同创造新的历史、创造新的伟业。这通往中国式现代化的征程，必将推进中华民族走向伟大复兴，也必将为全球发展带来无穷动力。

二、五千年云鹤长鸣

中国长达 5000 年的文明史中，有曲折、悠远的历史故事，也有丰富、精彩的现实故事。在与大自然抗争的过程中，中华民族很早就萌生了对抗灾害事故的保险思想和原始形态的保险方法。远在公元前三四千年，中国商人就将风险分散原理运用在货物运输中，历史悠久的各种仓储制度就是我国古代原始保险的雏形。镖局是一种类似保险的民间安全保卫组织，其经营的业务之一是承运货物。商人交给镖局的承运货物，俗称“镖码”（相当于保险标的）。货物须经镖局检验，按贵贱分级，根据不同等级确定“镖力”（相当于保险费率），据此收费签发“镖单”（相当于保险单）。货到目的地，收货人按镖单验收后，在镖单上签注日期，加盖印章，交护送人带回，以完成手续。镖局的这些手续与现代保险的承保手续大致相同。

改革开放以来，中国保险业发展取得了巨大成就，走出了一条独具特色的发展道路。中国保险业发展道路和发展经验，理应在学术上得到总结和确认，在话语上得到反映。但由于当前我们尚未建立起与中国保险业发展水平相称的话语体系，很多方面还在学习和引进西方话语，对中国保险现实特别是改革开放以来的实践进行系统总结的理论成果还有待丰富。

为此，我们需要总结中国保险发展道路的优势和经验，并建立真实世界的中国保险学。中国保险学或中国保险经验理应是中国保险业在改革开放后逐渐发展起来的两个中国保险模式、两个中国保险逻辑、两个中国保险路径和两个中国保险学说等。同时，我们需要把中国保险学作为解决“保险与人民、保险与国家、保险与人类”“保险与中国观、保险与全球风险观、保险与新世界观”等现代性问题的有效方法和合理立场，并推广到全世界。中国保险学既包括世界保险问题的中国经验，也包括中国保险问题的世界经验。中国保险学不是故步自封的“政治性、民族性、区域性、行业性知识”，应该具有世界性或普适性、时代性或超越性意义。

2018 年 8 月，习近平总书记在全国宣传思想工作会议上强调，“要推进国际传播能力建设，讲好中国故事、传播好中国声音，向世界展现真实、立体、全面的中国，提高国家文化软实力和中华文化影响力。”[①] 对于中国保险来说，就是要用中国特色社会主义理论引领贯穿中国保险学的知识体系，讲好中国故事，传播好中国声音，让世界更好地了解中国。

讲好中国故事、传播好中国声音、提升中国话语国际影响力的前提是设计好中国方案，做好中国事情，走好中国道路，总结好中国经验。对于保险业来说，如何讲好中国故事、传播好中国声音、提升中国话语国际影响力，可以分解为以下几个问题：第一，中国保险故事的主要内容是什么？怎样讲好这个故事？第二，如何向世界传播好中国保险声音？让世界听得懂、听得清楚和听得进去？第三，如何提升中国保险话语的国际影响力，让其影响世界？或者简单地归结为：讲什么？如何讲？如何评价其效果和影响？为此，需要精心选择中国保险故事的内容，通过有效的传播渠道和手段，达到增强中国保险话语国际

① 习近平出席全国宣传思想工作会议并发表重要讲话［EB/OL］.（2018-08-22）［2024-08-13］. https：//www.gov.cn/xinwen/2018-08/22/content_5315723.htm.

影响力的效果。

五千年云鹤长鸣。中国保险业要加快构建真实世界的中国学，用中国保险理论阐释中国保险实践，用中国保险实践升华中国保险理论，打造融通中外的保险新概念、新范畴、新表述，更加充分、鲜明地展现中国保险故事及其背后的思想力量和精神力量。

“仰天大笑出门去，我辈岂是蓬蒿人。”风雨经年，归来仍是少年；初心不改，奋斗未有穷期……

宁做痛苦的清醒者

一、置身事内

我们不能对中国保险所处的世界一无所知，我们应该置身事内学习、理解中国保险，理解中国保险的现实、环境、价值、秩序、模式、未来等，正如《置身事内：中国政府与中国经济发展》一书写道："从热闹的政经新闻中看出些门道，从严肃的政府文件中觉察出些机会。"

中国经济与政府之间的特殊逻辑、中国金融与经济之间的密切联系、中国保险与金融之间的强弱格局……这些是影响未来中国保险走向的重要变量，是危机倒逼重启市场化的保险改革，还是重回"激情燃烧的岁月"，把曾经走过的弯路再走一遍？这些都要求我们必须置身其中、置身事内，洞察中国保险的变迁和走势，方能"柳暗花明又一村"；置身其中、置身事内，寻找中国保险的优势和发展动力，方能"直挂云帆济沧海"。

我们的头脑总是在回顾过去，构思未来，却很少安心于现状。但对于中国保险而言，"做好当下"或者说"置身事内"是唯一正确的发展路径。过去已经消失，我们所剩的只是记忆；未来还没有来到，我们有的只是想象。

保险市场是一种十分复杂的现象，它取决于众多保险监管者、保险消费者、保险从业者的行为，对中国保险"决定着一个过程之结果"的所有情况，几乎永远不可能进行充分的了解或计算。置身事内，我们要时刻保持警惕。稍不小心，我们就兴高采烈、心甘情愿地陷入弗里德里希·哈耶克所说的"知识的僭妄”（The Pretence of Knowledge）——无视我们深信不疑的知识局限性，手拿着锤子，看到满世界都是需要被捶打的钉子。

“知识的僭妄”告诉我们，“知识，既是武器，也是枷锁；学者，既有知，也无知”。这一切正如米歇尔·蒙田（Michel Montaigne）所言，“初学者的无知在于未学，而学者的无知在于学后。”在这个知识经济智能进化的时代，人类的傲慢达到了空前高度，保险人应该静下心来读读经济常识、金融常识、保险常识，时不时地给我们天然的乐观性和臆断性泼盆冷水。

二、回荡的钟摆

置身事内，我们发现中国保险进入了一个困难时期。在思考解决方案之前，我们需要对中国保险的严峻现实有个清醒的认识。党的二十届三中全会指出，面对严峻复杂的国际环境和艰巨繁重的国内改革发展稳定任务，进一步全面深化改革的总目标是继续完善和发展中国特色社会主义制度，推进国家治理体系和治理能力现代化。

“到二〇三五年，全面建成高水平社会主义市场经济体制，中国特色社会主义制度更加完善，基本实现国家治理体系和治理能力现代化，基本实现社会主义现代化，为到本世纪中叶全面建成社会主义现代化强国奠定坚实基础。”这不仅为中国未来发展指明了方向，也为中国经济改革指明了方向，同时为中国保险提供了重要的思想武器和行动指南。

许小年的《回荡的钟摆》一书，在几年前就指明了中国经济改革的未来方向。要想经济复苏，必须先化解“凯恩斯模式”所积累的种种风险，这个过程在时间上可能不会太短。在清理了债务、过剩产能和银行坏账后，需要回归改革开放前半段的中国模式，也就是“斯密模式”。目前，一些学者以为中国模式就是大政府、强干预，这是误解，他们不清楚中国经济改革的路是怎么走过来的，一路上又发生过什么样的变化，他们也没有搞懂“斯密模式”与经济增长的关系，生搬主流的凯恩斯经济学理论，硬套在中国的经济现实上。我们需要独立思考，了解改革的历史，深入分析过去成功的原因和当前困难的根源，找到解决的方案。只要坚定不移地推动市场化改革，中国经济重回繁荣完全是可以预期的。

回到中国保险，我们还未看到为中国保险未来指明方向的理论。2020 年，笔者策划“中国与世界保险观察书系”的目的就是寻找中国保险的“未来之未来”。但是一路走来，却发现“新市场原教旨主义已经死亡”。然而，通过阅读保险学领域的主流教科书我们不会了解到这一点，但这些教科书却每年影响着数以万计的大学生。这不能简单用疏忽来概括，因为这类教科书会影响媒体、政治话语权和公众的心态，会产生巨大的影响力。难怪许多人会问：“为什么保险学会步入歧途？”

有人认为，教师必须在学生学习更复杂的内容前为其提供基础条件，因此保险学入门教材中只需简单概述该学科就足够了。这一观点是完全错误的，它会造成学生目光短浅。基础不应该是那种扭曲现实而无法辨认的幻想世界。

闻一多在《唐诗杂论》中写道，“我们似乎为奖励人性中的矛盾，以保证生活的丰富，几千年来一直让儒道两派思想维持着均势，于是读书人便永远在一种心灵的僵局中折磨自己，巢、由与伊、皋，江湖与魏阙，永远矛盾着、冲突着，于是生活便永远不协调，而文艺也便永远不缺少题材。矛盾是常态，愈矛盾则愈常态。”我碰巧生在这片土地上，碰巧对这片土地的历史和文化了解得比别的国家多，对这片土地的兴趣也比别的国家要高，仅此而已。我发表的观点、写作的文章只对我自己的良心负责，只对自己的研究负责。我认为这是正确的，所以我才说，错误的就要批判。讽刺、批判、疾风骤雨般地攻击一切丑恶的事物，目的都是在混乱的保险世界中给保险人带来一些深沉的思考，除此之外没有什么其他的。

置身事内还是置身事外，回荡的钟摆还是回荡的呐喊……一个有血性，有民族情怀的中国人，一定会“宁做痛苦的清醒者，不做无忧的梦中人”。

洞见未来

一、走出时代低谷

自 2001 年中国正式加入 WTO 以来，中国保险已走出一条特色鲜明的发展之路，包括两个中国保险模式、两个中国保险逻辑、两个中国保险路径和两个中国保险学说；同时，中国保险也走出一条特色鲜明的国际化路径，完成从“国际接轨（Global Compatibility）到具有国际竞争力（Global Competitiveness）”的跨越，当前正向国际领先（Global Leadership）的目标奋进……今天，中国保险正处于一个低谷期，似乎还没有越过谷底。

中国保险处于低谷期，这是一个共识。虽然保险业面临的风险挑战日益严峻，但是保险业仍处于重要战略期，在国家宏观政策导向、监管引领、市场需求、行业变革等多方有利条件的支持下，保险业终将会穿越谷底。中国保险穿越谷底的力量正在积蓄。第一，我国经济发展为保险业发展提供了宽广的市场空间和政策条件；第二，我国保险市场潜力巨大，保险深度、保险密度仍有较大的增长空间；第三，人民群众对于养老需求、健康需求甚至是财富管理需求正在逐步扩大，这些需求会逐步转变为现实；第四，保险业近几年围绕高质量发展目标的转型成效已开始显现。可见，中国保险已具备跨越低谷的力量，下一步就是如何走出困境了。

如何走出时代低谷？正如刘俏所言，“一个人的行走决定一个人的存在，而一群人的行走可能决定一个时代的存在。”走出时代的低谷，我们需要构建一个充满理想主义的共同体，迅速、勇敢行动起来。我们必须开启的旅程充满不确定性，无论是目的地还是路径，甚至包括同行的人。然而，面对世界永恒的新奇和不断诞生的未知，我们无法等待一个没有怀疑和痛苦的日子，恐惧、犹豫和滞延的代价是改变的机会。值得做的事，做得糟糕也值得。眺望远方，大踏步向前进，我们隐约看见无尽的岁月奔涌而来，等待我们用那些值得做的事来填满。

如何走出时代低谷？正如李·斯莫林（Lee Smolin）所言，"当事实改变你的思想，那就是科学；当思想改变你的思想，那就是哲学；当上帝改变你的思想，那就是信仰"。走出时代的低谷，我们需要穿越认知的迷雾，在烟雨蒙蒙的希望中建立起关于增长的信仰。在极其混沌和困难的情况下，着眼于创造一个不同的未来，我们所有努力首先必须建立在希望和信仰的基础之上。我们需要不屈不挠地做坚定的理想主义者，并构建一个充满理想主义的共同体，超越现在和现状去思考，坚信且清晰地看到某些东西，以此改变自身的认知和行为，并去影响他人。

如何走出时代低谷？我们需要科学的思索、艺术的思考和哲学的思辨。哲学犹如一个钟摆，在科学与艺术之间来回摆动，求得平衡。哲学因为亲近科学而变得可信，因为热爱艺术而变得可爱，既可信又可爱的哲学才是好哲学，养人的哲学。只有好哲学才能安顿一个人的灵魂。所有的哲学、艺术和科学，都是生长在同一棵树上的枝叶。人类对这三个方面的追求，都是为了使生命从单纯的物质世界里提升，进而达到自由。

"事非经过不知难，成如容易却艰辛。"走出时代的低谷，推动中国保险回升向好需要克服一些困难和挑战，并要有效应对和解决当前存在的一些突出问题。综合来看，我国保险业发展面临的有利条件强于不利因素，回升向好、长期向好的基本趋势没有改变，要增强信心和底气，在服务中国式现代化建设中不断开拓前进，为中国保险发展注入强大思想和行动力量。

二、重回巅峰之路

经济学上有一个著名的拐点理论（Turning Point Theory）：任何一段上升趋势的开始，一定都是从位于最低处的某个点延伸开来的。低谷不是结束，而是新一轮成长的开始。南非前总统纳尔逊·曼德拉（Nelson Mandela）曾说："生命最伟大的光辉不在于永不坠落，而是坠落后，能够再度升起。"因此，中国保险走出时代的低谷之后，必将重回巅峰之路。

重回巅峰之路，需要明白"察势者智，驭势者赢"。目前，我们正迈上全面建设中国式现代化国家新征程，保险业需面向社会经济主战场挖掘发展潜力、释放增长活力、实现可持续的自适应发展，以更好地履行行业责任姿态，积极应对发展中面临的各类风险和挑战。

重回巅峰之路，需要明白"登昆仑兮食玉英，与天地兮同寿，与日月兮同光"。当前，我们身处一个"泛叙事化"的时代，社交媒体的崛起和地缘政治的剧变颠覆了我们的世界，各种叙事充斥周遭。而在这样一个破碎而又断裂、充满喧嚣和幻象的世界里，在支离破碎的时间和被割裂的注意力配合下，深刻的思考逐渐消失在匆忙和浮躁之中，谎言和极端观点（Polarized Views）像病毒一样传播，速度远远超过了事实，而我们中间的绝大多数只能以一种消费的心态，拱手让出独立思考的权利，自知或是不自知地陷入各种"叙事陷阱"之中。而陷入这些"叙事陷阱"使得人们无法在重要的实证事实面前形成共识，使得本属理性的争论经常变成情绪性的宣泄甚至是刻意制造的对立，加剧了人们的反智、恐惧、愤怒甚至仇恨。

重回巅峰之路，需要明白"知我者，谓我心忧；不知我者，谓我何求"。今天，令人扼腕的是，即使是那些卓有成就、具备强大思考能力和行动能力的管理者、专业人士，在面对有关中国与世界保险、保险市场与政策、保险技术变革与创新颠覆等诸多"叙事陷阱"时，也容易陷入对一系列伪命题的自证或他证之中而不自知。然而，没有什么比正确地回答错误的问题更危险的。对基于“叙事陷阱”的各种伪命题毫无意义且情绪化地反复争辩以及一遍又一遍地乏味咀嚼，往往会扭曲人们对问题和基本事实的认知，绑架解决真实问题的方法，裹挟本来早就该推出的关键政策和改革举措，严重妨碍人们去做那些必需但又难以改进的重要事情。

如何重回巅峰之路？需要明白“纸上得来终觉浅，绝知此事要躬行”。这项任务艰巨繁重，必须坚持科学方法论。第一，要全面贯彻国家关于金融业发展的总体要求，注意把握和处理好速度与质量、宏观数据与微观感受、发展与风险的关系；第二，要坚持正确的方式方法，抓住主要矛盾，突破瓶颈制约，注重前瞻布局，不断巩固和增强保险回升向好态势，确保实现从“保险大国”向“保险强国”转变的战略布局；第三，要“辨方位而正则”，辨明历史方位、看清历史大势、把准前进方向，努力因势而谋、应势而动、顺势而为，做历史洪流中的引领者、奋进者、搏击者。

回望中国保险的发展之路，我们无法一一描绘、复刻，但在点滴间依然可以重温这一路走来的艰辛。事实上，关于中国保险的两种模式、两个逻辑、两条路径、两个学说，笔者对“中国与世界保险观察”的求索从未停止，“答案与我们，总有一个正在路上……”

我们无法定义未来保险，我们所能做的是去厘清我们这个时代的中国保险，去提升对我们热爱的保险的认知，去改变我们的思维方式，去升华我们的智慧。正如，阿尔伯特·爱因斯坦所言：“我这辈子用很长时间悟得了一个道理，那就是我们所有的科学在被用于衡量现实时，都是原始而天真的——然而迄今为止这是我们最值得珍惜的财富。”

展望未来，我们仍将一往无前、全力以赴……正如君特·艾希（Günter Eich）在《一月一日》中写道，“每一天都是新的，都是纪念日，而疼痛如此遥远，在永恒的战利品中，你只拥有黄昏的星。”你好，5000天后的保险世界！

参考文献 | References

[1] 陈辉 . 读懂中国保险 [M]. 北京：中国经济出版社，2023.

[2] 陈辉 . 读懂未来中国保险 [M]. 北京：中国经济出版社，2024.

[3] 李晓林，陈辉 . 保险思政课 [M]. 北京：中国经济出版社，2021.

[4] 陈辉 . 小数据之美：精准捕捉未来的商业小趋势 [M]. 北京：中信出版社，2019.

[5] 陈辉 . 金融科技：框架与实践 [M]. 北京：中国经济出版社，2018.

[6] 陈辉 . 监管科技：框架与实践 [M]. 北京：中国经济出版社，2019.

[7] 陈辉 . 互联网保险：框架与实践 [M]. 北京：中国经济出版社，2021.

[8] 陈辉，鲁阳 . 保险科技：框架与实践 [M]. 北京：中国经济出版社，2021.

[9] 中共中央党史和文献研究院 . 习近平关于金融工作论述摘编 [M]. 北京：中国文献出版社，2024.

[10] 许小年 . 从来就没有救世主 [M]. 上海：上海三联出版社，2011.

[11] 许小年 . 回荡的钟摆 [M]. 北京：中国计划出版社，2017.

[12] 兰小欢 . 置身事内：中国政府与经济发展 [M]. 上海：上海人民出版社，2021.

[13] 蔡昉 . 读懂中国经济 [M]. 北京：中信出版社，2017.

[14] 蔡昉 . 读懂未来中国经济 [M]. 北京：中信出版社，2021.

[15] 黄益平，王勋 . 读懂中国金融：金融改革的经济学分析 [M]. 北京：人民日报出版社，2022.

[16] 黄益平 . 金融的价值：改革、创新、监管与我们的未来 [M]. 北京：中信出版社，2021.

[17] 刘俏 . 从大到伟大 2.0：重塑中国高质量发展的微观基础 [M]. 北京：机械工业出版社，2018.

[18] 刘俏 . 我们热爱的金融：重塑我们这个时代的中国金融 [M]. 北京：机械工业出版社，2020.

[19] 林毅夫，等 . 中国经济的逻辑与展望 [M]. 北京：北京大学出版社，2022.

[20] 周其仁 . 改革的逻辑 [M]. 北京：中信出版社，2017.

[21] 中央金融委员会办公室，中央金融工作委员会 . 坚定不移走中国特色金融发展之路 [J]. 中国金融家，2023（12）：13-16.

[22] 中央金融委员会办公室，中央金融工作委员会 . 锚定建设金融强国目标 扎实推动金融高质量发展（深入学习贯彻习近平新时代中国特色社会主义思想）[N]. 人民日报，2024-02-20（001）.

[23] 潘功胜 . 加快现代中央银行制度建设 构建中国特色现代金融体系 [J]. 中国金融家，2023（12）：17-19.

[24] 潘功胜 . 国务院关于金融工作情况的报告——2023 年 10 月 21 日在第十四届全国人民代表大会常务委员会第六次会议上 [J]. 中国金融家，2023（10）：33-37.

[25] 李云泽 . 奋进新时代 迈步新征程 启航新监管 [J]. 中国金融家，2023（6）：18-19.

[26] 易会满 . 坚定不移走好中国特色现代资本市场发展之路 [J]. 中国金融家，2023（6）：20-21，23.

[27] 廖群 . 经济增速换挡与更高质量发展的这十年 [J]. 新理财（政府理财），2023（4）：21-24.

[28] 田国强 . 三大变化与重振中国经济应对之策的思考 [J]. 学术月刊，2023（5）：34-46.

[29] 龙平平，刘贵军 . 中共十一届三中全会上的“向后看”与“向前看”——中国特色社会主义道路探源 [J]. 中共党史研究，2018（12）：38-47.

[30] 陈道富 .“两个大局”背景下中国金融发展问题研究 [J]. 人民论坛・学术前沿，2024（1）：5-23.

[31] 王昌林，李扬，吴晓求，等 . 推动金融高质量发展 加快建设金融强国——学习贯彻中央金融工作会议精神专家笔谈 [J]. 金融评论，2023，15（6）：1-22，122.

[32] 张晓晶 . 锚定金融强国目标，推动金融高质量发展——理论框架与实践路径 [J]. 经济学动态，2024（2）：3-16.

[33] 张晓晶，董昀，李广子，等 . 中国特色金融发展之路的历史逻辑、理论逻辑和现实逻辑 [J]. 金融评论，2024（1）：1-18，154.

[34] 孙祁祥，范娟娟 . 新中国保险业发展的经验 [J]. 中国金融，2019（19）：115-118.

[35] 陈文辉 . 保险监管回顾与展望 [J]. 中国金融，2018（11）：10-12.

[36] 黄洪，梁涛 . 开创保险行业改革开放新局面 [J]. 中国金融，2019（2）：18-20.

[37] 卓志 . 扎根中国大地创新保险理论——写在《保险研究》创刊四十周年 [J]. 保险研究，2020（10）：3-19.

[38] 王和 . 保险理论重构的几点思考 [J]. 保险研究，2018（7）：3-6.

[39] 周振鹤 .“保险”一词的由来 [J]. 世纪，1998（4）：57.

[40] 谢志刚 . 关于保险概念的追根溯源 [J]. 上海保险，2022（7）：19-25.

[41] 樊启荣 . 中国保险立法之反思与前瞻——为纪念中国保险法制百年而

作 [J]. 法商研究，2011，28（6）：63-72.

[42] 中国政府网站，www.gov.cn.

[43] 中国人民银行网站，www.pbc.gov.cn.

[44] 国家金融监督管理总局网站，www.nfra.gov.cn.

[45] 中国证券业监督管理委员会网站，www.csrc.gov.cn.

[46] 国家数据，http：// data.stats.gov.cn.

后　记 | Afterword

2020 年，根据中央财经大学建设世界一流大学（学科）方案要求以及“打造具有一流影响力的中国财经高端智库”的宏伟蓝图，中国精算研究院联合中国金融科技研究中心等机构组建了“中国与世界保险研究工作组”（CCWI），并启动了“中国与世界保险”研究及《中国与世界保险观察》撰写工作。

“站在世界看中国，站在中国看世界”，CCWI 通过构建一个世界级的、具有清晰辨识度的研究团队，以科学的研究范式，立足中国，研究世界级的问题，做世界级的学问，形成世界级的研究成果，以拓展中国保险的知识边界，服务国家发展战略，推动社会进步。

《重新理解中国保险》及《读懂中国保险》《读懂未来中国保险》致力于解决当前对中国保险前景的误判，澄清当前对中国保险观察的错误方法和偏颇理论，以此拨开当前对中国保险的悲观论调，重新看到中国保险前景的一片光明。

《重新理解中国保险》是“中国与世界保险观察书系”规划内容，已出版《读懂中国保险》《读懂未来中国保险》《保险思政课》《中国保险业可持续发展报告》（2020-2024 年，5 本）。本书由陈辉策划和撰写，龙湾湖书院提供数据支持。本书部分内容由微信公众号“小城不小”和“陈辉博士”进行连载，可通过该微信公众号进行讨论。本书在撰写过程中，参考了国际国内的相关著作、论文、报告和案例，中央财经大学中国精算研究院的多位专家学者提出了许多有益的修改意见，在此一并表示感谢。由于时间紧迫和笔者水平有限，书中疏漏、错误之处在所难免，敬请读者批评指正。再次重申，本书观点难免偏颇，但笔者只想透过问题看本质，且仅代表个人观点，欢迎讨论。

《重新理解中国保险》及《读懂中国保险》《读懂未来中国保险》三本书的顺利出版离不开中国经济出版社的鼎力支持，感谢中国经济出版社的每一个人，感谢他们的真知灼见和辛苦工作，特别是张梦初女士，她是一位非常优秀的策划编辑，感谢她做的每一件事。

最后，让我们一起远望中国保险、远望中国金融、远望中国经济、远望中国。